“十四五”职业教育国家规划教材

高等职业教育新形态一体化教材

新编高职应用写作实训教程

（第三版）

董金凤 王丽芳 武辉 主编

中国教育出版传媒集团

高等教育出版社·北京

内容简介

本书是“十四五”职业教育国家规划教材，是省级精品在线开放课程“应用写作”的配套教材。本书贯彻落实党的二十大关于“加快建设高质量教育体系，发展素质教育”的相关要求，落实立德树人根本任务，突出职业性、示范性、实训性的特点。全书分为应用写作工作准备、报请工作文书、会务工作文书、告知工作文书、商洽工作文书、事务工作文书、经贸工作文书、法律工作文书、公关工作文书、新媒体工作文书十个工作模块，在每个工作模块中分别设计“工作情境”“项目分解”“任务下达”“制作要诀”“范例与模板”五个栏目，将实际工作融入应用文写作中，在工作任务的驱动下，实现职业岗位工作与应用写作教学的有效对接。书中案例的选取和数字资源的建设坚持以社会主义核心价值观为引领，在提升学生应用文写作能力的同时，涵养其爱国敬业、诚信友善、遵纪守法的品格。

本书配套开发有教学 PPT、微课视频等数字化教学资源，具体获取方式请见书后“郑重声明”页的资源服务提示。

本书配套开发在线开放课程，读者可通过访问“智慧职教”网站上的“应用写作”课程学习相关资源。

本书既可作为高等职业教育专科院校和职业本科院校的应用写作技能训练教材，也可作为社会各类人员提高应用文写作技能的培训用书和自学参考用书。

图书在版编目（CIP）数据

新编高职应用写作实训教程 / 董金凤，王丽芳，武辉主编.--3版.--北京：高等教育出版社，2023.7（2024.12重印）
ISBN 978-7-04-059710-3

Ⅰ.①新…　Ⅱ.①董…②王…③武…　Ⅲ.①汉语－应用文－写作－高等职业教育－教材　Ⅳ.①H152.3

中国国家版本馆CIP数据核字（2023）第008592号

XINBIAN GAOZHI YINGYONG XIEZUO SHIXUN JIAOCHENG

策划编辑　王蓓爽　　责任编辑　王蓓爽　　封面设计　杨伟露　　版式设计　于　婕
责任绘图　邓　超　　责任校对　马鑫蕊　　责任印制　赵　佳

出版发行　高等教育出版社
社　　址　北京市西城区德外大街4号
邮政编码　100120
印　　刷　大厂回族自治县益利印刷有限公司
开　　本　787mm×1092mm　1/16
印　　张　17.75
字　　数　350千字
购书热线　010-58581118
咨询电话　400-810-0598
网　　址　http://www.hep.edu.cn
　　　　　http://www.hep.com.cn
网上订购　http://www.hepmall.com.cn
　　　　　http://www.hepmall.com
　　　　　http://www.hepmall.cn
版　　次　2013年2月第1版
　　　　　2023年7月第3版
印　　次　2024年12月第3次印刷
定　　价　42.00元

物 料 号　59710-00

“智慧职教”服务指南

“智慧职教”（www.icve.com.cn）是由高等教育出版社建设和运营的职业教育数字教学资源共建共享平台和在线课程教学服务平台，与教材配套课程相关的部分包括资源库平台、职教云平台和App等。用户通过平台注册，登录即可使用该平台。

● 资源库平台：为学习者提供本教材配套课程及资源的浏览服务。

登录“智慧职教”平台，在首页搜索框中搜索“应用写作”，找到对应作者主持的课程，加入课程参加学习，即可浏览课程资源。

● 职教云平台：帮助任课教师对本教材配套课程进行引用、修改，再发布为个性化课程（SPOC）。

1. 登录职教云平台，在首页单击“新增课程”按钮，根据提示设置要构建的个性化课程的基本信息。

2. 进入课程编辑页面设置教学班级后，在“教学管理”的“教学设计”中“导入”教材配套课程，可根据教学需要进行修改，再发布为个性化课程。

● App：帮助任课教师和学生基于新构建的个性化课程开展线上线下混合式、智能化教与学。

1. 在应用市场搜索“智慧职教icve”App，下载安装。

2. 登录App，任课教师指导学生加入个性化课程，并利用App提供的各类功能，开展课前、课中、课后的教学互动，构建智慧课堂。

“智慧职教”使用帮助及常见问题解答请访问help.icve.com.cn。

第三版前言

为全面贯彻党的教育方针，落实立德树人根本任务，提高高职学生应用写作能力，夯实就业本领，本教材紧扣新时代高素质技术技能人才的培养需求，强化职业能力培养，打破传统应用文书写作的教学模式，结合“互联网 +”时代的要求和读者反馈意见，完成了《新编高职应用写作实训教程》（第三版）的修订工作，力求使教材实现从“学有所教”向“学有优教”的升级蜕变。

本教材紧密结合高等职业教育的特点，在编写定位、教材开发、内容设计、呈现形式等方面具有如下特色和创新。

一、教材特色

编写理念突出思想性 本教材牢牢把握“培养什么人、怎样培养人、为谁培养人”这一根本问题，坚持为党育人、为国育才。书中案例的选取和数字资源的建设坚持以社会主义核心价值观为引领，在提升学生应用写作技能的同时，涵养其爱岗敬业、诚信友善、遵纪守法的品格。

体例设计强调职业性 本教材贯彻落实党的二十大提出的“加快建设高质量教育体系，发展素质教育”的相关要求，从强化职业道德、培养职业能力、提升综合素质入手，明确各工作任务对应的应用写作能力，使教材编写与实际职业岗位和真实工作任务相贯通，确保教材内容不脱离现实，具有较强的实用性和职业性。

内容更新体现时代性 本教材摒弃陈旧过时的内容，将新时代丰富的社会现实融入其中。同时紧密结合“互联网 +”时代新媒体技术的应用，引入微课等数字化资源，打造新形态一体化教材，体现鲜明的时代特色。

参编人员注重多样性 本教材在编写过程中注重行业、企业的指导，与中国公文写作专业委员会的专家和政府、企业的一线文稿撰写者保持密切联系，并吸纳其提出的针对性强、应用效果好的意见和建议。

二、教材创新

突破传统教材体例 本教材在体例设计上突破传统应用写作类教材的局限，从提高学生职业能力的角度出发，将写作文本制作成示例与模板，增强应用写作教学的实用性。同时，从高职学生心理特征、学习能力和阅读习惯出发，以图标代替序号，辅以原创漫画，全书图、表、文并茂，别具特色。

围绕工作重组内容 本教材没有按照文种来编写内容，而是围绕工作任务将涉及的法定应用文书、专业应用文书和常用应用文书进行重组，使之与工作岗位紧密衔接，让学生在完成工作任务的过程中提高应用写作水平。

线上线下混合应用 本教材采用线上线下混合式教学的方式，根据教材内容制作了62节微课，总时长407分钟。同时建设了省级精品在线开放课程“应用写作”，已在智慧职教上线。目前，MOOC学院选课总数累计达到23 737人次，SPOC选课总数累计达到61 557人次，教材与课程均实现广泛应用。

《新编高职应用写作实训教程》是“十四五”职业教育国家规划教材、“十三五”职业教育国家规划教材、“十二五”职业教育国家规划教材，目前已成为全国影响力大、使用效果好并广受欢迎的高职公共基础课写作教材之一。在编写和修订的过程中，我们参阅并引用了一些专著、教材和网络资料，在此谨向相关作者致以深深的谢意。此外要说明的是，书中的工作情境、例文人物及部分信息均为虚构，请勿对号入座。书中难免有不妥之处，敬请有关专家和广大读者批评指正，以便再版时完善。

编　者

2023年7月

第一版前言

为全面贯彻党的教育方针，适应高等职业教育的特点和实际需求，强化职业能力的培养，顺应经济和社会组织的多元化发展趋势，提高高职学生的就业本领，培养德智体美劳全面发展的社会主义建设者和接班人，我们历经近两年时间，倾力打造了这本《新编高职应用写作实训教程》。

与以往的应用文写作教材不同，本书紧密围绕实际工作岗位，从拟制文书的具体工作任务出发，以工作流程为脉络，精心选取各项工作中必需的应用文体。通过实际工作情境的导入，引出所需的各类文种；通过文书制作任务的下达，明确各文种的实际制作技巧；通过应用文本的计算机操作，衔接真实的工作模式；最终通过工作任务与应用写作的有机结合，让学生能够较快地熟悉和掌握应用文的写作知识与技巧，从而提高职业岗位必需的应用写作能力。

本书的编写充分体现出了职业性、示范性、实训性的特点，对应用文的理论不做过多阐释，侧重培养和提高学生在职业岗位所需的应用文写作能力。全书从实际的工作需要出发，分为应用写作工作准备、报请工作文书、会务工作文书、告知工作文书、商洽工作文书、事务工作文书、经贸工作文书、法律工作文书、公关工作文书九个工作模块，在每个工作模块中分别设立了必需的工作项目，通过设计“工作情境”“项目分解”“任务下达”“制作要诀”“计算机操作”五个应用文环节，将实际工作融入应用文制作之中，在工作任务的驱动下，实现职业岗位工作与应用写作教学的有效对接。

在编写过程中，我们参阅并引用了一些专著、教材和网络资料，在此谨向有关作者致以深深的谢意。此外要说明的是，书中的工作情境、例文人物及部分信息均为虚构，请勿对号入座。书中难免有不妥之处，敬请有关专家和广大读者批评指正，以便再版时完善。

编　者

2013年1月

目　录

■ 模块一　应用写作工作准备 …… 1

项目一　应用文行文规则 …… 2

项目二　应用文规范格式 …… 12

项目三　应用文特定格式 …… 23

■ 模块二　报请工作文书 …… 29

项目一　报告的制作 …… 30

项目二　请示的制作 …… 38

项目三　批复的制作 …… 44

■ 模块三　会务工作文书 …… 51

项目一　会议方案的制作 …… 52

项目二　通知的制作 …… 57

项目三　讲话稿的制作 …… 65

项目四　纪要的制作 …… 72

项目五　简报的制作 …… 77

■ 模块四　告知工作文书 …… 85

项目一　公告的制作 …… 86

项目二　通告的制作 …… 92
项目三　通报的制作 …… 97

■ 模块五　商洽工作文书 …… 107

项目一　函的制作 …… 108
项目二　倡议书的制作 …… 113

■ 模块六　事务工作文书 …… 121

项目一　计划的制作 …… 122
项目二　总结的制作 …… 130
项目三　调查报告的制作 …… 138

■ 模块七　经贸工作文书 …… 145

项目一　招标书的制作 …… 146
项目二　投标书的制作 …… 160
项目三　协议书的制作 …… 168

■ 模块八　法律工作文书 …… 175

项目一　起诉状的制作 …… 176
项目二　答辩状的制作 …… 182
项目三　调解书的制作 …… 189

■ 模块九　公关工作文书 …… 195

项目一　欢迎词的制作 …… 196
项目二　答谢词的制作 …… 200
项目三　邀请函的制作 …… 204
项目四　聘请书的制作 …… 209
项目五　祝贺信的制作 …… 212
项目六　求职信的制作 …… 215
项目七　演讲词的制作 …… 221

■ 模块十　新媒体工作文书 …… 231

项目一　电子邮件的制作 …… 232
项目二　微博的制作 …… 237
项目三　微信公众号的制作 …… 242

参考文献 254

附录一　党政机关公文处理工作条例 255

附录二　党政机关公文格式 262

附录三　本书微课资源索引 269

模块一　应用写作工作准备

知识目标

- 了解应用文写作规则
- 熟悉应用写作稿本
- 明确应用写作规范格式

能力目标

- 能够正确运用写作规则
- 能够运用信息技术熟练制作格式规范的文本

素质目标

- 养成严谨科学的行文态度
- 形成实事求是的行文作风

项目一　应用文行文规则

【工作情境】

楚密和文媛是西川职业技术学院的大三学生，她们根据《国家职业教育改革实施方案》中“坚持知行合一、工学结合”的决策部署，在学院的统一安排下，来到了石门市粮食储备库第一储运公司进行岗位实习。二人被分配到办公室从事文员相关的工作。初到办公室时，只从事一些简单的工作，例如整理文件、清点和归纳档案等。一段时间后，她们感觉这些简单的工作无法施展自己的才华，在大学学到的很多知识根本派不上用场，于是向办公室主任主动请缨，要求承担有关石门市粮食储备库第一储运公司的应用文制作任务。

应用文行文规则

办公室主任了解了她们的想法后，沉思片刻，针对石门市粮食储备库第一储运公司的管理体制和公司现状向其提出了问题。楚密和文媛对办公室主任提出的问题难以准确回答，办公室主任语重心长地对她们说：“应用文是一种解决实际问题的文体，它具有实用性、真实性、模式性、时效性、平实性的特点，因此应用文要以实用为己任，它直接为实际工作和人们的日常生活服务，直接用于处理公务和私务中的具体问题。应用文必须符合真实的原则，内容不能有半点虚假，时间、地点、人物、数据等都必须有理有据，确凿可靠。应用文在结构上都具有比较固定的模式，这样作者写起来简便快捷，读者读起来直截了当，也就能迅速做出判断和处理意见。正是由于应用文都是为解决实际需要而写的，而社会需要总是处于运动变化之中，所以应用文要求时效性。它要求内容简明扼要，表达清晰流畅，语言朴实平易。”二人听后深感对应用文写作太过轻视，一篇好的应用文是绝对不能脱离具体的工作实际和写作规则的，于是决定认真做好相关问题的调查研究。

【项目分解】

楚密和文媛认为熟知应用文的写作规则是写好应用文的基础工作，应用文的写作规则是公文运行中应遵循的规矩与要求，是各级和各类单位的组织关系原则在应用文写作中的体现。要正确地撰写应用文，必须了解和执行应用文的行文规则，它是写作应用文的第一步。因此她们认真整理了在大学期间所学的应用文写作知识，深入领会中共中央办公厅和国务院办公厅联合印发的《党政机关公文处理工作条例》（中办发〔2012〕14 号）和《中华人民共和国国家标准・党政机关公文格式》（GB/T9704—2012）等相关要求，对应用文写作的基本路径进行了梳理和分解，形成了初步的思路。

了解应用文的基本分类。

过程在 3 000 多年的发展中，历史形成了繁多的种类，仅常用的就有 200 多种，所以对这一庞大的系统进行分类并非易事。目前主要是从行文关系、行文方向和行文方式上进行划分。行文关系是机关单位之间的组织关系在行文中的体现，是指发文机关与收文机关之间的应用文往来关系。它是根据单位的组织系统、领导关系和职权范围所确定的机关之间的文件授受关系。行文方向是以发文机关为立足点向不同机关运行的去向，上行是指应用文向上级单位运行，下行是指应用文向下级单位运行，平行是指应用文向同级或不相隶属的单位运行，泛行是指应用文可以同时向上行、下行或平行并向社会公布。行文方式是指行文的方法和形式，分为单独发文和联合发文。

应用文的划分

熟悉我国的基本体制。

熟悉不同机关团体的工作性质和职权范围，是写好应用文的前提条件。在这个项目分解中，楚密和文媛应基本熟悉我们国家的权力机关、行政机关、司法机关、军事机关、事业单位、企业单位、社会团体的基本构成和主要职责。

清楚各部门的行文秩序。

写好应用文还需清楚不同性质、不同级别的单位部门之间及本部门内部应用文写作的具体要求，即按照一定的规则或准则来维护单位部门之间的行文秩序。

【任务下达】

楚密和文媛将掌握应用文的写作规则转化成具体的任务，分头行动，开始制作任务表，主要任务如下。

◇ 调查单位的隶属关系。

厘清各个单位部门的垂直隶属关系，重点要明确写作应用文的单位在整体的管理系统中处于何种地位。

◇ 掌握单位的性质。

列明国家的权力机关、行政机关、司法机关、军事机关、事业单位、企业单位、社会团体的基本构成和主要职责，主要目的是弄清楚不同单位和部门所具有的写作应用文的权力和职能。

◇ 总结应用文行文的具体规则。

归纳不同性质、不同级别的单位部门之间，以及本部门内部写作应用文时的具体规则或准则。

【制作要诀】

楚密和文媛根据具体的任务，开展深入的调查研究，收集大量信息资料，按照国家和地方有关应用文写作的相关要求，总结出了应用文写作的要点。

■ 单位部门的垂直隶属关系

行文关系是各级单位乃至各单位相互之间的组织关系和业务关系在应用文写作中的体现。行文关系分为隶属关系和非隶属关系两大类别。具体包括五种关系：一是同一系统中的上级机关与下级机关之间的领导和被领导关系。例如国务院和各省人民政府，省人民政府和所属市人民政府，市人民政府和所属区（县）人民政府等。二是某级机关与本机关业务主管部门之间的领导与被领导关系。如国务院和国务院所属各部门，省人民政府和所属各部门，市人民政府和所属各部门，区（县）人民政府和所属各部门等。三是同一系统中的上级业务主管部门与下级业务主管部门之间的指导和被指导关系，如财政部与某省财政厅之间的关系等。四是处于同一系统内的同级机关、单位之间的平行关系。如省人民政府内厅、委等的关系，即财政厅、公安厅、省发展和改革委员会等单位之间的关系等。五是非同一系统的机关之间的关系，统称为不相隶属关系。如农业农村部直属的某高校和教育部直属的某高校之间的关系等。

■ 国家社会组织形式和职能

国家社会组织形式和职能

◆ 国家机构

国家机构是一定社会的统治阶级为实现其统治职能而建立起来的进行国家管理和执行统治职能的国家机关的总和。国家机构的本质取决于国家的本质，国家机构实际上是掌握国家权力的阶级实现其阶级统治的工具。我国国家机构包括：国家权力机关——全国人民代表大会和地方各级人民代表大会；国家元首——国家主席；国家行政机关——国务院和地方各级人民政府；国家军事领导机关——中央军事委员会；国家审判机关——最高人民法院、地方各级人民法院和专门人民法院；国家检察机关——最高人民检察院、地方各级人民检察院和专门人民检察院。

◆ 事业单位

事业单位是指以增进社会福利，满足社会文化、教育、科学、卫生等方面需要，提供各种社会服务为直接目的的社会组织。事业单位不以盈利为直接目的，一般是国家设置的带有一定公益性质的机构，但不属于政府机构。事业单位包括：全额拨款事业单位——全额预算管理的事业单位，是指其所需的事业经费全部由国家预算拨款的一种管理形式，例如福利事业单位、卫生防疫事业单位等；参公事业单位——参照公务员管理的事业单位，是指一些涉及国家安全、对政策和经济管理工作有明确辅助作用，以及明显以社会公益性为属性的事业单位，例如检验检测事业单位、环境保护事业单位等；财政补贴事业单位——又称差额拨款事业单位，是指按差额比例，财政承担部分由财政列入预算、单位承担部分由单位在税前列支的事业单位，例如文物事业单位、广播电视事业单位等；自主事业单位——又称自收自支事业单位，是指国家不拨款的事业单位，例如街道财政所、文体站、社区服务中心等。

◆ 企业单位

企业单位是指自负盈亏的生产性单位。企业单位包括：国有企业——国际惯例中的国有企业仅指一个国家的中央政府或联邦政府投资或参与控制的企业，中国的国有企业还包括由地方政府投资参与控制的企业；集体所有制企业——是指一定范围内的劳动群众出资举办的企业，它包括城乡劳动者使用集体资本投资兴办的企业，以及部分个人通过集资自愿放弃所有权并依法经工商行政管理机关认定为集体所有制的企业；私营企业——是指企业的资产属于私人所有，有法定数额以上的雇工的营利性经济组织，在我国，这类企业由公民个人出资兴办并由其所有和支配，而且其生产经营方式是以雇佣为基础，雇工数额应在 8 人以上；股份制企业——是指企业的财产由 2 个或 2 个以上的出资者共同出资，并以股份形式而构成的企业；联营企业——是指企业之间或者企业、事业单位之间联营组成的新的经济实体；外商投资企业——是指依照中华人民共和国法律的规定，在中国境内设立的，由中国投资者和外国投资者共同投资或者仅由外国投资者投资的企业。

◆ **社会团体**

社会团体是指由公民或企事业单位自愿组成、按章程开展活动的社会组织，包括行业性社团、学术性社团、专业性社团和联合性社团。中国有近 2 000 个全国性的社会团体，其中使用行政编制或事业编制，由国家财政拨款的社会团体约 200 个。在这 200 个团体中，全国总工会、共青团、全国妇联的政治地位特殊，社会影响广泛。另外还有 16 个社会团体比较特殊，它们分别是：中国文联、中国科协、全国侨联、中国作协、中国法学会、对外友协、贸促会、中国残联、宋庆龄基金会、中国记协、全国台联、黄埔军校同学会、外交学会、中国红十字总会、中国职工思想政治工作研究会、欧美同学会。

■ 应用文写作规则

◆ **行文根据规则**

行文根据原则

行文应当确有必要，讲求实效，注重针对性和可操作性。各级党政机关的行文关系，应当根据各自的隶属关系和职权范围确定。隶属关系是指同一垂直组织系统中存在直接职能往来的上下级机关之间的关系。职权范围是指机关单位的职责和权力范围。行文应注意工作效用，确有必要才可发文，不可滥发文。

◆ **部门互文规则**

部门互文规则

党委、政府各部门在本部门职权范围内可以相互行文。具体的行文规则包括：第一，属于部门职权范围内的事务，应当由部门自行行文或联合行文。第二，党委、政府各部门可以互相行文。第三，党委、政府各部门可以同下一级党委、政府的有关业务部门相互行文。第四，党委、政府的办公厅（室）根据党委、政府授权，可以向下级党委、政府行文，其他单位和部门不得向下级党委、政府发布指令性公文或者在公文中向下级党委、政府提出指令性要求。第五，各部门内设机构除办公厅（室）外不得对外正式行文。

◆ **联合行文规则**

联合行文规则

同级政府、同级政府各部门、上级政府部门与下一级政府可以联合行文，政府与同级党委和军队机关可以联合行文，政府部门与相应的党组织和军队机关可以联合行文，政府部门与同级人民团体和具有行政职能的事业单位也可以联合行文。同级党政机关、党政机关与其他同级机关必要时可以联合行文。属于党委、政府各自职权范围内的工作，不得联合行文。

◆ **协商一致规则**

涉及多个部门职权范围内的事务，部门之间对有关问题未经协商一致，不得各自向下行文。如擅自行文，上级机关应当责令纠正或撤销。

◆ 行文抄送规则

抄送是指发文机关在主送的同时，向需要执行或知晓行文内容的其他机关单位行文。向下级机关或者本系统的重要行文，应当同时抄送发文机关的直接上级机关。上级机关向受双重领导的下级机关行文，必要时应当抄送该下级机关的另一上级机关。上行文不得抄送其下级机关，受双重领导的机关向上级机关行文，应当写明主送机关和抄送机关。

行文抄送规则

◆ 逐级请示规则

向上级机关行文，原则上只能有一个主送机关。党委、政府部门向上级主管部门请示重大事项，应当经过本级党委同意或者授权。下级机关的请示事项，如需以本机关名义向上级机关请示，应当提出倾向性意见后上报，不得原文转报上级机关。请示除特殊规定外，必须逐级报送，不得越级请示。

逐级请示规则

◆ 报告无复规则

报告是用来汇报工作、反映情况、回复上级机关询问的公文文种，因此报告中不得夹带请示事项。因为按规定，上级对下级机关的报告是不作批复的。一旦夹带请示事项，所请示的内容就可能变成“泥牛入海”。

◆ 刊发类同规则

经批准在报刊上全文发布的行政法规或者规章，应当视为正式公文依照执行，可不再行文。在报刊上全文发布的行政法规、规章和法令，一般都属于要求周知的不涉密的普发性下行公文。

◆ 勿送个人规则

公文必须严格按照正确的渠道和程序处理，除上级机关负责人直接交办的事项外，不得以机关名义向上级机关负责人报送请示、意见和报告，否则可能延误公务，助长不正之风，产生误会或制造不必要的矛盾。

【范例与模板】

[范例]

教育部
工业和信息化部
财政部
人力资源社会保障部
应急管理部
国务院国资委
市场监管总局
中国银保监会

[模板]

从发文机关体现了如下应用文制作规则：

行文根据规则
联合行文规则
协商一致规则

教育部等八部门关于印发 《职业学校学生实习管理规定》的通知 教职成〔2021〕4号 各省、自治区、直辖市教育厅（教委）、工业和信息化厅（经济信息化委）、财政厅（局）、人力资源社会保障厅（局）、应急管理厅（局）、国资委、市场监管局（厅、委），新疆生产建设兵团教育局、工信委、财政局、人力资源社会保障局、应急管理局、国资委、市场监管局，各银保监局： 为深入贯彻全国职业教育大会精神，落实中共中央办公厅、国务院办公厅《关于推动现代职业教育高质量发展的意见》，进一步做好职业学校学生实习工作，教育部、工业和信息化部、财政部、人力资源社会保障部、应急管理部、国资委、市场监管总局和中国银保监会对《职业学校学生实习管理规定》（以下简称《规定》）进行了修订。现予印发，并就有关事项通知如下。 一、准确把握实习本质 各地各职业学校要进一步提高站位，准确把握实习的本质，坚守实习育人初心，切实把实习作为必不可少的实践性教育教学环节，持续加强规范管理、长效治理。要深刻认识数字经济驱动下职业场景变化、岗位需求升级的新形势，会同有关部门进一步健全企事业单位接纳学生实习的激励机制，促进扩大和优化与专业对口的实习岗位供给。要主动适应前沿技术与实习深度融合新趋势，将实习纳入教育信息化建设覆盖范围，统筹建好、用好校内外实践教学资源。要具体分析职业教育贯通培养、培养模式改革等对实习安排提出的新要求，进一步加强统筹、合理分段安排，处理好实习与职业技能培训考核、升学备考等方面的关系。 二、严守实习基本规范和底线红线 《规定》提出了实习组织、实习管理、实习考核、安全职责和保障措施等全链条、全过程的基本要求，针对实习关键节点明确了行为准则，提出1个“严禁”、27个“不得”，为实习管理划出了底线和红线，对实习各方提出了刚性约束。各地要通过专家解读、专题教育、挂图海报、公益	从主送机关体现出如下规则： 部门互文规则 刊发类同规则 勿送个人规则

广告、新媒体等多种形式，以师生喜闻乐见的方式，帮助职业学校师生、家长和实习单位全面熟悉、准确把握实习管理的内容和要求，提高学生自我保护意识，及时总结推广典型经验和案例，形成良好的群体效应、社会效应。 三、落实实习管理协同机制 各地教育行政部门要主动加强与有关部门的沟通协调，共同制定《规定》落实工作方案，细化对实习单位接收学生实习的激励政策，明确部门联合监管的方式和分工。有关部门要指导职业学校、实习单位、学生以《职业学校学生岗位实习三方协议（示范文本）》为基础，签订三方协议；实习三方协议（示范文本）内容不得删减，如有其他需要可在三方协议中以附件形式添加有关条款。省级教育行政部门要统筹整合现有资源，在2022年3月底前启动建设省级实习管理信息系统并逐步完善，主动会同有关部门，实现实习登记备案全覆盖、过程动态监管全覆盖。要完善职业教育考核指标体系，把实习工作列为学校领导干部和学校办学质量考核评价。 四、强化实习监管和问责 各地有关部门要按照“管行业必须管安全、管业务必须管安全、管生产经营必须管安全”和“谁主管谁负责”的原则，定期组织自查、加强日常监管，特别是加强实习安全管理，健全突发事件应急处置制度机制。省级教育行政部门要联合有关部门，针对突出问题、关键时段、重点领域，结合教育督导、治安管理、安全生产检查、职业卫生监督检查、劳动保障监察、工商执法等，采取“双随机一公开”方式开展专项排查、重点抽查。地方各级教育行政部门和职业学校要于2022年1月底前公布监督咨询电话，畅通政策咨询与情况反映渠道，汇总各方情况反映和问题线索并建立专门台账，整改一个销号一个。有关部门要对违反本规定的职业学校、实习单位及相关责任人，依法依规严肃处理、联合惩戒。教育部将会同有关部门开展实地抽查调研。 工业和信息化部门要结合推进制造业高质量发展，通过产业政策、项目引导、服务型制造示范企业建设、培育	

“专精特新”中小企业等工作，鼓励先进制造业企业、省级“专精特新”中小企业、产教融合型企业以及有条件的中小企业等积极参与校企合作，提供实习岗位。地方财政部门要落实职业学校生均拨款制度，统筹考虑学生实习安全保障相关支出和学费水平，科学合理确定生均拨款标准；企业因接收学生实习所实际发生的与取得收入有关的合理支出，依法在计算应纳税所得额时扣除。人力资源社会保障部门要积极探索职业学校实习生参加工伤保险办法，银保监部门要依法监管职业学校学生实习责任保险和人身意外伤害保险。应急管理部门要督促指导矿山、危险化学品、工贸等有关行业领域实习单位落实安全生产主体责任，将实习安全责任履行情况作为安全生产检查的重要内容。各地国资部门要指导国有企业特别是大型企业将实习纳入企业人力资源管理重要内容，积极设立实习岗位并对外发布，对行为规范、成效显著的企业，按照有关规定予以相应政策支持。市场监管部门要将治理实习违规行为纳入整顿和规范市场经济秩序有关工作体系，将有实习违规行为的企业信息纳入社会信用体系，并按规定进行失信联合惩戒。各地组织开展实习工作情况将作为遴选职业教育改革成效明显的省（区、市）考虑内容之一。

请各地教育行政部门会同有关部门共同制订《规定》实施工作方案，于2022年2月20日前报送教育部（职业教育与成人教育司），其他有关重要工作情况请及时报告。

联系人及联系方式：×××、×××，010-×××××××××，××××@×××.×××.××

教育部 工业和信息化部 财政部
人力资源社会保障部 应急管理部 国务院国资委
市场监管总局 中国银保监会
2021年12月31日

此件主动公开

部内发送：有关部领导，办公厅

行文抄送规则

教育部办公厅 2022年1月17日印发

【实践训练】

■ 任务1——分析石门市粮食储备库第一储运公司行文是否规范

石门市粮食储备库第一储运公司为了加速信息化管理粮食储备库的步伐，拟在石门市近郊新建一个集储备、中转、经营、管理为一体的计算机控制的整体接纳库，并先期征用一部分土地建立整体接纳库实验基地，以引进新的计算机信息管理技术项目。经公司领导研究，决定向市粮食和物资储备局写一份请示，要求解决人员编制、土地征用及相关经费等问题。此份请示起草后由公司办公室主任亲自签发，并派专人送到市粮食和物资储备局张局长家中（张局长曾担任公司领导多年，对公司的发展情况比较了解，也比较关心），同时，粮食储备库的领导还指示要将文件抄送给石门市人民政府。但事隔不久，这份文件即被市粮食和物资储备局退回，文件上有张局长的批示，大意是认为他们的想法很好，新建储备库是必要的，但此事应按正常的工作流程办理。

■ 任务2——组织选取可以联合行文的单位

石门市粮食储备库第一储运公司办公室主任为了考核楚密和文媛的理论联系实际能力，给她们列举了以下单位部门，让二人组织选取可以联合行文的单位部门：省人大常委会、省民政厅、省军区、省人民政府、省教育厅、南京大学、省人力资源和社会保障厅、省财政厅、省政协、省公安厅、教育部、北京大学。

■ 任务3——判断各单位的行文关系

◇ 中共中央组织部与各省、自治区、直辖市人力资源和社会保障厅局

◇ 上海市杨浦区人民政府与黄浦区人民政府

◇ 重庆市财政局与重庆市北碚区财政局

◇ 中国人民解放军中部战区与中国人民解放军第38集团军

◇ 国务院与天津市人民政府

◇ 石家庄市裕华区人民政府与裕华区教育局、裕华区卫生局

项目二　应用文规范格式

【工作情境】

楚密和文媛在石门市粮食储备库第一储运公司进行岗位实习越来越顺利，二人踏实肯干、勤学好问，对工作环境已逐渐适应，并开始协助办公室的老职员、主任收集资料和起草一些简单的内部文书。起草的这些文书大多是调整作息时间、召开办公室内部会议、领取物品一类的通知，简单明了，不需要复杂的格式，她们写得得心应手，也没出什么大的纰漏。2022 年 10 月 16 日，中国共产党第二十次全国代表大会在北京人民大会堂开幕，粮食储备库第一储运公司全体员工集中收看了现场直播盛况。全体员工深感自豪、备受鼓舞，大家纷纷表示：党的二十大报告高屋建瓴、内涵丰富、激荡人心，全面总结了过去 5 年的工作和新时代 10 年的伟大变革，鲜明提出开辟马克思主义中国化时代化新境界、以中国式现代化全面推进中华民族伟大复兴的历史使命，是我们党带领全国各族人民在新时代新征程坚持和发展中国特色社会主义的政治宣言和行动纲领。石门市粮食储备库第一储运公司领导班子决定在全公司掀起学习党的二十大精神的热潮，强调以此次大会为契机，牢记初心使命，坚定理想信念，以为人民服务为宗旨，做好粮食流通调控和储备粮行政管理等业务工作，提高服务水平。为使此项工作真正落到实处，公司领导要求办公室认真起草有关安排的具体文稿。办公室主任将这一任务交给了楚密和文媛，她们按照惯例写好了文稿，然后将文稿用 B5 信

应用文规范格式

笺纸张打印出来准备下发各科室。当二人将印刷好的文稿交给办公室主任审核时，却发现办公室主任眉头紧锁，二人不明就里，很诚恳地向办公室主任请教。

办公室主任告知她们，如此重要的文件应当严格使用规范的应用文格式，不论是纸张的使用，还是文本格式及格式的构成要素都不能随意而为，必须以国家标准为依据。经过一番讲解，二人终于明白了问题的症结所在。

【项目分解】

楚密和文媛认为规范的应用文格式必须依据最权威的规定，即国家的法律法规和国家标准。为了提高工作效率，她们打电话向大学的应用文写作老师咨询，老师向他们提供了掌握规范的应用文写作格式的线索——《中华人民共和国国家标准·党政机关公文格式》(GB/T 9704-2012)、《中华人民共和国国家标准·标点符号用法》(GB/T 15834-2011)、《中华人民共和国国家标准·出版物上数字用法》(GB/T 15835-2011)、《党政机关公文处理工作条例》(中办发〔2012〕14号)，她们依据这些规定确定了应用文规范格式的基本框架。

应用文版面标准的规定。

应用文版面是各类文稿在纸张上编排布局的整体产物，是阅稿人接触到文稿后的第一对象，掌握版面的规定主要应当掌握有关用纸规格、文稿的页边与版心规格、排版装订规格和页码规格等规范格式。

应用文规范格式的构成。

应用文的规范格式构成就是指应用文中各要素（各组成部分）的搭配、排列和编排规则，包括版面安排、字体型号、各要素的编排顺序等。党政机关通用应用文由版头、主体、版记三大部分构成。

【任务下达】

楚密和文媛将规范的应用文格式所涉及的项目分解清楚后，针对项目的构成确定了详细的任务。

◇ 列明应用文标准版面的具体细节规定。

列明国际通用的纸张规格，在标准的纸张规格内明确有关文稿的版心标准，在确定的版心标准内合理安排页边距、装订样式、页码形式、行数与行距、字数与字距、表格的排版形式。

◇ 设计应用文规范格式的样本。

针对应用文规范格式涵盖的版头、主体、版记三大部分，按照图式结构的方式，分别将版头部分具备的份号、密级和保密期限、紧急程度、发文机关标志、发文字号、签发人等要素，主体部分包含的标题、正文、主送机关、附件说明、发文机关署名、成文日期、印章、附注等要素，以及版记部分涵盖的抄送机关、印发机关和印发日期等要素，设计成标准的应用文格式样本。

【制作要诀】

目前常用的应用文文种有近 200 种，但以国家法规形式确定下来的文种并不多。中共中央办公厅、国务院办公厅在 2012 年 4 月 16 日联合印发了《党政机关公文处理工作条例》（以下简称《条例》），这一法规于 2012 年 7 月 1 日正式施行。《条例》明确规定决议、决定、命令、公报、公告、通告、意见、通知、通报、报告、请示、批复、议案、函、纪要 15 种应用文为法定公文。基于法定文书的重要性，国家市场监督管理总局和国家标准化管理委员会发布的《中华人民共和国国家标准·党政机关公文格式》（以下简称《公文格式》）成为应用文的法定格式，也是规范格式、标准格式。

应用文规范格式的版面要求

■ 版面规定

◆ 用纸规格

依据《公文格式》中的规定，公文用纸采用 GB/T 148 中规定的 A4 型纸，其成品幅面尺寸为 210 mm × 297 mm。

◆ 公文页边与版心规格

为保证公文版面的庄重大方，标准中规定了页边和版心的规格。公文用纸的天头（上白边）为 37 mm ± 1 mm，订口（左白边）为 28 mm ± 1 mm，版心尺寸为 156 mm × 225 mm（不含页码）。

◆ 排版装订规格

公文正文用 3 号仿宋体字，一般每面排 22 行，每行排 28 个字，并撑满版心。装订应左侧装订，可采用骑马订或平订的方式，订位为两钉外订眼距版面上下边缘各 70 mm 处，允许误差 ±4 mm。骑马订钉锯均订在折缝线上，平订钉锯与书脊间的距离为 3 mm~5 mm。

◆ 页码规格

页码用 4 号半角宋体阿拉伯数字，置于公文版心下边缘之下，数字左右各放一条一字线，一字线上距版心下边缘 7 mm。单页码居右空 1 字，双页码居左空 1 字，空白页和版记页均不编排页码。

◆ 表格规格

文本如需有附表，对横排 A4 纸型表格，页码位置与公文其他页码保持一致，单页码表头在订口一边，双页码表头在切口一边。如需附 A3 纸型表格，而且是作为公文的最后一页时，为避免表格脱落，应使表格处于封三之前位置，而不应将表格粘贴在封四上。此时，A3 表格一般不编页码，如 A3 表格在公文中间，页码编暗码。

■ 格式要素

依据《公文格式》的规定，将组成公文的各格式要素划分为版头、主体、版记三个部分。置于公文首页红色分隔线以上的部分统称版头；置于公文首页红色分隔线（不含）以下至公文末页首条分隔线（不含）以上的部分统称主体；公文末页首条分隔线以下、末条分隔线以上的部分统称版记。版头的特点是位置相对固定；主体的特点是位置经常变动，依公文内容的长短而定；版记的特点是位置要依公文主体的构成而定。版头可以称为公文的“头”，主体称之为公文的“身”，版记称之为公文的“脚”。

◆ 版头

◇ 份号——公文份号是将同一文稿印制若干份时每份公文的顺序编号，即同一文稿总印数的流水号。并不是所有的公文都需要编制份数序号。《条例》规定涉密公文要标注份号。如果发文机关认为有必要，也可以对不带密级的公文标注份号。标注份号的目的是准确掌握公文的印制份数和分发范围及对象。

应用文规范格式之版头安排

公文份号一般用 6 位 3 号字体阿拉伯数字，顶格编排在版心左上角顶格第一行的位置，即天头下边缘，距公文上页边 37 mm 处下面第一行。

◇ 密级和保密期限——密级是标识公文保密程度的一种标志。根据《条例》的规定，涉及国家秘密的公文应当按照国家秘密及其密级具体范围的规定，分别确定“绝密”“机密”“秘密”三级。保密期限是对公文密级的时效加以规定的说明。

密级和保密期限一般用 3 号黑体字，顶格编排在版心左上角第二行；如需同时标识密级和保密期限，密级和保密期限之间用“★”隔开。

◇ 紧急程度——紧急程度是对公文送达和办理时限的要求。紧急公文应当分别标明“特急”“加急”的字样。

标识紧急程度一般使用 3 号黑体字，顶格编排在版心左上角。但如果同时还要标注份号、密级和保密期限、紧急程度，按照份号、密级和保密期限、紧急程度的顺序自上而下分行排列。

◇ 发文机关标志——发文机关标志是公文责任者名称的标注，即人们通常所称的“红头”。由发文机关全称或规范化简称加“文件”二字组成，也可以使用发文机关全称或者规范化简称。发文机关全称应以批准该机关成立的文件核定的名称为准。规范化简称应由该机关的上级机关规定，也有由本机关自定的，但一定要明示其他行政机关，不能只是自己使用而其他机关不知晓。

发文机关标志居中排布，上边缘至版心上边缘为 35 mm，推荐使用小标宋体字，颜色为红色。

◇ 发文字号——发文字号是指某一公文在发文机关一个年度内发文总号中的实际顺序号，由发文机关代字、年份和发文顺序号组成。发文字号组成的三部分的顺序不可任意颠倒调换。联合行文时，使用主办机关的发文字号。

发文字号的位置是在发文机关标志下空 2 行，居中排布。年份、发文顺序用阿拉伯数字标注；年份应标全称，用六角括号“〔 〕”括入；发文顺序号不加“第”字，不编虚位（即 1 不编为 01），在阿拉伯数字后加“号”字。上行文的发文字号居左空 1 字编排，与最后一个签发人姓名处在同一行。

◇ 签发人——签发人是指代表机关批准发出公文的机关领导人。签发人是对公文内容负责的一种标志。签发人仅在上报的公文中出现，编排签发人姓名，主要目的是方便上级单位的领导人了解下级单位谁对上报事件负责。

签发人编排在发文机关标志下空 2 行位置，居右空 1 字。“签发人”三字用 3 号仿宋体字，签发人姓名用 3 号楷体字。联合行文时，签发人姓名按照发文机关的排列顺序从左到右、自上而下依次均匀编排，一般每行排两个签发人姓名，回行时与上一行第一个签发人姓名对齐。

◇ 版头中的分隔线

发文字号之下 4 mm 处居中印一条与版心等宽的红色分隔线。

◆ **主体**

应用文规范格式之主体安排

◇ 公文标题——标题是指标明某一公文主要内容的概括性名称。公文标题要准确、简要地概括公文的主要内容。完整的公文标题由发文机关名称、事由和公文文种三部分构成。

公文标题编排在红色分隔线下空 2 行的位置，用 2 号小标宋体字，可分 1 行或多行居中排布。回行时，要做到词意完整，排列对称，长短适宜，间距恰当，排列应当使用梯形或菱形。

标题是反映应用文内容的纲，如果是成体系的，标题的格式应以不同的字体、字号、占行、位置等来体现其隶属关系。较长标题转行时不要割裂词语，更不能因转行而产生歧义或相反义。用数字表示标题的顺序时，不同级别的标题应注意使用不同的数字符号。一般来说，一级标题用“一、二、三、……”，二级标题用“（一）（二）（三）……”，三级标题用“1.2.3.……”，四级标题用“（1）（2）（3）……”，五级标题用“① ② ③……”。一般第一层用黑体字、第二层用楷体字、第三层和第四层用仿宋体字标注。另外，要避免标题沉底（位于页面的最后一行），出现“背题”的情况，导致题目下无正文。

◇ 主送机关——主送机关即公文的主要受理机关，是负责承办或答复该文内容的机关，也叫作“上款”“抬头”。确定主送机关要根据各级党政机关的行文关系，根据各自的隶属关系和职权范围来确定。

标识主送机关要标明主送机关的全称、规范化简称或同类型机关的统称。主送机关编排在标题下空 1 行、左侧顶格的位置，回行时仍需顶格，并在最后一个主送机关名称后标全角冒号。但如果主送机关名称过多，使得公文首页不能显示正文，就要将主送机关名称移至版记中的抄送机关之上 1 行。

◇ 公文正文——正文是公文的核心部分，用来表述公文的具体内容，除了个别简短的公文外，正文内容一般分开头、主体、结尾三部分。正文的开头可以概括为“凭”，即凭什么行文，就是制发该文的依据或理由；主体部分可以概括为“事”，即什么事情或什么事项；结尾部分可以概括为“断”，就是正文的论断部分，通常为要求、措施、办法等。

正文的内容因文种而各异，具体撰写要求将在以后章节中细述。

正文的编排方法同写信一样，在主送机关名称之下第一行开始编排，每起一自然段均要左空 2 字。正文一般使用 3 号仿宋体字。

◇ 附件说明——附件说明是对公文正文附属材料的顺序号和名称的标注。公文正文中有一些内容，如图表、名单、规章制度等，如穿插在公文正文中，往往隔断公文前后意思的联系而造成阅读上的不便，这时需要将其从公文正文中抽出而作为公文的附件单独表述。

公文的附件是正文内容的组成部分，与公文正文一样具有同等效力。公文如有附件，在正文下空 1 行左空 2 字编排“附件”二字，后标全角冒号和附件名称。如有多个附件，使用阿拉伯数字标注顺序号，附件名称后不加标点符号。附件名称较长需回行时，应当与上一行附件名称的首字对齐。

◇ 发文机关署名——发文机关署名就是在正文之后加注发文机关的名称，要署发文机关全称或者规范化简称。单一机关行文时，一般在成文日期之上居中编排发文机关的署名。联合行文时，按照发文机关顺序整齐排列在相应位置上署名。

◇ 成文日期——成文日期是公文生效的时间，是公文的一项重要内容。公文如果没有生效时间，在某种意义上说就是一纸空文。成文日期以负责人签发的日期为准，联合行文的以最后签发机关负责人签发日期为准，电报以发出日期为准。

《公文格式》规定成文日期一般右空 4 字编排，用阿拉伯数字将年、月、日标全。由于印章要加盖在成文日期上，成文日期的位置要依印章的位置而定。

◇ 印章——印章是公文效力的表现形式，是公文效力最权威的凭证。对于公文来说，除了纪要以外，都必须加盖印章。

加盖印章不能随便地盖在日期上，应注意规范方法。

单一机关行文时，一般在成文日期之上、以成文日期为准居中编排发文机关署名，印章端正、居中下压发文机关署名和成文日期，使发文机关署名和成文日期居印章中心偏下位置，印章顶端应当上距正文（或附件说明）1 行之内。

联合行文时，一般将各发文机关署名按照发文机关顺序整齐排列在相应位置，并将印章一一对应、端正、居中下压发文机关署名，最后一个印章端正、居中下压发文机关署名和成文日期，印章之间排列整齐、互不相交或相切，每排印章两端不得超出版心，首排印章顶端应当上距正文（或附件说明）1 行之内。

◇ 附注——附注是对公文的发放范围、使用时需注意的事项的说明，如“此件发至县团级”“此件可见报”“此件可登党刊”等。需要注意的是，附注不是对公文内容的注释或解释。公文如有附注，应居左空 2 字加圆括号编排在成文日期下 1 行。

◇ 附件——附件应当另面编排，并在版记之前，与公文正文一起装订。“附件”二字及附件顺序号用 3 号黑体字顶格编排在版心左上角第一行，附件标题居中编排在版心第三行，附件顺序号和附件标题应当与附件说明的表述一致，附件格式要求同正文。

如附件与正文不能一起装订，应当在附件左上角第一行顶格编排公文的发文字号并在其后标注“附件”二字及附件顺序号。

◆ **版记**

应用文规范格式之版记安排

◇ 分隔线——版记中的分隔线与版心等宽，首条分隔线和末条分隔线用粗线（推荐高度为 0.35 mm），中间的分割线用细线（推荐高度为 0.25 mm）。首条分隔线位于版记中第一个要素之上，末条分隔线与公文最后一面的版心下边缘重合。

◇ 抄送机关——抄送机关是指收受公文并了解公文的内容但不承担主办和答复责任的机关。抄送机关通常被看作次要的受文机关。

如有抄送机关，一般用 4 号仿宋体字，在印发机关和印发日期之上 1 行、左右各空 1 字编排。“抄送”二字后加全角冒号和抄送机关名称，回行时与冒号后的首字对齐，最后一个抄送机关名称后标句号。

如需把主送机关移至版记，除将“抄送”二字改为“主送”外，编排方法同抄送机关。既有主送机关又有抄送机关时，应当将主送机关置于抄送机关之上 1 行，之间不加分隔线。

◇ 印发机关和印发日期——印发机关是指公文的印制主管部门，一般是各机关的办公厅（室）或文秘部门。印发日期是指公文的生成时间，一般以公文付印的时间为准。印发日期不同于生效日期，了解两者的时间差，既可以使发文机关掌握制发公文的效率，也可以使收文机关掌握公文的传递时间，有利于公文的办理。

印发机关和印发日期一般用 4 号仿宋体字，编排在末条分隔线之上，印发机关左空 1 字，印发日期右空 1 字，用阿拉伯数字将年、月、日标全，年份应标全称，月、日不编虚位（即 1 不编为 01），后加“印发”二字。

版记中如有其他要素，例如“翻印机关名称和翻印日期”等，应当将其与印发机关和印发日期用一条细分隔线隔开。

【范例与模板】

［范例］	［模板要素］
石门市粮食储备库第一储运公司文件 石粮储〔2022〕36号	**发文机关标志：** 发文机关全称或规范化简称+“文件”组成 **发文字号：** 发文机关代字+年份+序号组成
石门市粮食储备库第一储运公司 关于认真学习贯彻习近平总书记在中国共产党 第二十次全国代表大会上的报告的通知	**标题：** 发文机关+事由+文种
综合部、财务部、监察审计部、仓储监管部、资产部、进出口部、贸易部，各分公司，各粮库：	**主送机关：** 公文的主要受理机关，即负责承办的机关
2022年10月16日，中国共产党第二十次全国代表大会在北京人民大会堂开幕，习近平总书记代表第十九届中央委员会向大会作报告。党的二十大报告全面总结过去5年的工作和新时代10年的伟大变革，科学谋划未来一个时期党和国家事业发展的目标任务和大政方针，系统阐述新时代坚持和发展中国特色社会主义的重大理论和实践问题，鲜明提出开辟马克思主义中国化时代化新境界、以中国式现代化全面推进中华民族伟大复兴的历史使命，是我们党团结带领全国各族人民在新时代新征程坚持和发展中国特色社会主义的政治宣言和行动纲领。公司上下要坚持以习近平新时代中国特色社会主义思想为指导，持续深化对“两个确立”决定性意义的认识，增强“四个意识”、坚定“四个自信”、做到“两个维护”，要把全面深入学习贯彻党的二十大精神作为当前和今后一个时期一项首要政治任务。为深刻领会和把握讲话的重大意义、丰富内涵、核心要义、实践要求，切实实现思想和行动的统一，公司决定开展为期一个月的学习贯彻党的二十大精神的系列活动，现将有关事项通知如下。	**正文：** 一般由开头+主体+结尾三部分组成 正文开头部分
一、把握核心要义，深刻领会党的二十大精神 各部门在11月份通过集中学习、自学、研讨、撰写心得、干部讲党课等形式，深入领会党的二十大精神。	正文主体部分

要深刻领会党的二十大报告从16个方面全面总结的新时代10年的历史性成就和历史性变革，深刻领会开辟马克思主义中国化时代化新境界，深刻领会新时代新征程中国共产党的使命任务，深刻领会中国式现代化的中国特色和本质要求；党的二十大报告深刻阐释了新时代坚持和发展中国特色社会主义的一系列重大理论和实践问题，描绘了全面建设社会主义现代化国家、全面推进中华民族伟大复兴的宏伟蓝图，为新时代新征程党和国家事业发展、实现第二个百年奋斗目标指明了前进方向、确立了行动指南，向全体党员发出了为全面建设社会主义现代化国家、全面推进中华民族伟大复兴而踔厉奋发、勇毅前行的伟大号召。 二、做好本职工作，立足岗位贯彻落实党的二十大精神 各部门要把学习党的二十大精神作为当前理论指导工作的重中之重，要在本职工作岗位上贯彻落实党的二十大精神，自信自强，守正创新。要善学善悟，深钻细研统筹谋划，将观照现实与推动工作结合起来，以为人民服务为宗旨，做好粮食流通调控和储备粮行政管理等业务工作，提高服务水平，全方位夯实粮食安全根基，全面落实粮食安全党政同责。推进粮储和调运的数字化建设，为应对复杂严峻的国际国内环境、战胜各种风险挑战奠定坚实基础。 三、多种形式并举，丰富拓展学习宣传形式 公司将结合学习贯彻党的二十大报告开展相关活动，如组织学习培训、开设专题专栏进行宣传、举办宣讲报告、深入开展研究阐释。通过多种形式的学习，牢记中国共产党的领导是党和国家的根本所在、命脉所在，要把党的二十大精神内化于心、外化于行、实化于干，汇聚起迈进新征程、奋进新时代的磅礴伟力。 党的二十大充分体现了百年大党初心不改、矢志不渝的执着和坚定，有力彰显了谋划复兴伟业、擘画强国蓝图的历史主动和使命担当，对于我们坚定战略自信、保持战略清醒、增强信心斗志、推进中华民族伟大复兴具有极其重大的意义，为我们更加深刻认识新时代、把握新时代、奋进新时代提供了科学指引和根本遵循。我们要将党的二十大精神转化为政治能力，转化为推动工作的动力，提高	正文结尾部分

干事创业的精气神，勇于担当作为，积极应对各种风险挑战，努力创造无愧于党、无愧于人民、无愧于时代的业绩。 附件：学习贯彻习近平总书记在庆祝中国共产党成立100周年大会上的重要讲话精神的工作安排 石门市粮食储备库第一储运公司（印章） 2022年10月24日	**附件说明：** 正文下空1行左空2字标注 **落款：** 发文机关＋成文日期＋印章
石门市粮食储备库第一储运公司办公室　2022年10月25日印发	**版记：** 印发机关＋印发日期

【实践训练】

■ 任务1——校对文稿的格式与内容

石门市粮食储运公司办公室主任将一份文件交给楚密和文媛，让她们在30分钟内将文稿校对清楚。楚密和文媛采用了唱校法，两人一唱一校，发现了文稿的错误。下面是需要校对的文稿。

石门市粮食储备库第一储运公司学习贯彻党的二十大报告的简报

党的二十大胜利召开后，公司广大党员干部认真学习宣传贯彻党的二十大精神。大家有衷感到习近平总书记所作的二十大报告鼓舞人心、催人奋进，彰显了以习近平同志为核心的党中央谋划复兴伟业、擘画强国蓝图的历史担当，进一步指明了党和国家事业的前进方向，是我们党团结带领全国各族人民在新时代新征程坚持和发展中国特色社会主义的政治宣言和行动纲领。大家表示，要在以习近平同志为核心的党中央的坚强领导下，坚定理想、同心同德，脚踏实地、善作善成，绰厉奋发、勇毅前行，不负时代、不负人民，在新的赶考之路上交出优异的答卷。

党的二十大报告紧扣时代脉博，贯穿马克思主义的立场、观点和方法，是一篇闪耀着马克思主义理论光辉的纲领性文献，对于更好的团结和动员全党肩负起历史和时代赋予的使命任务具有十分重要的意义。

党的二十大报告全面总结了党的十九大以来的5年工作和新时代10年的伟大变革，深入回答了中国共产党是什么、为了什么的执政赶考之问，回答了中国式现代化是什么、路径怎么走的强国复兴之问，回答了人类文明新形态是什么、怎么创造发展的前途命运之问，集中反映了人民群众的期盼和心声。

党的二十大报告充分体现了中国共产党推动中华民族伟大复兴的历史主动精神，体现了马克思主义与时具进的理论品格，体现了自信自强、守正创新走自己的路的战略主动精神，体现了勇于自我革命的鲜明品格。

党的二十大报告给人以真理的力量、信仰的感召、方向的指引、奋进的信心。作为基层一线的公司员工，要当好党的二十大精神的积极传播者，当好理论与实践有机结合的坚定执行者，当好贯彻落实党的二十大精神的忠实践行者，认真对标对表，把报告中提出的一系列重要部署进一步细化、实化、具体化，压实到公司发展的各方面和全过程。

■ **任务 2——检查发文字号有无错误并加以修改**

◇ 鲁府办字［2023］十四号

◇ 闽府办字（2023）64 号

◇ 粤府办字［23］第 14 号

◇ 湘府办字［二〇二三］25 号

◇［2023］黔府办字 14 号

◇ 石府办字〔2023〕第 5 号

■ **任务 3——检查成文日期是否符合国家标准并加以修改**

◇ 2023 年 4 月 13 日

◇ 2023 年四月十六日

◇ 二零贰三年贰月 13 日

◇ 二〇二三年 3 月 20 日

◇ 二〇二三年 1 月 15 日

◇ 二〇二三年四月十八日

■ **任务4——根据文本制作标题**

2022年，石门市粮食储备库第一储运公司广大女员工积极投身于集团公司开展的“新时代新作为，抗疫情建新功”活动中，勇挑重任，共克时艰，为保障企业持续发展发挥了积极作用。在国际劳动妇女节到来之际，为表彰公司女员工在2022年做出的贡献，激发和调动全体女员工在2023年为企业发展再立新功，公司工会决定开展纪念活动并表彰2022年度女员工先进集体和先进个人。现将活动和评比要求通知如下。

一、以提高女员工工作技能活动为主，以开展文体等其他活动为辅，各妇女工作小组要积极组织，公司工会给予支持，为广大女员工营造积极向上、温馨快乐的节日氛围。

二、工会和各妇女工作小组开展活动要做出书面活动方案，按管理流程审批。

三、在举办“国际劳动妇女节”活动过程中，认真总结本部门女员工在2022年围绕公司的党建引领、抗击疫情、企业文化、企业管理、生产经营、质量改进、降低成本和市场营销等方面所做的工作和积累的先进经验。

四、要在总结中注意挖掘、培养、宣传、树立先进集体和先进个人典型，激励全体女员工奋斗新征程、建功新时代。

五、为提高女员工的业务素质，开展“推荐文档”评比，各妇女工作小组推荐“巾帼贡献奖”时，同时制作PPT文档参加“推荐文档”评比，工会组织专业人员评选，对优胜者给予奖励。

六、本次活动将评比出“巾帼优秀团队奖”4个，“巾帼贡献奖”10名，“优秀女员工”10名。

项目三　应用文特定格式

【工作情境】

楚密由于工作业绩突出，加上为人稳重，被临时抽调到上级部门帮助整理文稿。由于上级部门是政府部门，在制作某些应用文文稿时需使用特定的格式。有时为了提高工作效率，对于常用的函和纪要一类的文稿也要使用特定的格式。面对这些复杂情况，楚密感觉到了应用文特定格式使用的难度。应用文写作指导老师刘敏慧得知楚密的困惑后，结合命令、函、纪要三类特定形式的文种，给予楚密详细的指导。

命令是法定的领导机关或领导人对下级机关发布的一种具有强制性、领导性、指挥性的公文。根据我国的法律规定，全国人大常委会及委员长、中华人民共和国主席、国务院及国务院总理、国务院各部委及部长、各委员会主任、地方各级人民政府和人民代表大会，以及军队和公检法等领导机关可以发布命令，其他机关、群众团体和企事业单位均无权制发。党的领导机关也不能单独使用这一文种，除非和国家领导机关联合发文。函作为公文中唯一的一种平行文种，是上下级机关和平行机关或不相附属机关之间在商洽工作、询问和答复问题时所应用的文体。函的特点是不受公文规定的严格限制，因此用起来极为简便。纪要是用于记载、传达会议情况和议定事项的公文。纪要的特定格式既可以简便通用，又可以体现特有格式的权威性。应用文写作老师刘敏慧提醒楚密，首先要清晰掌握三类特定的格式范本，然后才能够准确使用这三类文种。楚密在得到老师的指导后，开始学习命令、函、纪要三类文种的特定格式。

【项目分解】

楚密根据《中华人民共和国国家标准·党政机关公文格式》《中华人民共和国国家标准·标点符号用法》《中华人民共和国国家标准·出版物上数字用法》的相关规定，对党政机关使用三类文种的情况进行了调查，然后对三类文种的内涵进行了分析，确定了其中的构成要素。

特定的信函格式标准。

信函格式的版面布局的特殊性，以及信函格式首页的特殊安排，信函格式版心线长度和页码的特殊规定。

特定的命令格式标准。

命令格式的页边距与发文字号的不同标准，以及命令格式的印章使用的不同之处。

特定的纪要格式标准。

纪要格式的页边距、发文机关标志和印章加盖的不同之处。

【任务下达】

楚密先将三类文种的特定格式要素进行分解，然后将有关要素在计算机上输入，确定完成三类文种格式的具体任务。

◇ 列明三类特定格式标准版面的具体细节规定。

明确制定三类特定文稿格式的版心标准，在确定的版心标准内合理安排页边距、字体字号、印章的形式。

◇ 设计三类特定格式规范的样本。

针对三类特定格式涵盖的版头、主体、版记三大部分，按照图式结构的方式分别对发文机关标志、发文字号、印章等要素制定详备的格式样本。

【制作要诀】

■ 信函格式

信函格式安排

在制发机关公文的实践中，经常使用一种只编排发文机关名称而不加“文件”二字的“信函式”公文，它是用于处理日常事务的平行文或下行文，而且使用频率很高。

◆ 发文机关标志规格

发文机关标志上边缘距上页边 30 mm，也就是上白边的 30 mm，然后在 30 mm 之下编排发文机关名称。发文机关名称使用全称或规范化简称。发文机关的名称套红印刷。

◆ 版心线形式和规格

在发文机关名称 4 mm 处印一条红色双线（上粗下细），在距下页边 20 mm 处印一条红色双线（上细下粗），两条线的长度均为 170 mm，居中排布。“信函式”公文与“文件式”公文的版心基本一致。

◆ 其余要素规格

信函式公文的份号、密级、紧急程度，应当顶格居版心左边缘编排在红色双线之下。发文字号顶格居版心右边缘编排在第一条红色双线之下。信函式公文的首页不显示页码。版记不加印发机关和印发日期、分隔线，只有抄送机关，抄送机关上下不加分隔线，位于公文最后一面版心内最下方。其他各要素的编排方法均同“文件式”公文格式。

■ 命令（令）的格式

命令可以看作国家行政机关发文的最高级形式，命令的格式要求非常严格。

◆ 发文机关编排规格

发文机关名称要全称，不能使用简称包括规范化简称。例如国务院令的发文机关名称就是“中华人民共和国国务院令”。发文机关标志推荐使用红色小标宋体字，居中排布。

◆ 页边距规格

距上页边 57 mm 处（距版心上边缘 20 mm）编排发文机关名称。如果是联合发布命令的，居于首位的发文机关也要在此处编排，其余机关下移。

◆ 令号标注规格

发文机关标志下空 2 行编排令号，令号要居中，令号的前面加“第”字，即“第 × 号”。令号的编制自发第 1 号令开始，不受年度限制。

◆ 正文标注规格

令号下空 2 行编排正文，中间没有红色分隔线。由于命令的正文大多比较简短，所以使用一个自然段完成正文的情况较多。

◆ 签名章规格

正文之下空 2 行编排签发人亲笔签名章，签名章一般用红色，右空 4 字。签名章左空 2 字编排签发人职务全称，命令的签发人应是发文机关的最高领导。

◆ 成文日期规格

签名章之下空 1 行编排成文日期，右空 4 字。

◆ 版记规格

命令的版记格式同文件式规定，但命令不分主送、抄送，而采用分送的特定形式。

■ 纪要格式

纪要格式安排

纪要是机关常用的一种公文，但公文格式中的纪要格式主要是针对国家行政机关的办公会议纪要而言。

◆ 发文机关编排规格

作为一般公文种类的纪要，可以采用“文件式”或“信函式”公文形式来发，并在标题中显现纪要的文种。纪要标志由“× × × × × × 纪要”组成，推荐用红色小标宋体字，居中排布，上边缘距版心上边缘 35 mm。

◆ 印章规格

国家行政机关的办公会议是本机关决策的最高机构，会议议定的事项都是本机关的决策事项，并以固定形式的纪要印发，但纪要可以不加盖印章。

◆ 出席人员

标注出席人员名单，一般用 3 号黑体字，在正文或附件说明下空 1 行左空 2 字编排“出席”二字，后标全角冒号，冒号后用 3 号仿宋体字标注出席人单位、姓名，回行时与冒号后的首字对齐。

标注请假和列席人员名单，除依次另起一行并将“出席”二字改为“请假”或“列席”外，编排方法同出席人员名单。

【范例与模板】

［范例］	［模板要素］
石门市人民政府办公室 石政办函〔202×〕13号	发文机关标志： 使用发文机关全称，使用红色双线分隔 发文字号： 发文字号的位置红色双隔线之下
关于赴平楼市学习交流的函	标题： 发文字号下空2行的位置，居中排布
平楼市人民政府办：	主送机关： 标题下空1行的位置，居左顶格
为学习借鉴贵市关于红色旅游发展及统一战线展陈的先进经验和做法，我市由市委常委、政府副市长严风同志带队一行6人，将于202×年6月16日赴贵市学习交流。请贵市提供学习交流相关资料并安排参观等事宜，予以接洽为盼。 特此专函。	正文： 一般由开头＋主体＋结尾三部分组成
附件：石门市学习交流人员名单	附件说明： 正文下空1行，居左空2格标注
石门市人民政府办公室（印章） 202×年6月10日	落款： 发文机关＋成文日期

【实践训练】

■ 任务1——根据文稿内容编辑信函格式

2020年年初，新型冠状病毒肺炎疫情肆虐全国，全国人民齐心抗疫，共渡难关。由于疫情极大地影响了服务行业，许多中小企业运营艰难。××集团有限公司作为国内具有较大地影响力的大型商业集团和上市公司，为促进疫情防控下的复工复产，帮助经营困难的商户渡过疫情难关，向旗下的所有商户致函，承诺疫情期间减免原商户1~3个月场地租金，并对增租场地的住户提供10万元~20万元的无息资金帮助。同时，也向所有商户强调，要确保企业员工生命安全和健康，服从大局；恢复营业后，要严格自律，合法诚信经营，不扰乱经营秩序；增加企业面对突发状况的能力，在困境中找到新的方向和道路。

■ **任务 2——根据文稿内容编辑命令格式**

2021 年 12 月 24 日，为了全面促进科学技术进步，发挥科学技术第一生产力、创新第一动力、人才第一资源的作用，促进科技成果向现实生产力转化，推动科技创新支撑和引领经济社会发展，全面建设社会主义现代化国家，根据《中华人民共和国宪法》，中华人民共和国第十三届全国人民代表大会常务委员会第三十二次会议修订通过了《中华人民共和国科学技术进步法》，自 2022 年 1 月 1 日起施行。

■ **任务 3——根据文稿内容编辑纪要格式**

石门市电力公司在 202× 年 12 月 15 日召开了第七届职工代表大会，石门市电力公司党委书记林荣、总经理王翔、副总经理潘贤、工会主席崔丽出席会议。与会代表认真审议工作报告和相关文件，提出了合理的意见和建议。代表们一致认为，王翔总经理所作的题为《不忘初心显担当，凝心聚力创佳绩，“双碳”改革新理念，提质增效新时代》的工作报告对 202× 年的工作总结全面准确，实事求是地肯定了公司所创的优异成绩，对当下的工作局面分析客观、深刻。王翔总经理同时提出了公司的“十四五”远景规划。规划提出“清洁发展、升级转型，构筑新跑道”“创新引领、资本融通，提升新价值”“内外协同、平台引领，塑造新格局”“深化改革、效能提升，激发新优势”等战略导向，作为指导公司“十四五”时期发展的纲领性文件，规划从发展现状及宏观形势、指导思想及总体目标、构筑新跑道、提升新价值、塑造新格局、激发新优势、保障措施七个方面对公司“十四五”期间的重点工作和重点任务进行了总体部署。规划与公司管理体系充分衔接，将任务分解落实到各部门、各班组年度计划中，并作为任期考核的主要内容进行考核和激励，推进规划的落地落实。公司党委书记林荣作大会总结，他强调，本次大会是深入学习贯彻党的二十大精神，落实国资委提质增效行动要求，加快建设具有中国特色的能源企业的重要会议。全公司要完整、准确、全面贯彻新发展理念，服务经济社会发展；坚定信心、真抓实干，强化战略引领，树牢质效理念，巩固深化资源统筹机制、精益管理机制、改革提效机制、协同发展机制、风险防控机制；坚持清洁低碳方向，加强科技创新体系建设，坚持稳中求进，实现高质量发展，保障公司发展行稳致远。本次大会在全体与会代表的共同努力下取得了圆满成功：一是总结了成绩，坚定了信心；二是分析了形势，提高了认识；三是明确了规划目标，厘清了思路；四是部署了重点工作，明确了责任。

■ 模块二　报请工作文书

知识目标

- 了解报请工作的基本流程
- 熟悉报请工作涉及的文书
- 掌握报请工作文书的应用范围

能力目标

- 具备撰写报请工作文书的能力
- 能够准确制作报请工作文书

素质目标

- 培养应用文写作的规范意识
- 提高有效处理上下级关系的综合素养

项目一　报告的制作

【工作情境】

楚密和文媛进行一段时间的岗位实习后，同班的钟纪和司稳也来到石门市粮食储备库第一储运公司进行岗位实习，楚密和文媛被调整到公司的仓储区进行数据统计。文书制作工作暂时交给了钟纪和司稳，钟纪和司稳积极配合办公室的文员做好各项文字处理工作。2022 年 10 月，党的二十大会议胜利召开，其中明确要推进健康中国和体育强国建设，倡导文明健康的生活方式，把保障人民健康放在优先发展的战略位置。为响应党的二十大号召，提高全体职工的身体素质，加强身体机能，石门市粮食储备库第一储运公司根据《中华人民共和国体育法》和《全民健身计划（2021—2025）》开展了全民健身运动。此次运动增强了抗疫的信心，消除了同事间的隔阂，化解了矛盾，加深了同事间的了解，增进了友谊。全民体育锻炼既促进了家庭的和睦、社会的和谐，更促进了国家的稳定。简单宜行的体育健身活动发挥了体育健身的综合功能，促进了石门市和谐社会建设和法治城市创建。

报告的制作

石门市粮食储运公司认为这项工作成效显著，有必要在全市粮食系统推广。于是公司领导要求办公室针对公司开展的全民健身活动拟定一份文稿，报送到上级部门。办公室主任将草拟文稿的任务交给了钟纪和司稳，并要求二人一定要按照规定的程序和制稿要求高质量地完成任务。钟纪和司稳接到任务后，马上对任务进行了分解。

【项目分解】

钟纪和司稳认为报告是向上级机关汇报工作、反映情况，回复上级机关询问的公文。

报告属于上行文，只向本机关的直接上级发出。报告是下级机关向上级机关汇报工作、反映情况、回复上级机关询问时使用的上行文，不需要上级机关给予批复，单向性特征明显。报告在汇报工作、反映情况时，所表达的内容采用叙述的方式，做了什么工作、怎样做的这些工作、出现了什么情况，事情的整个过程都需要叙述清楚，向上级提供准确的现实性消息。多数报告都是在开展了一段时间的工作之后，或是在某种情况发生之后向上级作出的汇报。所以，钟纪和司稳确定这份文稿要使用报告行文。

钟纪和司稳考虑报告作为向上级报送的文稿，根据报告的内容和目的的不同，可以分为工作报告、专题报告、综合性报告三种类型。

工作报告旨在向上级单位汇报工作进展，以便上级单位统一协调和掌握下属的工作情况，并进行有针对性的领导。专题报告用来集中反映一项工作或一个问题的完成与处理情况，其特点是突出一个“专”字，内容单一，专指性强，是典型的一文一事的公文。综合性报告涉及面宽，主要工作范围之内的方方面面都要有所涉及，可以有主次之分，但不能有大的遗漏。粮食储运公司针对全民健身体育活动向上级报告，属于专题报告。

报告的基本程序包括九个环节。

环节一是相关部门或办公室草拟文件；环节二是办公室对起草的文稿进行审查；环节三是由主管领导审批签发文件；环节四是由办公室进行打印、登记，然后上报上级部门；环节五是上级部门审阅报告，如果认为报告的内容确有指导意义，会对粮食储运公司的文稿进行批示；环节六是如果上级机关予以批示，粮食储运公司办公室接收文件后要报送本单位相关领导；环节七是主管领导进行批阅，然后交相关部门办理；环节八是相关部门落实文件内容；环节九是办公室针对工作进行总结并存档。钟纪和司稳明确上报文书的所有程序和要领，谨记凡上报的文稿均要慎重对待。

报请工作的基本流程

【任务下达】

钟纪和司稳认真分解了工作任务后，结合报告所具有的单向性、陈述性、事后性的特点，确定了此次文稿制作的具体任务。

◇ 以石门市粮食储备库第一储运公司的名义向上级机关石门市粮食储备库递交一份汇报工作的专题报告。

此份报告最终由石门市粮食储备库第一储运站站长赵卫国签发，然后报送。

◇ 报告的格式要完全符合国家所规定的上行文的格式，以体现对上级机关的尊重和高度负责的态度。

◇ 报告的目的是将全民健身运动的成效和推广的意义向上级机关汇报，写作的焦点要放到汇报工作上。

本项任务要求以记叙为主，概述全民健身活动工作的主要内容，重点活动事实要写清楚。同时，在事实清楚、材料充分的基础上进行分析研究，归纳出新颖的观点，从而提炼出能反映出本质的、带规律性的指导意义。

◇ 撰写报告的内容必须是真实的，是切实完成的有关全民健身运动的工作。

报告的内容要根据主题的要求来安排，分清主次轻重。重点的、主要的内容要安排在前面，应详写；非重点的、次要的内容，可略写；可写可不写的内容，不要写。同时，要注意处理好点和面的关系，既要有典型的事例，又要有综合性的情况，做到点面结合，眉目清楚，说服力强。

◇ 要注意讲究文种，规范使用。

对于报告，受文单位不用答复，如果夹带请示事项，不但不便处理，甚至还会贻误工作。因此，不能把报告与请示混为一谈，应当纠正在报告中同时请示工作的现象。

【制作要诀】

情况报告的制作

虽然报告的种类很多，但是写作格式基本相同，制作要诀基本一致。具体归纳有以下的制作要诀。

■ 标题

对于报告而言，适合采用的是完整的标题形式，即由发文机关名称、事由和文种三部分组成，如《石门市粮食储备库第一储运公司关于开展全民健身运动情况的报告》。

■ 主送机关

报告的主送机关只能标明一个直接上级单位名称，且一般不要主送上级机关的领导个人。所以，本项任务中报告的主送机关应当确立为“石门市粮食储备库”。

■ 正文

报告的正文写法虽有所不同，但一般都由导语、主体和结语三部分组成。

◆ 导语

导语是报告的开头部分，起着引导全文的作用。一般先总述前一段（或前一个时期）的工作情况，包括取得的成绩和存在的问题，以此作为发文的依据，然后常用“现将有关情况报告如下”作为过渡语，引起下文。这部分要落笔入题，上承报告标题中的事由，下启正文主体内容。在本项任务中，导语部分要概括说明在何时何地开展了全民健身活动，以及全民健身活动的基本情况。

◆ 主体

主体是报告内容的关键所在，是报告的重点内容。如果是综合性报告，可采用条款式来撰写。但本项任务是专题报告，而专题报告又可以划分为工作情况报告、事故事件报告、回复报告和备案报告。工作情况报告反映某一方面的工作情况，应写明事情的经过、原因和结果。侧重总结工作经验的报告，则要对成绩和存在问题进行必要的分析，归纳出规律性的内容。工作情况报告应写明工作的进展或完成情况、取得的成绩和存在的问题、经验和教训，也可简单地交代下一步工作的安排或打算。事故事件报告要写清发生事故或事件的时间、地点、单位、涉及的人员、事故的详细情况或事件的经过、造成的后果或影响，还要分析主观和客观原因，最后写明处理情况或提出处理意见。如果是责任事故，还要对直接责任者和有关领导提出处理的意见。回复报告是根据上级的询问作出回复的报告，一般按询问的内容作答即可。至于备案报告，一般比较简单，只需报告何时何种会议通过了何种事项，如果是规范性文件，可作为附件附在报告后面。

钟纪和司稳要完成的任务是制作专题工作情况报告，所以，在主体部分要反映开展全民健身运动的原因、经过和结果。侧重总结工作过程中的经验，通过对全民健身运动所取得的成绩和存在的问题进行必要的分析，归纳出规律性的内容，还要突出写明全民健身运动增强了抗疫的信心、增进了同事间的友谊、促进了家庭和社会和谐、维护了社会稳定等作用。

◆ 结语

报告的结语比较简单，可以重申意义、展望未来，也可以采用“特此报告”“特此报告，请审阅”等模式化的语言来结束全文。本项任务的结语可以增加有关对全民健身运动工作推广的意义内容。

■ 落款和日期

在正文后写上成文日期，使用阿拉伯数字。如果只制作书面文稿，并不印制，可在日期之后加括号注明需加盖印章。

【范例与模板】

［范例］	［模板要素］
石门市粮食储备库第一储运站文件	发文机关标志： 发文机关＋文件
石粮一站〔202×〕65 号　　　　签发人：赵卫国	发文字号： 发文机关代字＋〔年份〕＋序号 签发人： 上行文必须标注签发人姓名
石门市粮食储备库第一储运站 关于开展全民健身运动情况的报告	标题： 发文机关＋事由＋文种
石门市粮食储备库：	主送机关： 报告的主送机关一般只有一个
自国务院颁布《全民健身计划（2021—2025）》以来，群众健身运动驶入快速、持续发展的快车道。党的二十大明确指出“人民健康是民族昌盛和国家强盛的重要标志”。全民健身是实现全民健康的重要途径和手段，是全体人民增强体魄、创造幸福生活的基础保障。健康运动是健康中国建设的有力支撑和全面建成小康社会的国家名片。多年来，石门市粮食储备库第一储运站十分重视全体员工的健康状况和日益增长的体育健身需求，自 2020 年新冠疫情暴发以来，职工的生命健康安全成为储运站的头等大事。为此，从今年 4 月开始，我站精心策划并组织系统内的合体员工健身运动，此项活动以“抗击疫情，强身健体，勇于拼搏，促企发展”为宗旨，开展了形式多样的健身活动。这些简单易行的体育健身活动充分发挥了体育的健身功能，增强了抗疫自信，促进了同事间的沟通，增进了团队友谊，成为企业发展的软动力，现将这项工作的开展情况汇报如下。	正文： 首先概述总体情况和结论 承上启下过渡句：“现将这项工作的开展情况汇报如下”
一、领导重视，建立完善的体制机制	
第一储运站具有重视健身运动的良好传统，领导班子牢固树立和贯彻落实创新、协调、绿色、开放、共享的发展理念，以增强员工体质、提高健康水平为根本目标，以满足员工日益增长的多元化体育健身需求为出发点和落脚	

点，把开展全民健身运动与企业文化建设结合起来，把全民健身运动质量与为建成健康中国贡献力量结合起来，把全民健身运动成效与中华民族伟大复兴的中国梦结合起来，成立了由领导班子、党群部、工会等组成的全民健身领导小组并制订了全民健身活动方案，从而保证了全民健身工作能够落实到位。

二、多管齐下，推动健身运动蓬勃开展

自全民健身运动开展以来，我站专门划拨100万元经费用于室外体育运动设施和场地的建设，建造了塑胶羽毛球场地1个，塑胶篮球场2个，塑胶乒乓球场3个。目前，我站正在规划兴建其他健身场所。健身场所充足、全天候开放，且设施条件良好，有力地保证了全民健身运动的正常开展。

我站先后成立了羽毛球协会、篮球协会、太极拳协会、舞蹈队、门球队、乒乓球协会等体育健身组织。各协会充分利用职工的业余时间进行训练和比赛，调动职工运动健身的热情和积极性。在各协会的组织下，全体员工自觉开展健身运动，形成了“健身抗疫情，健康促工作”的良好氛围，收到了良好的效果。

三、形式多样，全民健身运动结硕果

我站举办了形式多样的体育竞赛活动和健身主题活动，每次活动都吸引了全站95%以上的职工参加。体育竞赛项目丰富多样，拔河、跳绳、运球接力等项目，注重团队协同与参与性，健身成效显著。同时，我站还组织登山、游泳、旱冰轮滑、广场舞等活动。这些体育健身活动既满足了职工多层次、多项目的体育健身需要，又密切了干群关系，增强了凝聚力，培育了集体主义精神，引导职工将参与各项体育健身活动时所激发出来的热情干劲积极投入实际工作中。

健康是人全面发展的基础，关系千家万户的幸福。我站将全民健身运动作为提高全站职工身心健康的一种有效方式，作为践行社会主义核心价值观的有效途径，作为服务

结尾收束，强调全民健身运动工作的意义

大局、互促共进的有效方法，切实推动了全站各项工作的顺利开展。 石门市粮食储备库第一储运站 202× 年 8 月 10 日（印章）	 **落款：** 发文机关 + 成文日期 + 印章
石门市粮食储备库第一储运站办公室　202× 年 8 月 10 日印发	**版记：** 印发机关 + 印发日期

【实践训练】

■ 任务 1——根据工作情境撰写一份问题报告

问题报告的制作

202× 年 8 月 4 日中午 12 点左右，银都花园小区馨阁楼的电梯突然出现故障，电梯中被困 4 人，此时正值中午职工下班和学生回家高峰期，造成电梯内外一片混乱。小区物业管理公司的物业管理人员张剑锋和李金河抓紧时间维修电梯，40 分钟后打开电梯，将被困的 4 人解救出来。被困 4 人中的一名业主，跨出电梯后对着张剑锋和李金河破口大骂，李金河倍感委屈也予以还击，一时引得众业主愤慨不已，强烈要求退还物业费。在物业管理公司副总吴建军的一再道歉下，才平息了业主的怒火。经仔细核查，调阅电梯内的录像后，发现造成电梯停运故障的主要原因是电梯内的乘客使用拳头大力锤击电梯按钮，造成电梯控制失灵。同时，物业管理员李金河不能冷静对待业主的举动激化了矛盾。物业公司决定给予李金河警告处分，并扣除当月绩效。银都花园小区的物业管理公司在小区内张贴了对全体业主的公开信，就电梯故障给业主生活造成的不便表示歉意，同时提醒广大业主爱护公共设施，保障全体业主人身安全。

请你代表物业管理公司银都花园小区分部，向上级物业管理公司针对上述问题提交相关报告。

■ 任务 2——根据工作情境撰写一份工作报告

石水县人民医院在创先争优活动中，以开展行风建设为载体，紧紧围绕医药卫生体制改革和发展这一主题，坚持“以病人为中心”的服务宗旨，加强对职工的医德医风教育，规范医疗服务行为，严格落实纠风工作责任制，突出重点、真抓实干、积极推进，取得了显著成效。主要工作成效体现在五个方面：一是以行评活动为载体，强化行风建设；二是以完善措施为先导，优化行风建设；三是以临床用药为抓手，促进行风建设；四是以物价管理为平台，深化行风建设；五是以教育培训为基础，推动行风建设。

请你代表石水县人民医院向石水县卫生局报送一份工作报告。

■ 任务3——根据工作情境撰写一份回复报告

妮雅公司是入驻石门市开发区的中法合资企业，石门市消防大队在202×年11月25日对妮雅公司的消防安全进行例行检查和督导时，发现妮雅公司存在着消防安全隐患，要求妮雅公司的保卫消防部门在12月5日之前将消防安全的检查工作上报石门市消防大队。妮雅公司经过认真排查后，向石门市消防大队回复了有关消防检查的工作。一是公司领导高度重视，11月25日当晚就召开"消防隐患排查及整改落实"会议。公司董事长提出，要确保"消防安全检查不留死角"。与会人员一致认为，消防安全隐患整改工作不仅关系到建筑物的完整性与安全性，更事关全体员工的生命和公司财产安全，责任重于泰山，必须同心协力，全力以赴，不惜代价，整改到位。二是在检查中发现的安全隐患主要有：各车间杂物堆放挡住消防通道，两个车间应急灯不能正常点亮，消防水管路总阀被关闭。三是安全隐患的整改情况，公司派专人清理了堆放在消防通道中的杂物，确保楼梯口畅通；派专人更换两个车间的应急灯，并定期维护；在12月中旬完成原有消防管路的改造，解决地下漏水的情况。这次对消防隐患的及时整改，坚定了隐患可改、隐患必改的信心。公司领导已经将消防隐患的排查整改工作列入了常年计划，公司全体员工迅速统一思想、树立信心、保障各项投入，确保彻底将隐患整改到位。

请你代表妮雅公司保卫处向石门市消防大队报送一份回复报告。

项目二　请示的制作

【工作情境】

石门市国家粮食储备库（石门市粮食储运公司）是国家粮食储备的重要基地之一，现有员工150人，主库区占地15万平方米，仓储规模13万余吨，食用油罐储能力1万吨，库内两条粮食铁路专用线970米，铁路罩棚7 900余平方米，企业自备植物油铁路罐车10节。自开展仓储管理规范化建设以来，在经历了标准化、科学化等几个阶段以后，石门市国家粮食储备库的仓储管理水平明显提高，仓储面貌发生了根本性的变化，但仍存在着软件与硬件建设发展不配套的问题。202× 年3月，储备库领导获得一个信息：长江市粮食管理学院成功开发了“绿色无公害仓储设备系统”，这项领先国际的技术在陕西、四川、云南、湖南、湖北、江西等省进行了多次仓储实验，得到了广泛好评，获得了仓储专家的认可，目前在全国粮食系统中广泛应用。为应对日益复杂的粮食市场形势，冲破传统仓储经营理念，储备库班子成员经研究决定学习先进的仓储模式，积极开展粮食物流建设项目，不断拓宽和完善产业链，激发员工工作热情和创新精神，公司拟派30人到长江市粮食管理学院进行培训学习，学习时间为一周，每人的培训费用为1 600元。为尽快落实此项工作，石门市国家粮食储备库领导李清和将此项工作的具体事务交由办公室王主任负责。

【项目分解】

王主任将此项任务交给了钟纪和司稳两人，他们接到这个工作项目后进行了认真分析。石门市国家粮食储备库隶属于石门市粮食和物资储备局，对于选派30人到长江市粮食管理学院进行培训学习的事宜，作为下级部门的石门市国家粮食储备库不能擅作主张，应当向上级机关石门市粮食和物资储备局请示。

通常依法成立的机关、组织和企事业单位，都享有独自解决和处理问题的法定职权，超出其职权范围的事项，则需请示上级，获准后方可执行和办理。

擅自处理不该由本单位处理的问题，是错误的行为。请示是下级机关向上级机关或业务主管机关请示某项工作中的问题，明确某项政策界限时所使用的请求性公文。

向上级机关请示有几种情况。

对上级单位的法规、政策及其决定有不理解之处，或认为它们不适应本单位情况需要变通处理时，需要请求上级单位予以理解、指示与认可；请求批准人员编制、机构设置、干部任免、经费预算及重要人员或事故的处理；请求审批或批准本单位制定的重要文件；请求解决本单位无法解决的困难和问题；根据规定必须履行审批手续的事项。石门市国家粮食储备库选派 30 人培训学习涉及经费预算的问题，符合请示的要件之一。

请示分为三种类型。

一是请求指示的请示。当对上级机关文件中规定的某些政策界限把握不准，而本机关无权解释或不能擅自决定，即请求上级机关给予指示的请示；或者是遇到本机关职权内过去从未处理、解决过的新情况、新问题，需要请求上级机关给予指示的请示；或者是与友邻机关或单位在较重要的问题上出现意见分歧，需要上级机关给予裁示的请示。二是请求批准的请示，即在涉及机构设置、领导班子调整、人员编制、财务预算、重要人物或重要事件的处理时，在提出本单位处理意见或具体方案的前提下，请上级单位审核批准。三是请求批转的请示，是指政府的职能部门对新情况、新问题提出了处置意见和解决方法，但不能直接要求同级职能部门或不相隶属机关、部门照此执行，因而请求上级领导机关审查批准，并批转给有关方面执行的请示。石门市国家粮食储备库制作的请示属于第二种类型。

【任务下达】

钟纪和司稳认真分解了此工作项目，在充分考虑了请示的内容针对性、目的求复性、事项单一性、处理时效性等特点后，二人确定了如下工作任务。

◇ 以石门市国家粮食储备库的名义向上级机关石门市粮食和物资储备局递交一份请求批准的请示。

◇ 请示的格式要完全符合国家所规定的上行文的格式，以体现对上级机关的尊重和对请示中涉及工作的高度负责。

◇ 请示的目的是希望上级机关能够支持 30 名员工外出培训学习事宜，请示重点应放在培训学习的经费上。

◇ 为体现石门市国家粮食储备库对请示事项的高度重视，应让上级机关了解对此项工作的具体安排，以便上级机关能够尽快做出答复。

【制作要诀】

钟纪和司稳接到任务后，开始撰写请示文稿。为了保证文稿的规范有效，能够切实解决实际问题，两人在制作请示文稿时重点关注了以下几个要素。

请求指示的请示的制作

■ 标题

◇ 请示的标题由发文机关名称、事由、文种组成，如《石门市国家粮食储备库关于组织部分人员赴外地进行仓储技术培训的请示》。

◇ 特别注意不能将“请示”与“报告”混用，也不能写成“请示报告”，如不能写成《关于组织部分人员赴外地进行仓储技术培训的请示报告》或《关于申请组织部分人员赴外地进行仓储技术培训的请示》。

请示的制作

■ 主送机关

请示的主送机关只能标明一个直接上级单位名称，且一般不要主送上级机关的领导个人。受双重领导的单位向上级请示，不要同时主送上级领导机关和上级业务指导机关，而是要根据请示事项和上级职责准确选择主送机关，主送其中一个负责答复请示的单位，抄送另一个上级单位。所以，请示的主送机关应当确立为“石门市粮食和物资储备局”。

■ 正文

为了保证行文效果，撰写请示的正文时一般考虑以下三个方面。

◆ 请示原因

之所以要请示，一定是事出有因。因此，撰写请示首先要从陈述原因开始，目的在于为请示事项提供充分的根据，这部分是请示全文的导语，应开门见山。一方面要讲清楚申办事项的必要性；另一方面也要讲清申办事项已具备的条件及办理的可能性，如是对法律、政策规定条文的不理解，则要详细引述条文并讲出疑问之所在，为上级机关批复提供有说服力的事实、数据或依据。最后以“为此，特作请示如下”“为此，请示如下”等惯用语过渡到下一部分。例如可以就缘由部分进行如下阐述：

自开展仓储管理规范化建设以来，石门市国家粮食储备库在经历了标准化、科学化等几个阶段以后，仓储管理水平明显提高，在管理人员管理水平、技术人员专业技能、库区仓储管理面貌等方面发生了根本性的变化，但仍存在着软件与硬件建设发展不配套等诸多问题。在我库正面临如何摆脱困境，进一步实现跨越式发展的决策关头，长江市粮食管理学院成功开发了“绿色无公害仓储设备系统”。这项技术获得国家科技一等奖，在国际仓储领域尚属首例，目前在陕西、四川、云南、湖南、湖北、江西等省已开始实施。为及时掌握先进仓储技术，争取成为国家级仓储管理示范点，我库拟组织选派部分人员到长江市粮食管理学院进行培训学习。现将有关事宜请示如下。

◆ **意见或建议**

这部分要针对请示事项提出解决问题的意见或建议。这是请示的中心部分，重点在于说明该怎么办，要拿出本单位的具体建议，多数情况下需要提出解决问题的初步方案，供上级定夺。请求资金要直接写明数额，请求物资要写明名称、规格、数量。若有可供选择的不同方案或建议，则需要提出本单位的倾向性意见，不可只提问题让上级给出解决办法。

◆ **结尾**

采用征询的语气和期请的语言，明确提出请求上级批准的要求。一般应另起一行书写，用“上述请示，是否妥当，请批示”“特此请示，请予批准”“妥否，请批示”等惯用结语表达行文要求。

■ 落款部分

落款部分要规范使用阿拉伯数字标明成文的年、月、日，并加盖印章。

【范例与模板】

［范例］

石门市国家粮食储备库文件

石粮库〔202×〕22号　　　　签发人：李清和

石门市国家粮食储备库关于组织部分人员
赴外地进行仓储技术培训的请示

石门市粮食和物资储备局：

石门市国家粮食储备库是国家粮食储备的重要基地之一，担负着国计民生的重要任务。自石门市国家粮食储备库开展仓储管理规范化建设工作以来，在经历了标准化、科学化等几个阶段后，仓储管理水平明显提高，在管理人员管理水平、技术人员专业技能、库区仓储管理面貌等方面发生了根本性的变化，但仍存在着软件与硬件建设发展不配套等诸多问题。在我库面临如何摆脱困境，进一步实现跨越式发展的决策关头，长江市粮食管理学院成功开发了“绿色无公害仓储设备系统”。这项技术获得国家科技一等奖，在国际仓储领域尚属首例，目前在陕西、四川、云南、湖南、湖北、江西等省已开始实施。为及时掌握先进仓储技术，争取成为国家级仓储管理示范点，我库拟选派部分人员到长江市粮食管理学院进行培训学习。现将有关事宜请示如下。

一、培训人员及费用

根据岗位需要、选拔优秀的原则，拟从全库150名职工中选拔仓储业务骨干30人参加培训学习。培训费用为1 600元/人，总计费用48 000元。

二、时间安排

培训时间初步定于202×年6月5日至12日。

三、学习内容

1. 国内外储粮新技术的应用
2. 储粮害虫防治
3. 储粮四项新技术的应用
4. 粮食物流方面的业务知识
5. 储粮生态系统知识

［模板要素］

发文机关标志：

发文机关+文件

发文字号：

发文机关代字+〔年份〕+序号

签发人：

上行文必须标注签发人姓名

标题：

发文机关+事由+文种

主送机关：

发文单位的上级主管机关

正文：

1. 缘由：陈述原因，申办事项的必要性、已具备的条件及办理的可能性

承上启下过渡句：“现将有关事宜请示如下”

2. 事项：请示的中心部分。写明请示的具体事项

<table>
<tr>
<td>6. 绿色无公害仓储设备系统操作
四、其他相关问题
为切实组织好此次培训，我库拟安排库副主任肖云霄同志带队参加培训，具体负责解决培训过程中的问题。
妥否，请批示。

石门市国家粮食储备库（印章）
202× 年 3 月 22 日</td>
<td rowspan="2">3. 结尾：常用惯用语有“上述请示，是否妥当，请批示”“特此请示，请予批准”“妥否，请批示”
落款：
发文机关＋成文日期＋印章
版记：
印发机关＋印发日期</td>
</tr>
<tr>
<td>石门市国家粮食储备库办公室　　202× 年 3 月 22 日印发</td>
</tr>
</table>

【实践训练】

■ 任务 1——根据工作情境撰写一份请求指示的请示

石门市卫健委接到了上级下发的《职工带薪年休假条例》后，积极贯彻落实，但在执行的过程中却发现有些规定不知如何把握，主要的问题有两条：一是关于第二条中规定的“职工连续工作 1 年以上的，享受带薪年休假”如何理解，是仅限于职工在同一单位连续工作 1 年以上的情形，还是包括职工在同一用人单位或者不同用人单位连续工作 1 年以上的情形。二是关于第三条中规定的“累计工作年限”如何理解，是指职工的全部工作经历（包括自主创业、灵活就业），还是指职工按照国家规定可以计算为工龄的工作时间。

请你代表石门市卫健委针对上述问题向上级机关提交请示。

■ 任务 2——根据工作情境撰写一份请求批准的请示

石门大学研究生院为全面贯彻落实党的二十大和全国高校思政会精神，在校党委的领导下，深刻领悟“两个确立”的决定性意义，以“四个意识”导航、“四个自信”强基、“两个维护”铸魂，以“办好人民满意的教育”为己任，全方位提升思想政治工作，切实加强研究生院辅导员队伍建设，决定对辅导员工作的定位与职责、素质与能力、配备与选聘、发展与培训、管理与考核等做出规定，这些规定需要石门大学校长办公会审议通过。

请求批准的请示的制作

请你代表石门大学研究生院向石门大学校长办公会提交一份请示。

项目三　批复的制作

【工作情境】

石门市粮食和物资储备局收到石门市国家粮食储备库递交的《石门市国家粮食储备库关于组织部分人员赴外地进行仓储技术培训的请示》(石粮库〔202×〕22号)后，粮食和物资储备局的领导召开了办公会议，在办公会议上，领导班子成员充分讨论了有关这一事项的答复意见。会议一致认为，石门市国家粮食储备库作为国家粮食储备的重要基地之一，地位十分重要，规范化、科学化的管理有助于企业的有序发展，先进技术手段的应用有助于提高工作效率。因此，会议原则上同意石门市国家粮食储备库的请求，但在人员数量与资金的使用上有不同意见，一是为保证正常的工作不受影响，同意选派20人参加培训；二是培训费用每人1 500元，总计30 000元费用，从粮食和物资储备局的培训专项费用中支出，20人在培训期间的住宿费用由石门市国家粮食储备库自行解决。粮食和物资储备局办公会议结束后，具体的文稿写作交由局办公室完成。

【项目分解】

办公室主任郭健在处理此项工作时，为了培养新人，将这项工作交给在办公室实习的大学生黄谦完成，并针对这项工作为黄谦进行了讲析。

石门市粮食和物资储备局是石门市国家粮食储备库的行政管理上级机关。

上级机关对于下级机关递交的请示性事项必须予以答复，而答复所用的文种就是批复。批复是上级机关针对下级机关来文请示的问题表明意见，用于答复下级机关的请示事项时使用的文种。批复与请示是相对应的公文，下级有请示，上级才有针对该请示的批复。所以撰写时要注意批复的特点：一是行文的被动性，批复的写作以下级的请示为前提，它是专门用于答复下级机关请示事项的公文，先有上报的请示，后有下发的批复，一来一往，被动行文，这一点与其他公文有所不同。二是内容的针对性，批复要针对请示事项表明是否同意或是否可行的态度，批复事项必须针对请示内容来答复，而不能另找与请示内容不相关的话题。因此批复的内容必须明确、简洁，便于下级机关贯彻执行。三是效用的权威性，批复表示的是上级机关的结论性意见，具有法律效力。下级机关对上级机关的答复必须认真贯彻执行，不得违背，批复的效用在这方面类似命令、决定，带有很强的权威性。四是语言的简明性，批复的行文直来直去，简明扼要，用语精练简洁，语气肯定。

由于下级机关所请示的事项各不相同，因此上级机关据以做出的答复也各不相同。

按批复的性质分类，批复可分为肯定性批复、否定性批复、解答性批复三种类型。肯定性批复即同意下级单位请示事项的批复。否定性批复即不同意下级单位请示事项的批复，既否定请示事项，也否定请示理由。解答性批复即针对下级单位请示中所询问的有关事项给予明确解答的批复。

如果按表达方式分类，批复可分为表态式批复、阐发式批复两种类型。表态式批复只是针对请示事项作出明确的表态。阐发式批复通常是针对新生事物或重大而有长远影响的事项，在明确表态的基础上，进一步阐发政策性、指示性的意见，指导下级单位处理好有关问题。

石门市粮食和物资储备局作为上级机关，此次批复的任务是对下级机关石门市国家粮食储备库请求对员工培训的事项予以批准，因此，从批复的性质看，应当撰写一份肯定性批复。

但是，石门市粮食和物资储备局对石门市国家粮食储备库的方案又有不同意见，因此，从批复的表达方式看，应当撰写一份阐发式批复。总体而言，作为上级部门的石门市粮食和物资储备局要撰写一份肯定的阐发式批复。

【任务下达】

黄谦在石门市粮食和物资储备局办公室主任郭健的指导下，根据批复的被动性、针对性、权威性、简明性的特点，确定了需要完成的工作任务。

◇ 以石门市粮食和物资储备局的名义向下级机关石门市国家粮食储备库下发一份批复。

◇ 批复的格式要完全符合国家所规定的下行文的格式，以体现上级机关对下级机关所报送工作批示的权威性。

◇ 批复的内容必须针对下级机关的《石门市国家粮食储备库关于组织部分人员赴外地进行仓储技术培训的请示》而撰写。批复既是指示性、政策性较强的公文，又是上级机关对下级单位的请求指示、批准的答复性公文，是下级处理工作或解决问题的依据。因此，撰写批复要慎重及时。慎重是指批复机关收到请示之后，在正式行文之前，要进行周密的调查了解，掌握有关情况，根据现行政策法令及办事准则，经认真研究后，根据职权范围及时给予答复，绝不可贸然行文。及时是上级单位收到请示后，要讲究时效，及时批复，以免贻误工作。如果超出下级机关要求的时限，应及早说明原因。

◇ 批复的事项只能是一项，请示要求解决什么问题，批复就答复什么问题，上下行文互相对应。不可把对毫不相关的几件请示的批复意见集中起来写在一篇批复中，这样将导致批复内容混杂，下级执行困难。

批复的制作

◇ 在制作这份批复时，批复意见不管同意与否，必须清楚明白、态度明朗。不能含糊其词，模棱两可；也不能回避请示内容，答非所问；或似是而非，使下级单位无所适从。在这项任务中，是部分同意请示的批复，在引述来文、表明态度之后，还需要有说理分析，分析点到为止即可。

【制作要诀】

批复的制作

黄谦根据局办公会议精神，认真起草了对下级机关的批复。这份批复主旨明确，语言精练，格式规范，具备了所有制作批复的要素。

■ 标题

批复的标题总体形式同其他公文一致，但在构成上略有不同，常用的批复标题有以下几种写法。

◇ **发文机关名称 + 事由 + 文种**。例如《石门市粮食和物资储备局关于组织部分人员赴外地进行仓储技术培训的批复》，发文机关为“石门市粮食和物资储备局”，事由为“组织部分人员赴外地进行仓储技术培训”，文种为“批复”。

◇ **事由 + 文种**。例如《关于石门市国家粮食储备库组织部分人员赴外地进行仓储技术培训的批复》。

◇ **发文机关名称 + 表态词 + 事由 + 文种**。例如《石门市粮食和物资储备局关于同意石门市国家粮食储备库组织部分人员赴外地进行仓储技术培训的批复》，标题中特别明确了批复的表态意见，增强了批复的针对性。当批复的内容同意下级单位请示事项时，标题中可使用“同意”这个表态词；如果不同意下级单位的请示事项，标题中不宜标明“不同意”的字样，在正文里表明态度并阐述不同意的理由即可。

◇ **发文机关名称＋批复事项＋行文对象＋文种**。例如《石门市粮食和物资储备局关于同意组织部分人员赴外地进行仓储技术培训给石门市国家粮食储备库的批复》。

■ 主送机关

写明批复所针对的请示单位名称，因为请示的主送机关只能是一个，所以，批复的主送机关也只能是一个，必须是报送请示的机关，即石门市国家粮食储备库。

■ 正文

正文写法应视批复的实际情况而定，但是有其基本固定的格式可以借鉴。一般来说，包括批复引语、批复意见和批复结语三部分。

◆ **批复引语**

批复引语要点出批复对象，一般称收到某文，或某文收悉，即正文的开头往往只用一句话说明是针对什么机关的什么请示而批复。通常引用请示的标题和发文字号，以增强批复的针对性。例如，针对《石门市国家粮食储备库关于组织部分人员赴外地进行仓储技术培训的请示》的批复引语如下：

“你库《石门市国家粮食储备库关于组织部分人员赴外地进行仓储技术培训的请示》（石粮库〔202×〕22号）收悉。”

◆ **批复意见**

批复意见是针对请示中提出的问题所作的答复和指示，是批复的主体部分。一般用“经研究，现批复如下：”引出批复意见，也可以直接用“经研究，同意……”写明批复的事项是什么，通常是针对请示事项逐项说明。批复既是上级机关指示性、政策性较强的公文，又是对下级单位请求指示、批准的答复性公文，因此，撰写批复要慎重及时，根据现行政策法令及办事准则，及时给予答复。注意态度要明朗，观点要鲜明，所提意见、做法要切实可行，符合党和国家的政策法规。属于否定性批复的，也要答复。批复的意见不能无的放矢、含糊其词、似是而非，使下级难以理解、无所适从。同时批复必须有针对性地一文一批复，请示要求解决什么问题，批复就答复什么问题。

◆ **批复结语**

批复结语可以用“特此批复”结束全文，也可以表明希望、提出要求，如“请遵照执行”等。有的批复没有结尾用语，把批复事项或问题说明即可。

■ 成文日期和发文机关署名

在正文的右下方由发文机关署名并标注成文日期，即批复的年、月、日，同时加盖制发批复的机关的印章。

【范例与模板】

［范例］	［模板要素］
石门市粮食和物资储备局文件	**发文机关标志：** 发文机关＋文件
石粮〔202×〕20号	**发文字号：** 发文机关代字＋〔年份〕＋序号
石门市粮食和物资储备局关于同意石门市 国家粮食储备库组织部分人员赴外地进行 仓储技术培训的批复	**标题：** 标题由发文机关＋事由＋文种构成
石门市国家粮食储备库：	**主送机关：** 请示的发文单位
你库《石门市国家粮食储备库关于组织部分人员赴外地进行仓储技术培训的请示》（石粮库〔202×〕22号）收悉，经局办公会议讨论决定，现批复如下。	**正文：** 1. 批复引语：针对什么机关的请示而批复
1. 原则上同意你单位关于抽调部分人员参加仓储技术培训的请示事项。 2. 国家粮食储备库是国家储备粮的重要基地，保障基地工作的正常运转是目前的首要任务。抽调30人参加技术培训会造成部分岗位空岗，因此，同意抽调20人参加技术培训。 3. 技术培训所需经费要专款专用，培训费用每人1 500元，总计30 000元，由粮食和物资储备局从培训专项经费中拨付。住宿、考察等其余费用由你单位自行解决。	2. 批复意见：同意或不同意，以及具体指示或意见
特此批复。	3. 批复结语：常用“特此批复”结束全文
石门市粮食和物资储备局（印章） 202×年8月30日	**落款：** 发文机关＋成文日期＋印章
石门市粮食和物资储备局办公室　202×年8月30日印发	**版记：** 印发机关＋印发日期

【实践训练】

■ 任务1——根据工作情境撰写一份肯定性批复

202× 年7月30日，石门市传统文化促进会接到传统文化促进会专业委员会《关于成立华夏易学专业委员会的请示》(石传统专委〔202×〕3号）和有关资料，请求成立中华易学专业委员会，石门市传统文化促进会经过审核，认为该请示符合《石门市传统文化促进会章程》(以下简称《章程》）的规定，经传统文化促进会理事会审议通过，同意成立中华易学专业委员会，并强调要按照《章程》的规定履行权利和义务。

请你代表石门市传统文化促进会就传统文化促进会专业委员会的请示事项予以肯定性的批复。

■ 任务2——根据工作情境撰写一份否定性批复

速运集团下属鸿飞有限责任公司为了统一安排办公室及财务工作，规范公司的财务管理流程，对有关公司的离在职员工制定了新的工资发放流程，并将新的工资发放流程报请速运集团董事会审批。对于辞职的员工，按照公司的管理制度，员工本人提前提交书面辞职申请书，经相关部门主管签字同意后办理离职手续，并附“员工离职会签单”上交办公室，工资在当月10日与部门其他员工一同发放。凡是因故不能亲自领取工资者，可写书面委托书委托同事代领，也可将银行账号告诉公司出纳，由出纳在工资发放日打款。若由于员工违反公司管理制度被解除劳动合同，或者即将责令停职、离职者，由其部门填写书面原因并提前2日上交办公室，由办公室人事部门在接到书面文件的1日内与员工完成“离职谈话”并附“员工离职会签单”，离职员工办理完离职手续后上交“员工离职会签单”，由财务经理审核总数，马上造发工资。凡新入职员工经相关部门主管和经理面试确定录用后，于录用后的3日内由本人带上部门经理签字的“应聘表”到办公室人事部门照电子相片进行登记注册，然后由人事部门出具“新入员工上岗表”传递财务起算工资。未经注册的员工若延误工资造发，则由部门主管承担相应责任。速运集团董事会接到鸿飞有限责任公司的请示后，认为新的工资发放流程繁琐复杂，存在技术上的漏洞，并且将以往的工资发放程序进行重新设定，扰乱了工作的稳定，因此决定不使用新的工资发放流程。

请你代表速运集团董事会对鸿飞有限责任公司的请示予以否定性批复。

■ 模块三　会务工作文书

知识目标

- 了解会务工作的基本流程
- 熟悉会务工作涉及的文书
- 掌握会务文书的应用范围

能力目标

- 具备撰写会务工作文书的能力
- 能够准确制作会务工作文书

素质目标

- 培养高度的使命感和责任感
- 培养逻辑思维和严谨求实的品质

项目一　会议方案的制作

【工作情境】

楚密、文媛、钟纪和司稳等人经过一年的岗位实习后，顺利地毕业了。在实习期间，他们都显示出良好的工作状态，不久，钟纪和司稳就相继被艾仕国际服装设计公司录用。艾仕国际服装设计公司是一家集设计、研究、开发、制造及销售为一体的专业性服装制造公司，公司已经成立20年。经过20年的不断努力，公司以精湛的技术、严格的管理、优质的面料、完美的设计、时尚的理念、精良的做工、周到满意的售后服务赢得了客户的广泛赞许和信赖，已成为国内著名品牌。钟纪和司稳来到公司后，被安排到公司的办公室从事文员助理工作。202×年正是艾仕国际服装设计公司创办20周年，公司决定在10月举办盛大的20周年庆典活动。在庆典活动期间，公司将举办秋季新产品推广和嘉宾有奖趣味竞赛活动。庆典活动拟邀请150名嘉宾、30家销售商、10家新闻媒体及20名服装展示模特参加，同时趣味竞赛活动将设计独眼投篮、钓鱼接力、保龄球撞瓶等项目。为了保证20周年庆典活动的顺利进行，艾仕国际服装设计公司办公室主任岳思成提前两个月就开始安排此项工作，并将这项工作交给了钟纪和司稳。

【项目分解】

钟纪和司稳刚刚工作就接到这样艰巨的任务，他们经过认真思考，又与公司的同事讨论商议，认为要想成功举办一次会议，策划最为重要，因此在会议召开之前要制订完备的会议方案，两人将会议方案做了详细分解。

会务工作的基本流程

会议方案是一种为大中型的或重要的会议所做的预设方案，是一种书面文字材料。

会议方案要在会议召开前，对会议预期效果、整个日程做出安排，使会议能够顺利进行，并取得圆满的结果。会议方案有时还需要送达上级机关请示核准，带有某种请示或请示附件的性质。

会议方案可以分为代表会议方案、工作会议方案和庆典会议方案。

由于参加人数较多，召开时间较长，会议程序严格，代表会议方案比较复杂；工作会议方案虽然不像代表会议一样在程序和规格上要求严格，但在材料的准备工作上有自己突出的特点；庆典会议方案除会议本身之外，因涉及奖旗、奖状、奖品之类问题，在资金和物资等方面需要做好准备，其会议方案也比较复杂。本项目属于庆典会议方案，因此，会议方案涉及面比较广，形式多样，内容复杂。

会议方案具有预想性、程序性和请示性的特点。

会议方案是在会议召开之前制定的，会议将达到什么效果，都要事先做出设想和安排。这种设想和安排，一方面要根据实际情况进行，另一方面要凭以往经验妥善调整。对如何开好会议预想得越周到、越细致越好。凡召开会议必有一定的程序，有些会议程序大体是固定的，因此在制定会议方案时，要根据某种会议的特点和要求确定其基本程序，以保证会议井然有序地召开。写会议方案还有一个目的，那就是请示上级领导部门批准召开这次会议，会议的规模、程序、举办方式、经费使用等是否合适，都有待于审查批准。

【任务下达】

钟纪和司稳根据组织会议的程序要求和相关细节的安排，将组织会议的任务落实到了文稿上。

◇ 确定会议内容，主要包括会议的主题和议题、会议名称、会议议程、会议的时间地点、会议所需设备和工具、会议文件发放范围、参会人员构成、会议经费等。

◇ 明确会议方案的制定程序，包括组建会议机构、会议方案的审核和部署等。

◇ 制定会议的应急方案等。

◇ 对于会议的日程和议程等安排要制作表格式应用文，以便清晰明了，易于执行。

◇ 对于会议和趣味比赛的相关场地安排要制作图式应用文。

【制作要诀】

会议方案虽然包括代表会议方案、工作会议方案和庆典会议方案三大类，但在制作会议方案的文本上却有着下面几项共同的要素。

会议方案的制作

■ 标题

会议方案的标题形式可以采用规范式的，由召开会议的单位名称、会议事由和文种三个要素组成，例如《艾仕国际服装设计公司创立20周年庆典会议方案》。在个别情况下，也可以省略会议召开机关的名称，只保留会议事由和文种两个要素，例如《创立20周年庆典会议方案》。

■ 正文

会议方案的正文部分由开头、主体和结尾三部分构成。

◆ 开头

开头部分应写明制文单位开会的缘由、会议名称、会议时间、地点、会期等，大致相当于一般专题方案中“指导方针”“总体设想”部分。

◆ 主体

会议方案的主体部分要写出会议的宗旨、规模、议程、做法和准备情况，相当于一般方案中“主要目标”“实施步骤”和“政策措施”三项。这部分内容要具体明确，包括会务工作中的一切有关事务，如会前、会中、会后的相关安排等均要在这一部分体现。具体包括：会前的文件准备、资料、发言稿、会议通知、会场准备、与会人员接待，会中的服务安排、会议记录、随时情况汇总、会议简报的编写，会后的整理记录、纪要的撰写、与会人员的返程安排等。

◆ 结尾

会议方案的结尾部分通常要根据会议方案的性质而定，会议方案如果需要报送请示上级机关的审核批准的，要在结尾部分写上类似请示或报告类结尾的用语，如“以上方案妥否，请批示”。如果属于本单位制定的会议方案或者上级下发的指导性的会议方案，只需在结尾之处强调对本会议方案的执行。

■ 签署发文机关、日期

写明会议方案的制定者和制定日期。制定者就是负责20周年庆典会议工作整体组织与协调的部门或机构名称，例如，艾仕国际服装设计公司创立20周年庆典会议筹备工作小组等。制定日期要用阿拉伯数字，年、月、日要标全。

【范例与模板】

[范例]	[模板要素]
艾仕国际服装设计公司创立20周年庆典会议方案	**标题：** 召开会议单位的名称+会议事由+文种
202×年10月15日，艾仕国际服装设计公司将迎来创立20周年纪念日。20年来，公司依靠精湛的技术、严格的管理、周到的售后服务在竞争大潮中不断发展壮大，成为中国服装设计行业中一支独具魅力的劲旅，未来发展态势喜人。20年来，公司以“持续创新、追求卓越”的企业文化理念，打造符合国际时装潮流，彰显东方文化特色的“艾仕”品牌，通过优质的面料、完美的设计、时尚的理念、精良的做工和周到的服务赢得了客户的广泛赞许，目前产品	

<table>
<tr>
<td>
销售遍布国内20多个省市的150多家高端商场直营店及旗舰店。为感谢多年来新老客户的鼎力合作，嘉奖业绩突出的一线员工，进一步提升“艾仕”品牌的市场竞争力，彰显“艾仕”企业文化，公司决定于202×年10月15日召开艾仕国际服装设计公司创立20周年庆典大会。为保障庆典大会顺利召开，现制定会议方案如下。
一、会议目的
强化“艾仕”企业文化建设，加强与客户之间沟通联谊，推介“艾仕”秋季新产品成果，表彰优秀员工。
二、会议规模
艾仕国际服装设计公司总经理邓林达、副总经理叶继元，各科室负责人、各车间主任，邀请嘉宾150人，销售商30家，新闻媒体10家，服装展示模特20人，共计210人。
三、会议议程
1. 公司总经理邓林达致欢迎辞
2. 公司副总经理叶继元介绍企业的基本概况及发展远景
3.“艾仕”秋季新产品展示
4. 优秀员工表彰
5. 庆典酒宴及“艾仕”秋季新产品洽谈订货
6. 趣味竞赛及抽奖活动
四、会议保障
本次会议规模较大，涉及面较广，会议保障由艾仕国际服装设计公司创立20周年庆典会议筹备工作小组全权负责。具体会务工作由会务组、宣传组、总务组、保卫组、资料组五个组完成。
五、会议经费
会议经费由公司财务处统一管理，各项开支先造预算表，经20周年庆典会议筹备工作小组组长审核签字后方可实施。
其余见附件。

艾仕国际服装设计公司创立20周年庆典会议筹备工作小组
202×年8月15日
</td>
<td>
正文：
1. 开头：开会的缘由、会议名称、会议时间、地点、会期等

2. 主体：会议的目的、规模、议程、保障、经费等

落款：
发文机关＋成文日期
</td>
</tr>
</table>

附件：1. 艾仕国际服装设计公司创立20周年庆典会议议程表	**议程表：** 会议议题的时间顺序
2. 艾仕国际服装设计公司创立20周年庆典会务分工表	**会务分工表：** 要写明各小组的职责、成员、联系人及电话
3. 艾仕国际服装设计公司创立20周年庆典会议经费预算表	**会议经费预算表：** 会议所有费用支出均要详细列出
4. 艾仕国际服装设计公司创立20周年庆典主会场布置图	**会场布置图：** 便于总务组布置会场，也便于与会人员熟悉会场布局
会议议程表的制作　会议会务分工表的制作　会议经费预算表的制作　会场布置图的制作	

【实践训练】

■ 任务1——根据工作情境撰写一份工作会议方案

党的十九届五中全会审议通过的《中共中央关于制定国民经济和社会发展第十四个五年规划和二〇三五年远景目标的建议》，把统筹发展和安全纳入“十四五”时期我国经济社会发展的指导思想，在党的二十大报告中也明确提出要“提高各级领导干部统筹发展和安全能力”。在世界百年未有之大变局与中华民族伟大复兴的战略全局相互交汇的历史背景下，对于发展与安全两件大事的统筹谋划尤其重要。石门市化学工业集团有限责任公司为贯彻落实国家“十四五”规划《纲要》和党的二十大精神，聚焦改革、发展、稳定三者关系问题，深刻领会发展和安全并重的核心要义，实现高质量发展和高水平安全良性互动，决定在2023年2月10日—11日召开“高质量发展与高水平安全工作会议”。会议地点在公司礼堂和职工活动中心；参加会议的人员为公司领导班子全体成员、各处室部负责人、各车间负责人等共计70人。本次会议的日程安排为：2月10日上午在厂礼堂举行开幕式，厂长王林做《高质量发展与高水平安全良性互动》主题讲座；2月10日下午在职工活动中心针对化工厂的“十四五”发展规划进行论证；2月11日上午组织进行全厂安全隐患排查现场会议；2月11日下午在厂礼堂由安全环保部、苯化工部、保卫与应急消防中心负责人做主题发言，公司党委书记章超做大会总结，大会闭幕。为保障此次会议的顺利召开，公司专门抽调7名同志组成会议工作小组，针对会议的议程、学习材料的准备、会场的布置、音响设备调控、经费的使用等问题制定会议方案。

请你代石门市化学工业集团有限责任公司制定一份详细的工作会议方案。

■ 任务2——根据工作情境撰写一份代表会议方案

根据《中华人民共和国工会法》的有关精神，石门市开发区软件园计划在202×年10月22日召开工会代表大会，会议的地点在东方大酒店二楼国际厅，参加会议的工会代表共计46人，其中软件园管理委员会2人，软件园管理人员代表8人，企业代表6人，企业员工代表30人。会议的主要内容是宣读上级工会同意组建工会的批复，汇报联合工会筹备工作情况和代表资格审查报告，并进行选举，选举出的各委员分别召开第一届工会委员会和经审委员会第一次会议。会议地点是小会议室，其他人不可进入。委员会议要选举工会主席、副主席及经审委主任，明确今后各委员工作职责及任务。正式代表在大会议室等候。新当选的工会主席代表两委表态发言。本次会议的经费开支主要是会议室租赁费、会场布置费和交通费等，共计15 000元。

请你代表石门市开发区软件园制定一份详细的代表会议方案。

项目二　通知的制作

【工作情境】

钟纪和司稳在完成艾仕国际服装设计公司20周年庆典活动会议方案时，已经意识到组织一次会议需要大量的文稿制作，只有通过这些文稿才能将会议精神和工作安排传达下去。办公室主任岳思成告知钟纪和司稳两人，庆典活动要树立公司的品牌形象，这就需要各界人士、同行、销售商和新闻媒体的鼎力支持。所以，庆典活动必须邀请相关人士参加。为了使这些同行好友了解庆典会议的信息，就需要以文字的形式告知对方。岳思成将需要邀请的单位及人员名单交给了钟纪和司稳，让两人尽快完成此项任务，同时特别叮嘱要及时掌握参会人员的情况。

【项目分解】

钟纪和司稳知道凡是会议必须有参会人员，如果没有参会人员，成功的会议也就无从谈起。对于大范围的参会人员，以通知的形式告知最为正式，效率也最高。

通知是党政机关、人民团体、企事业单位应用最为广泛的公文之一。

通知适用于发布、传达要求下级机关执行或者有关单位周知或执行的事项，批转、转发公文。

通知具有适用范围的广泛性、文种功用的晓谕性和知照事项的时效性三个特点。

通知不受发文机关级别高低的限制，上至国家级的党政机关，下至一般的基层单位都可以使用通知。通知的内容可繁可简，大至全国性的重大安排，小到一个单位内部的日常事务都可以作为通知的内容。通知总是有所告晓、有所要求，即包括“晓”和“谕”两重功用：或是告知人们某项事项，起知照作用；或是要求办理执行，起指挥指导作用。上级机关和组织向下级机关、组织用通知行文，都明显体现出指导性。特别是部署和布置工作、批转和转发文件等，都需明确阐述处理某些问题的原则和方法，说明需要做什么、怎样做、达到什么要求等，对下级或有关人员有约束力，起指挥、指导作用。通知是一种制发快捷、运用灵活的公文。它所办理的事项都有比较明确的时间限制，一般都是要求立即执行、办理或知晓的，不容拖延。即使是规定性的通知，也不像其他规范性文件具有较长期的时效。有的通知如会议通知，只在指定的一段时间内有效。

通知的类型可以分为批示类通知、指示类通知、事务类通知和会议类通知、任免类通知。

批示类通知主要用于印发行政管理规章或重要讲话，转发上级机关或不相隶属机关公文，批转下级机关的公文。指示类通知是上级机关向下级机关、所属单位布置任务和下达指示性措施的公文。上级机关向下属机关传达领导意图和部署工作时，如果认为工作的重要程度不宜用命令、决定行文，通常采用通知行文。事务类通知也称为一般性通知，用于要求下级机关办理或者需要知道有关事务性事宜，例如庆祝节日活动、机构变动、启用印章、催报材料等行政事务。会议类通知从广义上讲也属于事务类通知的范畴，但它较为常用，写法上也有其特殊性。任免类通知即上级机关对于所任免的人员需要用通知行文任免和聘用。

本项目属于会议通知，会议通知是上级机关或有关部门告知有关单位或人员参加会议的一种通知。

【任务下达】

钟纪和司稳明确了本项目的主要任务。但同时两人又认为通知的种类比较多，会议通知只是其中比较特殊的一类，如果仅仅掌握会议通知，两人的能力提高有限，所以在确定会议通知的写作任务时，他们也了解并掌握了其他类型的通知的基本写法。

◇ 以艾仕国际服装设计公司的名义向各下级机关和邀请与会的嘉宾、新闻媒体、销售商发送一份会议通知。

◇ 会议通知的格式以简便易行的信函格式为佳，信函格式是传达会议通知常用的格式，便于直接使用信笺纸打印。

◇ 会议通知的写法虽然比较简单，但撰写时务必做到内容周密、语言清楚、表达准确，尤其是不能产生歧义。

◇ 了解并掌握其他类型的通知的写作要求。

【制作要诀】

钟纪和司稳首先把会议通知的撰写要求一一列清，然后又与其他类型的通知的撰写要求进行了比较。

■ 会议类通知

◆ 标题

会议通知的标题可以采用“发文机关名称 + 事由 + 文种”构成的形式，例如《艾仕国际服装设计公司关于举办创立20周年庆典活动的通知》。对于一般性的会议通知，只写文种“通知”即可。

会议通知的制作

◆ 正文

◇ 召开会议的时间、地点及会议的名称。

◇ 会议的中心议题和主要程序。

◇ 对与会人员身份的要求，与会人员会前准备工作的要求。

◇ 报到时间、地点及联络人。

◇ 其他需要事先说明的事项。

◇ 供机关、单位内部张贴或广播的周知性会议通知，正文开头可不写受文对象，但应在通知事项中说明会议时间、地点、内容、准备材料及出席人员等。

◇ 会议的住宿、膳食安排、携带文件或其他特殊要求，也应视需要写入。对于参加会议的人员范围，应注明出席对象、人数、职务，切忌含糊不清。

◇ 会议通知可将会议的有关票证一起附上，如入场券、汽车通行证等。但分发票证时，应留有必要的机动数，以解决不可预见的临时需要。重要会议的通知发出时，还应准备好代表座次、住宿房间、就餐安排、乘车号码、小会地点、编组名单和其他事项。这些事项附件若能随通知附上，则一起发出；若不能一起发出，至少要在参会者报到时通知他们。

◇ 会议通知的信封应注明是“会议通知”，并要注明送到日期，这样可以作为急件及时递送，避免误时误事。

◆ 回执单

回执单是对方收到书面通知的回复，即接收通知的个人或单位为了保证发出通知等消息的个人或单位知晓，因此做出答复时用的单子。回执单包括姓名、性别、职务、电话、到达时间等内容。

◆ 成文日期和印章

写明成文日期，使用阿拉伯数字，年、月、日齐备，并加盖印章。

■ 批示类通知

◆ 标题

◇ 批示类通知常用的标题形式为“发文机关名称 + 发布（批转、转发）+ 被发布文件标题 + 通知”。例如《昆明市安全生产监督管理局关于印发〈昆明市危险化学品从业单位安全标准化达标考评实施办法〉的通知》，被发布、批转、转发的公文为法规、规章时，法规、规章或被批示文件要加书名号。

◇ 由于被批转、转发的公文标题中已有“关于”和“通知”字样，或者被批转、转发的公文标题比较长，这时就可以保留末次发布（批转、转发）文件的机关名称和始发文件的机关名称，省略多余的“关于”和“通知”字样，否则就会出现一个标题中有多个“关于”和“通知”的现象，读起来很不通顺。如“潞河县人民政府关于转发《灞河市人民政府关于转发〈××省人民政府关于转发人事部关于王永祥同志恢复名誉后享受特殊待遇的通知〉的通知》的通知”，这个标题有四个层次，用了三个“关于转发”，三个“通知”，很不顺口，可直接简化为“《潞河县人民政府转发人事部关于〈王永祥同志恢复名誉后享受特殊待遇〉的通知》”。至于被省、地区等转发过的内容，可在转发意见中交代清楚，保证标题的简洁明了。

通知的制作

◆ 正文

批示类通知的正文大多比较简单，实际上就是批语，因此，我们常把被发布、批转、转发的文件看作通知的主体内容。批示类通知的正文由如下四个方面组成：说明批转的目的或陈述转发的理由、对受文单位提出贯彻执行的具体要求、根据具体情况做出补充性的规定，以及附件。

用通知批转或转发下级机关、不相隶属机关和上级机关的公文时，对被批转和转发的文件已起到了一种公布、认可或推荐的作用。从构成上看，这种通知由批语部分和批转或转发文件组成，批语和批转或转发文件都不能单独作为一份文件。如果批语脱离被批转或被转发的文件，没有实际依托内容，不能单独行文；如果被批转或被转发的文件离开批语，则不能纳入通知的内容，不能体现发文单位的意图，没有批语予以的权威性和合法地位。

◆ 成文日期和印章

写明成文日期，使用阿拉伯数字，年、月、日齐备，并加盖印章。

■ 指示类通知

◆ 标题

指示性通知的标题写法，应包含发文机关名称、事由和文种三个要素，例如《教育部办公厅关于开展加强高校实验室安全专项行动的通知》。由于指示类通知是用来对工作进行部署安排的，所以有的通知标题常根据具体情况写明“联合通知”“紧急通知”“重要通知”“补充通知”等，以提醒对内容的关注。

指示类通知的制作

◆ 正文

◇ 开头部分写明通知的缘由，可以写当前存在的问题，发布本通知的意义，也可以写发布通知的依据和任务。这部分文字简短概括，然后由“特作如下通知”或“特通知如下”转入通知的内容。

◇ 通知的内容大多采用分条列项法，具体提出要求、措施和办法。指示类通知的内容，一是要有所针对，内容要针对现实问题；二是要有所阐述，讲明道理，但要点到为止；三是要有所部署，即要交代清楚任务、措施、方法、步骤等，要求下级机关去贯彻执行。指示类通知一般不单独结尾，以正文的完结而收束。

◆ 成文日期和印章

指示类通知要求严格，下级必须遵照执行，因此必须加盖印章。

■ 事务类通知

◆ 标题

事务类通知的标题可以由发文机关名称、事由和文种组成，例如《人力资源和社会保障部办公厅关于推行专业技术人员职业资格电子证书的通知》。也可以只写事由或发文机关与文种类别两项。如果通知发文范围很小，只是个别日常小事的告知，内容简单，甚至可以采取张贴的形式，那么这样的通知标题可以省略发文机关和事由，只写文种“通知”二字即可。撰写事务类的通知，标题的选择应根据内容的重要程度而定。

◆ **正文**

◇ 开头部分写明发此通知的原因、目的。

◇ 第二部分应是具体事项部分，讲布置的工作和告知的事项，逐条逐项列出，阐述清楚，并讲清要求、措施和办法等。

◇ 第三部分是结尾，提出贯彻执行的习惯结语，也有的结尾不再单独强调要求。

事务类通知的正文要开门见山，切忌转弯抹角。在叙述事项时要突出重点，把主要的、重要的写在前面。根据需要，主要的内容可详写，讲清道理，讲明措施；次要的内容则尽量简略，扼要交代即可。在语言表达方面，通知主要以叙述为主，对下级单位提出要求，有时可以适当做一些分析、说理。但通知中的说理不像议论文的说理那样要有严密的逻辑性，只要抓住关键问题，用简洁的语言把道理阐述清楚即可。

◆ **签署成文日期和加盖发文机关印章。**

写明成文日期，使用阿拉伯数字，年、月、日齐备，并加盖印章。

■ 任免类通知

◆ **标题**

标题可以采用发文机关、事由、文种构成的形式，例如《云南省人民政府关于张 ×× 同志任免职的通知》。也可以省略发文机关。对于一般性的任免通知，只写文种“通知”即可。

◆ **正文**

任免通知的写法比会议通知更为简单，一般的固定格式是：先写任免的根据，再按任免决定写上任免人员即可。

◆ **成文日期和印章**

写明成文日期，使用阿拉伯数字，年、月、日齐备，并加盖印章。

【范例与模板】

［范例］	［模板要素］
艾仕国际服装设计公司 艾仕〔202×〕67 号 ————————————	**发文机关标志：** 信函格式的发文机关只需标注发文机关全称 **发文字号：** 右空 1 个字的位置
艾仕国际服装设计公司关于举办创立 20 周年庆典大会的通知 各友好单位和个人、各新闻媒体： 202×年 10 月 15 日，艾仕国际服装设计公司将迎来创立	**标题：** 发文机关 + 事由 + 文种

20周年纪念日，公司在20年的发展中得到了各位同仁的鼎力支持。为庆祝公司成立20周年，答谢各界朋友，嘉奖业绩突出的一线员工，我公司将举办创立20周年庆典活动，现将有关事宜通知如下。	**主送机关：** 发文机关和主送机关是非隶属关系
一、会议时间 202×年10月15日上午9:00（8:00开始接待报到，与会人员领取会议物品）。 二、会议地点 世贸广场金色大厅。 三、参会人员 受邀嘉宾、媒体，公司领导，受嘉奖员工，各科室、车间负责人等。 四、会议内容 1. 庆典活动 2. 秋季新产品展示 3. 一线优秀员工表彰 4. 趣味竞赛及抽奖活动 5. 电影专场 五、会议要求 参加庆典大会的嘉宾请于202×年10月6日前将回执单返回会务组，也可以电子信件形式告知，电子邮箱为：asqdhwz@×××.com。 参加庆典大会的嘉宾请着正装，提前30分钟进入会场，由礼宾人员引导登记领取纪念品，并在规定位置就座。 会议联系人：宋秋　电话：133×××××××× 吴娜　电话：155××××××××	**正文：** 1. 缘由：写背景、原因、依据等 2. 事项：公文的核心部分。写明具体的时间、地点、参会人、会议内容及相关要求
艾仕国际服装设计公司（印章） 202×年8月17日	**落款：** 发文机关＋成文日期＋印章

附：回执单

艾仕国际服装设计公司 20 周年庆典大会回执单				
序号	单位	姓名	职务 / 职称	联系方式
备注	如有特殊要求请在此栏说明			

附件说明：

此处是回执单，对方收到书面通知后，如有意向参加会议，可填写此单回复，便于承办方掌握参会人员信息，做好相关会务工作

【实践训练】

■ 任务 1——根据工作情境撰写一份指示类通知

202×年以来，消毒产品监管工作出现了一些问题，石门市卫生健康委员会为了进一步贯彻落实深化“放管服”改革要求，加快推进政府职能转变，不断加强消毒产品监督管理，提高消毒产品监管水平，确保消毒产品的安全性和有效性，切实保障消费者身体健康和公共卫生安全，向各区卫生健康委（局）、市疾病预防控制中心、市综合监督执法局下发了一份有关进一步加强消毒产品监管工作的通知。通知要求：一是严格落实企业主体责任，切实做好网上备案工作。不断加大力度，督促消毒产品责任单位建立完善管理制度，依照法律法规和标准要求从事生产经营活动，向市卫生健康行政部门提供纸质材料，消毒产品责任单位对备案材料的真实性、完整性负责。二是加强监督检查，依法严肃查处违法违规行为。突出问题导向和目标导向，针对消毒产品市场中存在的夸大宣传、非法添加禁用物质等重难点问题和监管中的薄弱环节，通过备案形式审查、日常检查、双随机抽查、专项整治等多种方式，加大监督检查力度，提高产品抽检覆盖率，扎紧篱笆，堵塞漏洞。三是强化宣传培训，全面提高服务能力。消毒产品生产企业、经营单位及使用单位明确责任和要求，不断提高法律意识和责任意识，增强自律性。各级从事消毒产品的监督人员要不断加强学习，熟悉掌握专业技能和工作要求，不断提高监督管理水平和为企业服务能力，切实保障人民群众身体健康和生命安全。

请你以石门市卫生健康委员会的名义制作一份指示类通知。

■ 任务 2——根据工作情境撰写一份事务类通知

钟纪和司稳的母校西川职业学院每年都要按照惯例在开学之初发布有关科

研课题的信息。202×年西川职业学院将课题的研究方向与本市的重点工作相联系，确定了课题的申报范围：现代产业文化、大国工匠培育、校企合作共建、高素质技术技能人才培养等。课题的申报截止时间为202×年3月10日，申报程序和下载表格需登录科研处网站，网址为http://www.×××.gov.cn。本次申报只进行网上申报，不需要提交纸质材料。

请你以西川职业学院科研处的名义撰写一份事务类通知。

■ 任务3——根据工作情境撰写一份任免类通知

东海市龙湾区根据工作需求，对一部分部门和人员进行了工作调整，调整的情况如下：王东海同志任龙湾区新闻中心主任；张国敏同志任龙湾区人民法院副院长；柯晓同志任龙湾区教育局副局长；项语同志任龙湾区应急管理局副局长，免去其龙湾区对外贸易经济合作局副局长职务；王常勇同志任龙湾区对外贸易经济合作局副局长，免去其龙湾区应急管理局副局长职务。

请你以东海市龙湾区政府的名义撰写一份任免类通知。

项目三　讲话稿的制作

【工作情境】

钟纪和司稳在协助办公室主任岳思成筹划艾仕国际服装设计公司20周年庆典活动的过程中，明白了一个道理：会议无小事。任何一个会议都需要团队齐心合力、共同完成，因为会议的组织从人员调配、物品输送到资料传递，任何一个环节都不能出现疏漏。当时岳思成主任交代钟纪和司稳策划会议方案时，他们以为只需起草会议方案就可以了，但实际上庆典活动的任何文稿都要由秘书来撰写。在会议筹备期间，岳思成主任撰写完成了总经理邓林达的欢迎辞，一周以后当岳思成主任询问钟纪和司稳有关副总经理叶继元的大会讲话稿时，两人一时呆住了，他们没有想到还要写讲话稿。岳思成主任提醒二人，在任何一个单位，一旦遇到重大活动时，秘书或者文员就要主动承担会议所需的各类文稿的撰写工作，而不能等候吩咐。钟纪和司稳接受了批评，马上动手撰写副总经理叶继元的讲话稿。叶继元副总经理的讲话稿主要是介绍艾仕国际服装设计公司20年的发展历程和未来规划，所以，他们收集了大量有关企业20年间发展的相关资料，按照成绩、做法、成果等方面将写作时需要用的材料一一分类，又构思了整体框架，然后开始写作。

讲话稿的制作

【项目分解】

在动笔之前，钟纪和司稳对收集到的大量资料按照重要程度进行排序，从而分解撰写讲话稿这一写作项目应当注意的问题。

广义的讲话稿是人们在特定场合发表讲话的文稿；狭义的讲话稿即通常所说的领导讲话稿，是各级领导在各种会议上发表带有宣传、指示、总结性质的讲话的文稿，它是应用写作的重要文体之一。

讲话稿具有内容的针对性、篇幅的规定性、语言的得体性、起草的集智性、交流的互动性等特点。

讲话稿的内容受会议主题、讲话者和受众等因素决定。在写讲话稿之前，必须要了解会议的主题、性质、议题，讲话的场合、背景，领导者的指示、要求，听众的身份、背景情况、心理需求和接受习惯等。由于讲话是有时间限制的，因此对讲话稿的篇幅要有特定要求，不能不顾具体情况长篇大论。为了便于讲话者表达，易于听众理解和接受，讲话稿的语言既要准确简洁，又要通俗生动。为了提高行政效率，领导的讲话稿常由秘书代笔，然后经领导审核、完善。有的部门还专设起草小组，领导一般要将写作目的、写作背景、写作要求等对起草小组交代清楚，然后由起草小组分工协作，集体撰稿，并在起草的过程中反复讨论、修改，几易其稿，才提交领导审核并使用。讲话稿还要符合口语习惯，能与听众形成良好的互动，善于把抽象的道理具体化。

讲话稿分为工作会议类讲话稿，庆祝、纪念会议类讲话稿，表彰会议类讲话稿。

工作会议类讲话稿是领导在各种会议上发表的对前一阶段的工作情况包括成绩、经验、缺点等进行归纳总结，对下一阶段的工作目标、任务、重点、措施等进行研究部署的讲话稿。庆祝、纪念会议类讲话稿是领导在纪念某一历史事件、历史人物或重大庆典等纪念性会议上所发表的讲话稿。这类讲话稿既肯定和颂扬历史事件的重大意义和历史人物的丰功伟绩，还要立足现在、面向未来。表彰会议类讲话稿是对先进单位和先进事迹发表嘉奖意见时的讲话稿。

【任务下达】

钟纪和司稳考虑到庆典活动没有安排专题的会议报告，副总经理叶继元的讲话就起到了报告的作用。而讲话稿又和法定的公文有很大的区别，因此撰写讲话稿时要突出其特点。

◇ 以艾仕国际服装设计公司副总经理叶继元的名义撰写一份在公司 20 周年庆典活动上对来宾的讲话稿。

◇ 这份讲话稿的内容重点放在艾仕国际服装设计公司 20 年的发展成就及未来展望上，其他部分可以略写。

◇ 讲话稿在撰写的过程中要把握住讲话人副总经理叶继元的讲话特点，要准确理解领导意图，当好领导的代言人。处理好领导人讲话时权威与亲切的关系、庄重与幽默的关系、深入与浅出的关系。

◇ 副总经理的讲话时间为 10 分钟，撰写的讲话稿篇幅应尽量短小精悍。

【制作要诀】

讲话稿虽然有工作会议类讲话稿，庆祝、纪念会议类讲话稿，表彰会议类讲话稿之分，但在撰写过程中，通常要具备两个关键要素：标题和正文。

讲话稿的制作

■ 标题

讲话稿的标题分为两种形式：一种是由讲话人的姓名、职务、事由和文种构成，如《艾仕国际服装设计公司副总经理叶继元在公司创立 20 周年庆典上的讲话》；另一种是由主标题和副标题组成，主标题一般用来概括讲话的主旨或主要内容，副标题则与第一种的构成形式相同，如《跨越时空 追求卓越 铸造辉煌——艾仕国际服装设计公司副总经理叶继元在公司创立 20 周年庆典上的讲话》。

■ 正文

◆ 开头

开头部分首先根据与会人员的情况和会议性质来确定适当的称谓，如“同志们”“各位专家学者”等，要求庄重、严肃、得体。称谓部分也可以采用国际惯例，如“女士们”“先生们”。总体要注意泛指性、次第性，泛指性是指称呼要有包容性，将与会人员全部包容进去；次第性是指称呼要按主次排列，然后用极简洁的文字把要讲的内容概述一下，说明讲话的缘由或者所要讲的内容重点，接着转入正文讲话。

◆ 主体

主体部分要根据会议的内容和发表讲话的目的，重点介绍辉煌的成果和未来的发展。一般分为三大部分：第一部分着重追溯历史原因，回顾所庆祝或纪念的节日、事件的主要来历，阐述其重要历史意义、现实意义和国际意义；第二部分着重写最近一个时期以来所纪念、庆祝的事业取得的新成绩、新经验及存在的问题，或借机对这一工作领域中的某些重大问题进行探讨和阐述；第三部分则着重号召人们继承发扬过去的优良传统和崇高精神，进一步做好当前工作。如果是工作会议类讲话，可以重点阐述如何领会文件、指示、会议精神；可以通过分析形势和明确任务，提出做好目前工作的几点意见；可以结合本单位情况，提出贯彻上级指示的意见；可以对前面其他领导人的讲话做补充；也可以围绕会议的中心议题，结合自己分管的工作谈看法；等等。

◆ 结尾

结尾部分总结全篇，照应开头，发出号召，或者征询对讲话内容的意见或建议等。

【范例与模板】

[范例]	[模板要素]
艾仕国际服装设计公司副总经理在公司创立20周年庆典上的讲话	标题： 讲话人的职务+姓名+事由+文种
尊敬的各位领导、各位嘉宾、各位同仁： 今天我们怀着无比喜悦和激动的心情欢聚一堂，在这华彩绚丽的金色大厅共同庆祝我们自己的节日——艾仕国际服装设计公司20周年华诞。艾仕20年是艰苦创业的20年，是团结拼搏的20年，也是卓有成效的20年。我们历经了种种磨难、克服了重重困难，奋斗到今天，终于在全国服装设计行业占有一席之地，“艾仕”品牌也小有名气。	称谓： 根据与会人员的情况和会议性质确定适当的称谓

我和各位朋友一样，此时此刻心潮激荡，感慨万分。借此机会，向多年来陪同艾仕一起走到今天的各位新老朋友表示衷心的感谢并致以崇高的敬意！	
可圈可点旧时光，亦苦亦甘皆经历。艾仕已经走过了不平凡的20年。20载的艰苦奋斗留下了脚踏实地的前进步伐，20载的风雨兼程铸就了多姿多彩的辉煌业绩。在这20年中，我国国民经济持续、健康发展，社会主义市场经济体制不断完善，服装行业获得了空前的繁荣，商业流通使服务行业的生产力获得了前所未有的大释放，同时世界经济形势风云变幻、跌宕起伏。在这充满机遇却也潜伏风险的20年里，我们依靠各界朋友的大力支持，创立了“艾仕”服装品牌。“艾仕”服装设计对中西文化进行融汇，以海纳百川的胸怀融合全球风尚，在高端、创意的展示与交流中促进时尚文化的发展与提升。目前我们在产品设计、科技研发、市场营销、文化传播等时尚产业链的各重要环节都发挥了引领作用。202× 年艾仕夏季和冬季服装设计分别获得上海潮流国际服装设计大赛和“中华杯”国际服装设计大赛的金奖，为推动国内服装行业走向国际起到了示范作用。经过20年的发展，艾仕已成为国内服装50强企业，企业效益年年增长，连续多年实现10%以上的效益增幅。艾仕先后承担了5项省级计划项目，获得2项国家专利技术。品牌优势日益显现，获得了“全国守合同重信用企业”称号。员工福利待遇逐年提高，劳动合同签订率、社会保障参保率均达到100%。艾仕同样也热心慈善公益事业，为21名残障职工安置了力所能及的就业岗位，为抗击新冠疫情捐献防护用品累计达30万元。	**主体：** 1. 追溯历史，阐述重要意义 2. 取得的新成绩
回顾艾仕20年的发展历程，我们感到无比骄傲和自豪。展望艾仕未来的发展前景，我们充满信心和力量。朋友们！风物长宜放眼量，20年只不过是历史长河中的一朵浪花，成绩只能说明过去，我们的目标是打造百年艾仕，因此必须将过去的成功当作今天的基石，迅速超越过去，才能创造一个又一个辉煌，否则将会被市场大潮淹没。我们将展示我们的智慧和能力，迅速发展，做精做强，	3. 对未来发展充满信心，表达希望和祝福

适应市场的变化，力争成为行业的冠军。最后祝庆典大会圆满成功！同时祝大家身体健康、家庭幸福！谢谢大家！ 202×年10月15日	

【实践训练】

■ 任务1——根据工作情境撰写一份工作会议类讲话稿

为推进健康中国建设，石门市社会医疗保险协会联合市医疗保险管理中心、市相关定点医疗机构在石门市开展以健康管理为主要服务内容的“关爱老人健康”活动。此次活动是一项有意义的社会公益性活动，倡导“开展健康管理，关爱老人健康”活动是继承和弘扬中华民族优良传统美德的一项具体举措。这次活动体现以人为本，构建社会主义和谐社会的精神，是关爱老人健康，提高包括老年人在内的全体国民身体素质，全面建设社会主义现代化国家，倾注爱心和体现社会人文关怀的一项活动。随着我国逐步进入老龄化社会，老年人健康问题成为人们普遍关注的热点话题，尤其是老年人的生活质量和健康生活方式。组织“开展健康管理，关爱老人健康”活动不仅对于增进老年人健康有着重要意义，而且能够节约由于不健康生活方式引发疾病而支付的不必要的医疗费用开支，进而减轻老龄化进程对医保费用的压力，促进医保事业可持续发展。健康管理作为一门专业学科，在中国处于刚刚起步阶段，市社会医疗保险协会不失时机地引进国外健康管理的理念，通过活动实践，开展有关理论研究，开创有中国特色的健康管理，这是很有意义的一件事情。

此次活动邀请到了石门市人力资源和社会保障局副局长张世瑷，张世瑷副局长将针对这项工作发表讲话。她强调开展这项活动一是要学习贯彻党的二十大精神，以二十大精神指导活动的全过程，加快推进以改善民生为重点的社会建设，推动建设和谐社会。二是市人力资源和社会保障局将一如既往支持市医保协会的工作，市局医保处要关心、指导好这项活动，帮助解决活动中遇到的难题。同时，对承担开展这次活动的定点医疗机构，在年终医保考核时，增加其考核内容和分数，以增强定点医疗机构的服务意识。三是真诚希望参与各方充分发挥各自的积极性，根据自身的特点优势，齐心协力共同投入这项活动，为老年服务对象提供良好的健康管理服务。四是希望这次活动在较好实践运作的同时能开展课题研究，各参与单位共同参与做好这项工作，医科大学等高校专家也积极参与课题研究。

请你代石门市人力资源与社会保障局副局长张世瑷撰写一份讲话稿。

■ 任务2——根据工作情境撰写一份庆祝、纪念会议类讲话稿

202×年10月10日在东海职业技术学院举办了第八届“北方杯”全国高校测量大赛。本次测量大赛得到了北方测绘公司的大力支持，该公司提供了专业仪器和专业培训。此次测量大赛旨在加强实践教学环节，促进课程教学与技能竞赛相结合，增强大学生动手能力，培养团队协作精神和严谨细致的科学态度，提高学生测绘技能水平，给学生提供一个展示才华的平台。同时在高校内倡导良好的校园科学文化学术氛围，努力提高学生的动手能力和运用知识解决实际问题的能力。鼓励学生利用课余时间积极参加科技创新和实践教育活动，全面提高当代大学生的综合能力。本次大赛的承办方东海职业技术学院院长王远东对来自全国40所院校的选手表示欢迎，并强调了大赛在加强学风建设、营造校园科技文化氛围、引导学生积极参加学术科技类竞赛、培养创新与实践意识等方面起到的积极推动作用。

请你代东海职业技术学院院长王远东撰写一份讲话稿。

■ 任务3——根据工作情境撰写一份表彰会议类讲话稿

202×年4月30日，临城煤矿召开全体员工大会，表彰202×年度劳动模范和劳动先进集体。202×年全矿上下坚持以习近平新时代中国特色社会主义思想为指导，深入学习贯彻习近平总书记关于安全生产的重要论述，坚持人民至上、生命至上，提升规模化、机械化、信息化和安全管理科学化水平，推动煤矿高质量发展。围绕202×年年初既定的“树立安全发展理念、夯实安全责任、严实工作作风、创造优良业绩”的目标，领导创新管理模式，全矿上下实干、巧干，取得了令人鼓舞的成绩。202×年实现了安全年和全年瓦斯零超限，共生产原煤415.3万吨，完成掘进进尺2.2万米，全年人均工资7.7万元，其中一线员工全年人均工资9.65万元，分别比上年提高5%和5.6%。

这些成绩的取得饱含着全体员工的辛勤汗水，凝聚着广大干部员工的集体智慧。202×年全矿涌现出了10名劳动模范、6个先进劳动集体、6名优秀科区长、10名优秀班组长、26个模范班组和60名优秀员工。本次大会将对这些劳动模范、先进集体、优秀员工予以表彰。他们的先进事迹集中体现了不忘初心的政治品格、敢于担当的拼搏精神、开拓进取的创新精神、爱岗敬业的务实精神、淡泊名利的奉献精神和团结协作的团队精神。临城煤矿党委书记卢福耀发表了热情洋溢的讲话，号召全矿上下向模范学习，牢记党的宗旨，赓续楷模精神，把榜样

力量转化为实干动力，不断锐意进取，在坚持不懈的奋斗中彰显自我价值，为促进新时代煤矿安全发展贡献自己的力量，为未来创造更优异的成绩而不懈奋斗。

请你代临城煤矿党委书记卢福耀撰写一份讲话稿。

项目四 纪要的制作

【工作情境】

艾仕国际服装设计公司20周年庆典活动结束后，公司总经理邓林达敏锐地发现了新的商机，那就是在以往的客户关系联络中多采用的是电话和文稿的联系方式，这种方式无法形成一个互助网。如果采用建立共享联系网站的形式，既可以扩大交流联系面，又能够较为快捷地通报信息，还可以采用网上销售的形式进行营销。因此，他召集了生产部、财务部、销售部、客服部、研发部、人力部、信息部、审计部及办公室的负责人讨论建立网站的事宜。同时为了明确一些技术上的要求，还邀请了计算机网站建设专家顾旭和栗秋枫参加会议。办公室主任通知司稳担任会议的记录员，并要求会议结束后，要将会议的主要精神进行归纳整理，形成公司的会议纪要，下发到各部门贯彻执行。

【项目分解】

在会议结束后，司稳对会议记录进行了认真整理，对会议过程中漏记的部分内容进行了补缺。但司稳明白纪要不等同于会议记录，要撰写一份条理清楚的纪要，必须将会议的精神进行高度概括。

纪要是记载和传达会议情况和议定事项的公文。

纪要是会议的产物，是对会议成果的如实记录和集中整理。纪要必须在会议记录的基础上加工整理而成，但它又不同于会议记录，它重在“纪”字上，必须对已开会议的内容进行归纳梳理，是一种经过加工的兼有备查、传达和指导性的下行文。

纪要具有纪实性、概括性、约束性的特点。

纪要是根据会议的宗旨、议程、决议等整理而成的公文，它必须如实反映会议的内容。撰写者无权变动会议议定的事项，更不能随意改动会议上达成的共识和形成的决议。同时，撰写者不能对会议内容进行评论。纪要要忠实反映会议的基本情况，但并不是把会议所有的内容都原原本本地记录下来，而是要有所综合、有所概括、有所选择、有所强调。它必须从繁杂的会议内容中概括出主要精神、归纳出主要事项、体现出中心思想，使人一目了然，易于把握精髓。多数纪要具有指导工作的作用，一经下发，便要求与会单位和有关人员遵守、执行，它是展开工作的依据。

纪要一般可以分为办公会议纪要和专项会议纪要。

办公会议纪要用以传达办公会议所研究的工作、议定的事项和布置的任务，要求与会单位和有关人员遵守执行。这种纪要的内容类似于决定和指示类通知，只是发出的指导性意见不是由领导机关作出的，而是由会议讨论议定的。专项会议纪要是指专门工作会议、专题讨论会、座谈会、交流会、学术研讨会等会议形成的纪要。这类纪要，有的起通报会议情况的作用，使有关人员尽快了解会议的基本情况和主要精神；有的具有指导作用，其所传达的会议精神，可对某个方面的工作起指导作用。

艾仕国际服装设计公司总经理召开的有关建设网站的纪要属于专项会议纪要。

【任务下达】

细心的司稳为了保证撰写的纪要能够准确反映会议精神，结合对纪要的项目分解，细化了撰写纪要的任务。

◇ 撰写一份讨论建设艾仕国际服装设计公司企业网站的专项会议纪要。

◇ 纪要的格式采用国家标准中纪要的专用格式。

◇ 纪要的目的与开会的目的相一致，围绕会议研究的中心议题“取精”，准确把握会议的中心内容与主要精神，特别注意集中大多数人的意见，反映会议的最终决议。

◇ 本次会议参加的人数较多，纪要采用条项式的形式，注意条理性。注意付诸实施的可行性，避免影响操作。

◇ 语言表达要准确，避免产生歧义，力求具体、明白。

【制作要诀】

撰写纪要首先要明确整体结构要素，纪要的正文整体结构分为会议概况部分和正文部分。

纪要的制作

■ 标题

纪要的标题与一般公文的标题略有不同，但大体有以下几种写法。

◇ 会议名称 + 文种。例如《艾仕公司网站建设工作会议纪要》。

◇ 发文单位名称 + 会议名称 + 文种。例如《艾仕国际服装设计公司关于公司网站建设工作会议纪要》。

◇ 纪要内容 + 文种。例如《关于建设艾仕公司网站的会议纪要》。

◇ 正题 + 副题。正题阐述会议的主旨、意义，副题交代会议名称或内容和文种。例如《抓住网络商机 拓宽营销空间——关于建设艾仕公司网站的会议纪要》。

纪要的成文日期一般加圆括号标写在标题之下正中的位置，就形成了题注。

■ 正文

◆ 会议概况

主要反映会议的基本情况，包括会议召开的目的、指导思想或依据，会议的时间、地点、会议名称、主持单位、与会代表，会议的主要议程、主要收获及对会议的总体评价，并非每篇纪要都需要具备上述各项，要根据需要把握好取舍和详略。这部分表达完毕后，可用“会议纪要如下”或“会议确定了如下事项”作为过渡句转入会议主要精神部分。

◆ 主要精神

会议的主要精神是纪要的主体部分，一般要写会议讨论问题的意义、目前工作情况、今后应注意的事项、工作的安排等。在撰写这一部分时，撰写者要特别注意综合提炼会议结论。要善于区别哪些发言是讨论过程中的一般意见，哪些发言是表态性的结论性意见；要善于抓住主管领导人或某些权威人士发言的精神实质；要紧紧抓住会议主持人的意见，尤其是他的总结性发言；要把握多数与会人员的意见，特别是对重大问题产生分歧而最终未能统一时，应以多数人的意见作为结论性意见。对于上述内容，可以采用以下三种写法。

◇ 条项式写法。即把讨论的问题和决定的事项，分条分项写出。会议讨论了几个问题，纪要就以几个问题各自成一点写出。这种写法井然有序，便于理解、记忆、执行。

◇ 综合式写法。按性质综合为若干部分，然后逐一写出。这种写法有一定难度，但有利于概括丰富的内容，也有利于从原则高度上把问题说深讲透。

◇ 摘录式写法。即摘要直记会上的发言内容，按发言顺序或按内容性质归类写出。这种写法能让人觉得更客观、真实。

◆ 会议要求

有的纪要在最后提出要求和希望，或发出号召；有的纪要没有这部分，即使有，也放在了会议主要精神部分。

■ 成文日期

标明成文日期。如果已在题注中出现，可不用再标明。纪要不需要加盖印章。

【范例与模板】

<table>
<tr><th>［范例］</th><th>［模板要素］</th></tr>
<tr><td>艾仕国际服装设计公司
纪要
艾仕〔202×〕70 号</td><td>纪要标志：
单位名称＋纪要，红色小标宋体字，居中排布</td></tr>
<tr><td>艾仕国际服装设计公司网站建设工作会议纪要</td><td>标题：
会议名称＋文种</td></tr>
<tr><td>会议主题：公司网站建设工作
会议时间：202×年 10 月 21 日 9:30
会议地点：公司行政楼 205 会议室
会议主持：总经理邓林达
参加人员：生产部部长徐道瑄、财务部部长周卫春、销售部部长吕静茹、客服部部长王国琳、研发部部长魏志刚、人力部部长张志利、信息部部长裴仁军、审计部部长徐丽琼、办公室主任岳思成
特约人员：顾旭、栗秋枫
记录人员：司稳
为加快企业的发展步伐，拓宽艾仕国际服装设计公司的营销空间，创造多种形式的经营方式，加强与各商家的联络，公司决定建立体现艾仕企业文化特色的网站。会议内容纪要如下。</td><td>正文：
1. 会议概况：写明会议主题、时间、地点、主持人、参加人员、缺席人员、记录人员等信息</td></tr>
<tr><td>一、会议讨论了有关网站建设问题，全体与会人员一致同意建立艾仕国际服装设计公司自己的网站，确定网站的名称为“艾仕国际服装设计公司网络中心”。
二、会议通过了网站建设的技术工作由上海万脑网络设计公司设计与开发。
三、会议确定公司网站应具有最新资讯、品牌文化、艾仕生活、合作伙伴、招商加盟、客户服务、联系我们等板块。
四、网站建设经费由财务部、审计部共同预算拨付。
五、由办公室抽调两名精通网站建设和维护的人员，今后专职从事网站相关工作。</td><td>2. 主要精神：反映会议的议定事项和结果。常用“会议讨论了……”“会议通过了……”“会议确定了……”“会议听取了……”“会议决定……”等句式</td></tr>
</table>

会议要求公司上下密切配合，为公司网站的建设出谋划策，把网站建设工作落到实处。	3. 会议要求：提出要求、希望，发出号召等
艾仕国际服装设计公司办公室　202×年 10 月 22 日印发	**版记：** 印发机关＋印发日期

【实践训练】

■ 任务 1——根据工作情境撰写一份办公会议纪要

202×年 3 月 31 日，石门市桥东区区长何伟进在区政府 2 楼会议室主持召开了区政府第 63 次常务会议。副区长杨新安、黄国俊、关旭玲出席会议，副区长古润田因公请假。会议研究审定了以下事项：抓好再生资源集中整治工作，对桥东区再生资源回收企业营业资质行政审批及规范经营工作进行安排部署；副区长杨新安负责此项工作。组织开展电动车专项整治工作，引导辖区人员自觉遵守电动车管理规定，营造安全文明交通环境；副区长黄国俊负责此项工作。深入推进“双创双服”活动，进一步持续优化营商环境，与企业建立长期联络机制，定期开展帮扶活动，为辖区企业做大做强提供更优质服务，共同推动辖区经济社会高质量发展；副区长关旭玲负责此项工作。继续推进人民调解参与化解信访矛盾专项行动相关工作，开展特色调解工作室的培育发展工作；区长何伟进负责此项工作。

请你代石门市桥东区人民政府撰写一份办公会议纪要。

■ 任务 2——根据工作情境撰写一份专项会议纪要

202×年 11 月 20 日上午 9 时，西川职业技术学院在学院办公楼多功能厅召开了就业工作专题会议，学院领导班子全体成员和各院（系）主任全部到会。在会上，首先招生就业处处长郭大梅对学院 202×届毕业生就业工作做了简单回顾和总结，根据情况介绍了学院在 202×届毕业生就业工作中存在的一些突出问题，并提出了有针对性的意见和建议。随后各部门分别就各自做好毕业生就业工作的基本思路、基本情况和基本经验及存在的问题进行了介绍和交流。最后，柴文贺院长作了“突出就业导向，形成就业合力”的总结讲话。柴文贺院长讲话中对学院就业工作部门和各院（系）在贯彻落实党中央国务院有关决策部署，开展毕业生就业工作中付出的努力、取得的成效表示肯定。他指出，国家“六稳六保”的第一稳和第一保就是稳就业和保居民就业，就业工作不仅是民生工程，更是国之大计，事关如何办好人民满意的大学。他强调，要进一步提高政治站位，强化责任担当，明确目标任务，细化措施，抓住学院现有的就业优势，抓好过程控制管理与考核，切实提高就业质量，确保毕业生顺利毕业、尽早就业。最后安排部署了新一年的就业工作重点任务，进一步明确目标、提振干劲，推动学院就业工作取得新成效、再上新台阶。

请你代西川职业技术学院撰写一份专项会议纪要。

项目五　简报的制作

【工作情境】

根据总经理工作会议的精神，艾仕国际服装设计公司各个部门协调作战，很快建立起了艾仕国际服装设计公司网站，网站建立后很快获得了良好的效果，惠州服装协会组织了惠州泉记制衣织造有限公司、惠州华超制衣有限公司等 7 家服装企业前来考察。在考察时，各服装公司就艾仕国际服装设计公司的设计理念、营销渠道、营销模式等方面进行了交流与探讨，并希望由艾仕国际服装设计公司牵头组织全国范围内的服装网商协会，为网商协会的会员单位提供网络营销平台，拓展各品牌服装的营销思路和拓宽销售范围；同时希望通过举办服装行业交流活动，为会员单位整合供应链资源、寻找新货源及销售新方式，秉承合作共赢的理念，共同推进网商协会的发展。参观结束后，艾仕国际服装设计公司总经理邓林达要求尽快将各服装厂参观考察本厂的信息在全公司范围内发布，办公室主任岳思成安排钟纪和司稳尽快完成此项任务。

【项目分解】

钟纪和司稳接到任务后，认真撰写了一份在全公司范围内发布的简报。

简报是国家机关、企事业单位、社会团体为汇报工作、交流经验、反映情况、沟通信息、报道动态而编发的一种事务文书。它是一种摘要性的内部文件，也叫“情况反映”“情况交流”“简讯”“动态”“内部参考”等。

简报具有真、新、快、简、密五个方面的特点。

简报所反映的内容、涉及的情况，必须严格遵循真实性原则，时间、地点、人物、事件、原因、结果等要素要真实，所有的数据都要准确。简报只有努力反映新情况、新动向、新问题、新经验，才能发挥它应用的作用；只有内容新鲜，观点新颖，才能引起人们的关注。简报在机关文书中以讲究时效著称。尤其是那些突发性的动态简报，类似新闻报道中的“快讯”，简明扼要是简报的显著标志。简，不仅是指文字少、篇幅短，更主要的是它追求用少量的文字概括出事实的精髓和意义，做到简短而不疏漏。简报只在机关、单位内部传阅，不公开发行，这是它与大众传播媒介的主要区别。

简报的种类繁多，按照不同的分类标准，可以划分为不同的类型。

按时间划分，简报可分为定期简报和不定期简报；按发送范围分，有供领导阅读的内部简报，也有发送较多、阅读范围较广的普发性简报；按内容划分，简报可分为工作简报、生产简报、专题简报、会议简报、信访简报、科技简报、教学简报等。目前使用频率较高的主要有工作简报、会议简报、专题简报、动态简报和科技简报五种。

钟纪和司稳认为此次要撰写的简报属于动态简报。

动态简报是为反映本单位、本系统的思想、政治、经济、文化等方面情况、信息而编写的综合性简报。动态简报着重反映与本单位工作有关的新情况、新动向、新问题，为领导和有关部门研究工作提供鲜活的第一手资料，向群众报告工作、学习、生产、思想的最新动态。

【任务下达】

◇ 撰写一份反映惠州服装协会一行考察艾仕国际服装设计公司并进行交流合作的简报。

◇ 简报的格式采用规范通用的简报专用格式。

◇ 撰写简报不能有事就报，要从中心工作和单位现阶段的工作需要出发，在众多的事件中选取那些最具指导意义或必须引起重视的经验、情况和问题，予以全面的、实事求是的报道。简报的编写速度要快。文字要简练，不求面面俱到，篇幅不宜过长。

◇ 简报中的表格图片处理不能影响正文内容，注意要与正文内容相辅相成。

【制作要诀】

简报的制作虽然比较灵活，可以采用分段式，也可以采用集锦式，有时还可以图文并茂，但基本框架必须按照简报的规范格式安排。

■ 报头

报头部分，又称版头。有些类似公文的“红头”，一般也是套红印刷。报头一般占首页三分之一的上方版面，用间隔红线与正文部分分隔开，主要内容包括简报名称、简报期数、编发单位、印发日期、编发密级、编发份号。

简报的制作

◆ 简报名称

简报名称除用“××简报”“××动态”“情况反映”等常用四字名称之外，还可加上单位名称、专项工作等内容，如《艾仕国际服装设计公司迎接同行考察简报》《艾仕国际服装设计公司工作简报》等。简报名称在居中位置，用套红大号字体，要求醒目大方。

◆ 简报期数

排在简报名称的正下方，按年度编号，或统一编号；属于增刊的，要单独编号，否则得不到增刊的读者会以为正刊出现缺号情况。

◆ 编发单位

在横隔线的左上方位置，应写明编写简报的单位，一般就是工作单位，如艾仕国际服装设计公司。

◆ 印发日期

在横隔线的右上方位置，应具体写明印制的年、月、日。

◆ 编发密级

在报头左侧上方位置标志密级并加★，如“机密★”“秘密★”或“内部刊物”；保密时限在之后写上，如“1 年”或“4 个月”之类。

◆ 编发份号

印在报头右侧上方位置。

■ 报核

刊登简报文稿的部分称为“报核”，位于报头以下、报尾以上，是简报的核心部分。

◆ 简报目录

有的简报可编排目录。由于简报内容单纯，容易查找，目录一般不需标识序码和页码，只需将编者按、各篇标题排列出来即可，为避免混淆，可以每项前加一个五星标志。

◆ 简报按语

必要时简报可加按语，主要内容是工作任务来源、本期重点稿件的意义和价值、征稿通知、征求意见等。按语不可过长，短者三五行，长者控制在半页即可。

◆ 标题

简报的标题与新闻的标题有些类似，可分为单标题和双标题两种基本类型。

◇ 单标题是将报道的核心事实或其主要意义概括为一句话作为标题，如《艾仕国际服装设计公司抓好网络宣传工作》《艾仕国际服装设计公司迎接惠州服装协会考察团》《艾仕国际服装设计公司网络营销成效显著》。标题中间可以用空格的方式表示间隔，也可以用标点符号。

◇ 双标题有两种情况：一是正题后面加副题，如《再展宏图创全国一流企业——艾仕国际服装设计公司获全国50强企业荣誉称号》，前一个标题是正题，概括事实的性质；后一个标题是副题，补充叙述基本事实。二是正题前面加引题，如《尽责社会 完善自身 艾仕国际服装设计公司热心慈善事业》，前一个标题是引题，指出作用和意义；后一个标题是正题，概括主要报道内容。

◆ **正文**

正文由导语、主体、结尾三部分组成。

◇ 导语：导语就是简报的开头语，要用简短的文字准确地概括报道的内容，说明报道的宗旨，引导读者阅读全文。导语写作的总的要求是“开门见山”，一开始就切入基本事实或核心问题，给人一个明确的印象。在写作中要避免“戴大帽子”“绕大弯子”等不良做法。常见的开头方法有三种：一是叙述式，即用叙述的方式概括简报的主要内容，使读者一目了然。二是提问式，一开头就提出问题，引起读者的注意、兴趣和思考，主体部分再加以具体叙述。三是结论式，即一开头就将简报的结论摆出来，在后面的主体部分再展开事件的来龙去脉。

◇ 主体：主体是简报的主要部分，它的任务是用足够的、典型的、富有说服力的材料把导语的内容加以具体化，用材料来说明观点。写好主体是编好简报的关键。主体的内容，或是反映具体的情况，或是介绍具体的做法，或是叙述取得的成绩和经验，或是指出存在的问题，或是几项兼而有之，要视具体情况而定，没有固定的常规。

主体的写作关键在于层次方面，主体的层次安排常用以下几种形式。

一是以时间先后为序，把材料按照事件发生、发展到结局的过程逐层予以安排。这种写法多用于典型事件及一次性全面报道某一会议的简报，其优点是时序清楚、一目了然。

二是按事物之间的逻辑关系，从材料的主从、因果、递进等关系入手安排层次。这种写法的优点是便于揭示、表现事物的内在本质，突出主要内容和思想意蕴。应注意的是，采用这种方法时要对事物的本质和材料之间的关系有深入透彻的认识。特别是在材料比较多的情况下，更要注意在认真分析材料的逻辑关系的基础上取舍、安排各层内容。

三是将全部材料按并列的关系，一一予以列举，一些侧重于情况反映或情况交流的简报多采用这种写法。这种写法的优点是作者处理材料的灵活性较强，在安排层次时既不受时间先后的限制，也不受事物逻辑关系的约束。但是，在写作中亦应注意中心明确、层次清楚，各部分内容都为一个主题服务。

总之，主体是简报的主要部分，内容丰富，材料具体。写作简报主体时，要紧紧围绕简报的主题需要取舍材料，以便更好地为表现主题服务。简报主要用来传递信息、通报事实。因此，简报主体部分的写作要运用典型的事实、确凿的数据，向读者提供令人信服的信息。简报以报道客观事实为主，为了引导读者也往往辅以适当的评论，表达作者和编发者的观点和意见。在主体中评论一般采用随文夹叙夹议的方法，要求简明扼要，点到为止。

◇ 结尾：简报的结尾多是对所述内容作概括的小结，与开头形成呼应，起到强调重点、突出主题并使结构更加紧凑的作用。是否要结尾，要根据简报内容表达的需要而定。事情比较单一、篇幅比较短小的，可以不单写结尾，主体部分话说完就结束，干净利落。事情比较复杂、内容比较多的，可以写结尾，对全文作一个小结，以加深读者印象。简报常见的结尾形式有以下五种：一是归纳全文，即在结尾处归纳全文的主题或要点，以便读者更好地掌握简报内容；二是做出评论，对简报所反映情况的意义、性质和影响等做出评论；三是提出问题，对简报所写事实加以推及，提出让人深思的问题；四是表明希望，如希望引起有关部门注意，尽快解决简报中所反映的问题等；五是做出预报，如对后期工作的预警等。

■ 报尾

报尾在简报末页，用间隔横线和报核分开。报尾内容比较简单，只需写明报什么机关、送什么机关、发什么单位和印数即可。

【范例与模板】

[范例]	[模板要素]
公 司 动 态 第 63 期 艾仕国际服装设计公司办公室　　202×年 11 月 11 日	**报头：** 简报名称＋期数＋编发单位＋印发日期
惠州服装协会考察团一行莅临我公司交流工作	**标题：** 一般采用新闻式标题，揭示主题、概括内容等
202×年 11 月 10 日，惠州服装协会考察团在团长张先照先生的带领下，莅临我公司参观交流。考察团的成员包括惠州泉记制衣织造有限公司、惠州华超制衣有限公司、惠州利丰达制衣厂、惠州胜丰制衣有限公司、惠州联丰制衣印花厂、惠州金富制衣有限公司、惠州桦达制衣有	**正文：** 导语＋主体＋结尾

限公司 7 家服装企业的代表。我公司总经理邓林达和副总经理叶继元对考察团的到来表示热烈欢迎。考察团实地考察了公司整体情况，了解公司厂房、生产条件、生产线、销售、技术设计等，尤其对公司的网站建设十分关注。	1. 导语：开门见山，切入基本事实
考察团团长张先照认为艾仕国际服装设计公司应当牵头组织全国范围内的服装网商协会，通过吸纳网商协会的会员单位、提供网络营销平台和渠道等方式拓展各品牌服装的营销思路、拓宽销售范围，努力摆脱目前普遍存在的销路不畅的困境，在自主品牌打造、创新销售通路方面迈上一个新台阶。同时希望秉承合作共赢的理念，通过举办服装行业交流活动，为会员单位整合供应链资源、寻找新货源和新的销售方式，共同推进网商协会的发展。	2. 主体：简报的核心，围绕主旨展开说明
在热烈、友好的氛围中，惠州服装协会考察团团长张先照先生与我公司交换了礼物，表达了加强合作、共同进步的意愿。	3. 结尾：概括性的小结，表明希望
报：石门市商务局 送：艾仕国际服装设计公司各处室 发：艾仕国际服装设计公司各车间、班组	**报尾：** 发送范围，“报”上级，“送”平级，“发”下级

【实践训练】

■ 任务 1——根据工作情境撰写一份工作简报

202×年以来，石门市文明办采取多种形式持续深化文明餐桌行动，倡导文明用餐、节俭用餐，让反对浪费、绿色环保成为生活新风尚。一是强化标准执行。发布《石门市“公勺公筷”使用标准指引（试行）》《餐饮行业“厉行节约、反对浪费”文明餐桌工作指引（试行）》《“制止餐饮浪费 培养节约习惯”工作实施方案》，明确宴请酒席、自助餐饮、外卖行业等规范，倡导餐饮单位提升文明服务水平。150 多家餐饮企业与全市机关企事业单位、学校食堂带头执行光盘行动要求。二是创新主题活动。推进文明餐桌进社区、进乡村、进学校、进企业、进机关、进家庭的“六进”活动，结合全国节能宣传周、中国农民丰收节、中秋节等重要节点，开展勤俭节约宣传教育，倡导餐桌文明行为。选定于 11 月 6 日

（“11”形似筷子，“0”象征光盘，“6”形似勺子）开展“1106石门市全民光盘节暨文明餐桌践行周”等系列活动，打造特色活动品牌。三是营造浓厚氛围。以制止餐饮浪费、培养节约习惯、树立节约美德为重点内容，设计制作一批创意好、质量优的公益广告和宣传画，在各级各类媒体媒介刊播，并在居民住宅外墙绘制，使节约粮食、反对浪费的文明新风吹遍城乡基层。四是强化督促落实。将“制止餐饮浪费，培养节约习惯”作为普法、执法重点，培育文明餐饮文化风尚。鼓励餐饮企业通过积分奖励、停车优惠及其他创新方式对餐饮节约行为给予奖励。

请你以石门市文明办的名义撰写一份工作简报。

■ 任务2——根据工作情境撰写一份会议简报

为了进一步统一思想、提高认识、形成合力，全力做好202×年的党风廉政建设和反腐败工作，石门贝尔股份有限公司于3月1日在公司四楼会议室组织召开了党风廉政建设和反腐败工作会议，各处室及分支机构负责人参加了会议，会议由公司党委书记彭文德主持。会议首先由纪委书记樊军伟传达了纪检工作会议精神和纪检工作讨论意见。之后，彭文德就做好202×年党风廉政建设和反腐败工作提出了三点意见：一是统一思想，提高认识。把党风廉政建设作为巩固党的执政基础、加强党的执政能力建设、保持党的先进性和纯洁性的重要举措。二是加强领导，靠实责任。把落实党风廉政建设目标考核责任制纳入重要日程。三是强化督查，跟踪问责。要严格执行民主集中制，认真落实好党内监督条例。对于组织领导不到位、责任措施落不实、工作进展迟缓的部门将按照党风廉政建设责任制的有关规定，严肃追究责任。

请你以石门贝尔股份有限公司的名义撰写一份会议简报。

■ 任务3——根据工作情境撰写一份专题简报

在争先创优活动中，万州港红溪沟作业班组紧紧围绕经济工作中心，加强党的思想、组织和作风建设，强化监督，带领全体党员和职工圆满完成了上级布置的各项工作任务。主要体现在四个方面：一是建设一个好的领导班子。领导班子抓学习、抓团结。二是完善一套好的党支部工作制度。实行一把手负总责，有效地把党的方针政策贯彻落实到位，及时解决工作中存在的问题，使各项工作得到进一步加强和完善。三是造就一支好的党员队伍。在创先争优活动中，注重树立爱岗敬业、纪律严明的党员形象，认真开展“一讲二评三公示”，按期进行点评，评出优秀共产党员，并张榜公布，接受职工群众的监督。四是打造一支过硬的职工队伍。以增强职工四个意识为重点，着力打造一支思想素质好、业务技能高、敬业精神和质量意识强的职工队伍。

请你以万州港红溪沟作业班组的名义撰写一份专题简报。

■ 任务4——根据工作情境撰写一份信息简报

《中国绿色时报》报道，森林康养是极具发展潜力的林业新兴产业。来自国家林草局发改司的信息显示，新冠肺炎疫情发生以来，各地森林康养基地和相关企业迎难而上，在各级林草主管部门的指导和支持下，凝心聚力战疫情促发展，产业复苏正不断提速扩面。

当前，各地林草主管部门都将推进森林康养产业发展与推动四部委《关于促进森林康养产业发展的意见》落地落实有机结合起来，制定出台了一系列政策措施。浙江、江西、福建、河南、贵州等省相继印发森林康养产业发展规划、实施意见等文件，组织开展省级森林康养基地建设，有力有序推动森林康养产业高质量发展。浙江“森林康养产业发展规划（2019—2025年）”提出，构建“一心五区多群”的森林康养产业总体布局和森林康养疗养、养老、食药、文化、体育、教育六大产业体系，规划创建省级森林休闲养生城市15个、省级森林康养小镇100个，国家级和省级森林康养基地200个，完成主要森林古道修复3 000千米；福建按照“关于加快推进森林康养产业发展的意见”要求，加强森林康养林道、康养林带、康养林网、康养林区建设，依托国有林场、森林公园、风景名胜区、森林村庄等，培育创建一批国家级、省级森林康养基地、森林康养小镇，支持各地将以康复医疗为主的森林康养机构纳入医保定点；江西各地积极创建申报国家森林康养基地，对创建成功的适当给予奖补，促进森林康养特色产业发展。

现如今，人民群众亲近自然、追求健康的意识进一步增强，对森林康养服务的需求将进一步增长。国家林草局将加强对全国森林康养产业发展的指导支持力度，尽快发布第一批国家森林康养基地名录；加快组织编制《全国森林康养产业发展规划》《国家森林康养基地建设标准》，完善产业布局和标准体系，促进产业规范有序发展；切实加强与民政、卫生、中医药等有关部门的沟通联络，完善协调机制，争取政策支持，合力推动产业高质量发展。

请你以石门市林业和草原局信息中心的名义撰写一份供领导参考的信息简报。

■ 模块四　告知工作文书

知识目标

- 了解告知工作的基本流程
- 熟悉告知工作涉及的文书
- 掌握告知文书的应用范围

能力目标

- 具备撰写告知工作文书的能力
- 能够准确制作告知工作文书

素质目标

- 培养全心全意为人民服务的意识
- 养成爱岗敬业和公正处事的职业操守

项目一　公告的制作

【工作情境】

楚密在校期间应征入伍，经过四年军旅生活复学后也顺利从大学毕业。大学毕业后，楚密参加了公务员考试，经过层层选拔，被石门市退役军人事务局录用，并被分配到办公室从事文秘工作。楚密到石门市退役军人事务局的第一天，就感觉到行政机关与企业的不同。退役军人事务局是维护军人、军属合法权益，加强退役军人服务保障体系建设，建立健全集中统一、职责清晰的退役军人管理保障机构。退役军人事务局负责退役军人思想政治、管理保障等工作政策法规的制订并组织实施，褒扬彰显退役军人为党、国家和人民牺牲奉献的精神风范和价值导向，负责军队转业干部、复员干部、退休干部、退役士兵的移交安置工作和自主择业的退役军人服务管理、待遇保障工作，组织开展退役军人教育培训、优待抚恤等工作，指导全国拥军优属工作，负责烈士及退役军人荣誉奖励、军人公墓维护及纪念活动等。楚密提醒自己要尽快熟悉工作环境，以便更好地工作。退役军人事务局所属工作机构非常多，包括军运供应站、自主择业军队转业干部管理中心、退役军人服务中心、荣军优抚医院、解放纪念馆、退役军人信息中心、军队休养所等，需要100名退役军人从事相关工作。退役军人事务局根据退役军人事务部等12个部门联合印发的《关于促进新时代退役军人就业创业工作的意见》要求，经过石门市机构编制委员会办公室、石门市人力资源和社会保障局审核批准，采取公开招聘的形式拟录用100名退役军人，此项工作已进入面试阶段。退役军人事务局办公室主任曾子航要求尽快发布面试信息，通知到拟录用的人员，并将此项工作交给了楚密。

【项目分解】

告知工作的基本流程

楚密接到工作任务后，经过认真考虑，决定拟写一份公告，并针对公告文种的内涵和特点，对这一工作项目进行了分解。

发布拟招录人员的面试信息，就是要向社会告知相关情况。

公告属于告知类文书。告知类文书是各类机关、团体和企事业单位进行上传下达的工作时经常运用的文书。因为有些事情非常重要，且需宣传、引导，让广大人民群众和机关团体知道或注意遵守，这就需要发布告知类文书。

公告通常是国家权力机关、行政机关、司法机关向国内外宣布重要事项或者法定事项时使用的文书。

公布重要的事项，具体地讲，可以包括公布法律、法规，公布国家重大事务活动，公布重大的科技成果等。公布法定的事项，大多指国家行政机关依照法律程序开展活动并依法公布结果，如申请专利、商标注册、法人登记等。

公告的受文者十分广泛而笼统，行文关系不十分明确，原则上可以称为下行文。

公告的内容不需保密，多是通过广播、电视、报刊、网络等传媒迅速发出，具有明显公开的特征。所以，公告具有发布内容的重要性、发布范围的广泛性、发布机关资格的限制性等特点。

公告的多种发布方式

公告发布的内容必须是重要事项或法定事项。

所谓重要事项，是指事关全局或在国内外能产生重大影响的事项。法定事项，是指按法律程序批准确定的重大事项，如全国人民代表大会审议通过某项法规，需向社会发出公告。一般公文只向国内一定范围发布，公告则是向国内外发布，经常是授权新华通讯社向全世界发布。国家最高权力机关、国家最高行政机关及其所属部门，各省、市、自治区、直辖市行政领导机关，某些法定机关等有制发公告的权力。不够级别的单位需得到授权才能发布公告。一般的社会团体、企事业单位不适宜用公告行文。

公告可以划分成知照性公告、公布性公告和祈使性公告三大类。

知照性公告通常用来向国内外公布重要事项或法定事项，它没有遵守的规定和要求，只有知照性的意义。公布性公告通常用在发布法律、法令、法规和其他重要法律文书时使用，其性质、内容和形式同命令中的公布令相似，不同的是以公告形式发布的受众更多。祈使性公告除了公布需要社会和群众广为周知的事项外，还有要遵守的规定和要求。

本公告属于祈使性公告。

【任务下达】

楚密根据祈使性公告具有的告知和约束的双重特点，确定了文稿撰写的具体任务。

◇ 以石门市退役军人事务局的名义撰写一份有关拟招录人员面试的祈使性公告。

◇ 公告的文本格式要符合国家标准格式，同时要考虑在张贴情况下的文本格式。

◇ 此份祈使性公告的内容要清晰，文字要简明扼要，要体现公告的庄重与严肃的特征，以便社会各界民众均能了解和执行。

◇ 公告是一种十分严肃的公文，结构上多用条款形式，不加议论，不需说明。

【制作要诀】

公告的制作

楚密在制作公告的过程中总结出了一些有关公告写作的诀窍：公告虽然可分为三种类型，但在写法上大体一致，写作要点具有相似性，一般由标题、正文、落款三部分组成。

■ 标题

公告的标题有三种不同的构成形式。

◇ 公文标题的规范形式，要具备发文机关、事由、文种三个要素，例如《石门市退役军人事务局关于拟招录退役军人面试的公告》。

◇ 省略主要内容的形式，由发文机关和文种构成，这种标题形式是公告常用的标题形式，例如《石门市退役军人事务局公告》。

◇ 省略发文机关的形式，它由主要内容和文种组成。这种标题形式使用得非常少，例如《关于拟招录退役军人面试的公告》。

■ 正文

虽然祈使性公告是三类公告中文字表达最丰富的一种，但公告的正文大多比较简单，篇幅不长，表达上直截了当，不加议论。一般由三个部分组成。

◆ 发布公告的缘由

缘由包括根据、背景、目的等，多数公告会采用此种形式，也有的公告省略了缘由，开门见山，直接写出公告的事项。公布性公告常采用直入事项的方法。

◆ 公告的事项

公告的事项要根据内容的多少来确定布局体式。如果内容较多，要分列条款；如果内容比较简单，则可采用篇段合一的形式。主体事项的写法因文而异，但总体要做到条理清楚、用语准确、简明庄重。祈使性公告的事项部分多采用分列条款的方式。

◆ 公告的结语

一般用“特此公告”的格式化用语作结。但这并不是唯一的结尾方式，有的公告结尾专门用一个自然段来强调对公告内容的重视，也有的公告采用事完文止的方式。

■ 落款

在正文的右下方标明发布公告的日期。

【范例与模板】

［范例］	［模板要素］
石门市退役军人事务局文件 石退军〔202×〕15 号	**版头：** 发文机关标志＋发文字号
石门市退役军人事务局关于拟招录退役军人面试的公告	**标题：** 发文机关＋事由＋文种
为贯彻落实退役军人事务部等 12 个部门联合印发的《关于促进新时代退役军人就业创业工作的意见》的要求，经石门市机构编制委员会办公室、石门市人力资源和社会保障局审核批准，退役军人事务局拟在军运供应站、自主择业军队转业干部管理中心、退役军人服务中心、荣军优抚医院、解放纪念馆、退役军人信息中心、军队休养所等单位招录 100 名退役军人。目前已有 1 500 名退役军人报名参加考试，根据 202×年退役军人就业创业工作安排，现将退役军人事务局 202×年招录人员面试的有关事项公告如下。 一、直通岗位面试 根据报岗情况和专业实际，我局对直通岗位入围人员 20 人进行面试，入围人员准考证号、姓名和各岗位进入面试的成绩附后（附件 1）。如不能参加面试，请提前电话告知人事部门。 二、统考岗位面试 根据各岗位统一笔试成绩从高到低排序，按照岗位的面试比例 1∶3 确定入围面试人员名单（附件 2）。 三、面试时间 面试定于 202×年 11 月 5 日上午 9:00 开始。请考生	**主送机关：** 在全市内发布，不针对具体单位，因此略去主送机关 **正文：** 1. 缘由：发文依据、背景、目的 2. 事项：分条列项写明具体事宜

于当日上午8:30前到退役军人事务局机关大楼四楼多功能厅报到、候考。 四、面试地点 桥东区运河桥大街83号，可直接导航退役军人事务局东门。地铁路线：1、2、5号线封龙广场地铁站A口出，向西100米即到。 五、后续安排 直通岗位按照面试成绩从高到低的顺序1∶1等额确定体检和考察人选；统考岗位按照笔试、面试成绩（百分制）各占50%的比例计算军转干部的综合成绩，根据综合成绩从高到低的顺序，按照1∶1比例等额确定体检和考察人选。 六、注意事项 请参加面试的考生于面试当天携带身份证、军人证件、学历学位证件等岗位要求的相关材料（原件或复印件，履历证明复印件）。不如实报告个人信息情况者，将被取消面试资格。 请面试人员保持手机畅通，如逾期未进行面试确认则视为自动放弃。面试期间实行封闭管理，不得外出。 联系方式：人事处　×××，×××××××××××	
特此公告。	**结语：** 一般用“特此公告”作结
石门市退役军人事务局（印章） 202×年10月25日 附件：1. 直通岗位入围面试人员名单 2. 统考岗位入围面试人员名单	**落款：** 发文机关＋成文日期＋印章
石门市退役军人事务局办公室　202×年10月25日印发	**版记：** 印发机关＋印发日期

【实践训练】

■ 任务1——根据工作情境撰写一份知照性公告

石门市公安局出入境管理处为了适应发展的需要，更好地服务人民群众，根据上级的指示精神和具体安排，对出入境管理处的办公地点做出调整。出入境管理处及接待办证大厅将于202×年11月30日起搬迁至中华南路277号对外办公（石门市中华南路与二环南路交叉口东北角处，邮编：××××××）。原位于石门市公安局东侧幸福街上的出入境接待大厅自202×年12月1日起停止对外办理出入境业务。搬迁新址后，原咨询及投诉电话不变（咨询电话：×××-×××××××××，监督电话：×××-×××××××××）。新址接待时间：星期一至星期五上午8:30—11:30，下午1:30—4:30。办理出入境证件的申请人可乘1路、2路、3路、118路、128路、138路公交车于政法学院站下车，往南行150米左右即到新办证大厅。石门市公安局出入境管理处对办公地点的迁移给人民群众造成的不便表示歉意，也提醒申请人关注搬迁信息，以免延误办证、取证时间。

请你代石门市公安局出入境管理处撰写一份知照性公告。

■ 任务2——根据工作情境撰写一份公布性公告

2021年12月16日，为保障公众用药安全，国家药品监督管理局根据《处方药与非处方药分类管理办法（试行）》（原国家药品监督管理局令第10号）的规定，经国家药品监督管理局组织论证和审定，将氢溴酸右美沙芬口服单方制剂由非处方药转换为处方药，按处方药管理。相关品种的药品上市许可持有人应依据《药品注册管理办法》等有关规定，于2022年3月24日前向国家药监局药品审评中心提出修订说明书的补充申请，其中安全性信息按照有关要求修订，说明书其他内容按照处方药要求进行修订，药品标签应当一并进行修订；氢溴酸右美沙芬口服单方制剂修改说明书的补充申请获批后，相关品种的药品上市许可持有人应在9个月内对已出厂的药品说明书及标签予以更换，同时应及时收集并报告不良反应信息，做好风险控制及药物警戒工作；相关品种的药品上市许可持有人、生产经营企业、临床使用单位，应严格按照处方药的相关管理要求生产、销售和使用本品；临床医师、药师在选择用药时，应当根据新修订的说明书进行充分的获益和风险分析；患者应严格遵医嘱用药；各省级药监部门应当督促行政区域内的上述药品的药品上市许可持有人按要求做好相应说明书、标签的修订和更换工作，对违法违规行为依法严厉查处。

请你代国家药品监督管理局撰写一份祈使性公告。

项目二　通告的制作

【工作情境】

初夏五月，户外的活动开始兴起，石门市的各种国际国内的大型活动逐渐增多，公安局也日渐繁忙起来。经石门市政府牵头，由石门市商业协会具体负责，决定在5月10日至11日两天举办全国茶文化节，届时，来自全国的100多家茶厂将汇集石门市。茶文化节的主会场将设在石门市文化广场。文化广场地处市中心，总占地100亩，其中地下停车场可停放400多辆轿车，同时建造了5个可容纳2 000人餐饮和欢庆的轻钢真空玻璃大棚。茶文化节召开时正值旅游旺季，加之茶文化节期间，国内的茶叶十大厂家都将举行品茶、歌舞演出、茶文化节纪念品促销等活动，这些活动将吸引大批民众汇集石门市文化广场。因此，交通安全和疏通就成了本次活动成败与否的重要因素。

通告的制作

石门市公安局高度重视此项工作，制定了详细的工作方案，其中包括对文化广场周边交通道路的调整布局。为了使广大民众了解茶文化节期间的交通方面的规定，石门市公安局要求办公室尽快落实告知民众的相关工作。办公室主任曾子航将撰写文稿的任务交给了因工作需要借调过来的楚密。

【项目分解】

楚密对此任务进行了分解，认为虽然这项工作也属于告知性的工作，但不适宜使用公告行文。公告的内容是涉及全局性的重大事项或法定事项，通告则多是行止性的事项。公告发布的范围非常广，所指对象不明确，但通告发布属于特定的范围，所指对象就是参加茶文化节的人员。所以，楚密认为使用通告最为合适。

通告适用于在一定范围内公布应当遵守或周知的事项。

通告是机关单位广泛使用的公文形式。通告的发布者通常是国家行政机关中的业务职能部门，也可以是基层单位、群众团体。

通告具有法规性、周知性、行业性和发布方式独特性的特点。

通告常用来颁布地方性的法规或规章，这些法规一经颁布，特定范围内的部门、单位和民众都必须遵守、执行。通告的内容要求在一定范围内的人们或特定的人群普遍知晓，以使他们了解有关政策法令，遵守某些规定事项，共同维护社会公共管理秩序。与公告的告知对象相比较，通告的告知范围比较小。不少通告都具有鲜明的行业性特点，是针对其所负责的业务或技术事务发出的通告。因此，通告行文中常引用本行业的法规、规章，常使用本行业的术语、行话。一般来说，文件是用文本形式印发的，而通告的发布形式比较特殊，可采用登报、广播、文本、张贴等多种形式。

根据内容和性质，通告分为知照性通告、办理性通告和行止性通告三类。

知照性通告即告知应当知道或需要遵守的某些事项的通告，这类通告大都具有专业性和单一性，往往不具有法规性质，但有一定的约束力。办理性通告即办理一些例行事项的通告，其内容多为注册、登记、年检等，这类通告业务性很强，但不是强制性的。行止性通告是用来公布一些令行禁止类的事项，强制性的措施较多，在特定范围内的单位和个人必须严格遵守和执行所规定的内容。

本通告属于行止性通告，要求市民在茶文化节期间严格遵守交通出行规则。

【任务下达】

楚密根据行止通告的权威性和制约性的特征，确定了文稿撰写的具体任务。

◇ 以石门市公安局的名义撰写一份有关茶文化节期间部分交通道路管制的行止性

通告。

◇ 通告的文本格式要符合国家标准格式，同时要考虑在张贴情况下的文本格式。

◇ 撰写的通告事项要符合法规、政策和相关规定，不能出现违反国家法律和有关政策规定的内容。

◇ 通告的语言要通俗简洁，充分考虑受众阅读的文化层次。篇幅也不宜过长，以便张贴和阅读。

【制作要诀】

行止性通告的制作

通告和公告的写法一样，由标题、正文、落款三部分组成。

■ 标题

通告的标题样式灵活，常有四种写作方法。

◆ 公文常规写法，即三要素全部具备。例如《石门市公安局关于202×年中国茶文化节期间对文化广场实行交通管制的通告》，就由发文机关名称、事由和文种三部分构成。

◆ 由发文机关名称和文种构成，例如《石门市公安局通告》。

◆ 由事由和文种两部分构成，例如《关于202×年中国茶文化节期间对文化广场实行交通管制的通告》。

◆ 也可以只使用“通告”二字，但此种标题形式不够庄重，应慎重使用。

■ 正文

通告的正文由发布通告的缘由、通告的事项和结尾构成。

◆ 缘由部分主要交代发布通告的原因、目的。内容上要简明扼要，突出发布通告的必要性。缘由和通告事项之间常用“特通告如下”“特做如下通告”等专用语来过渡。

◆ 事项部分主要包括知照事项或禁止事项、执行时间、范围等。如果涉及面较小，内容比较单一，可采用篇段合一的形式。如果内容复杂、涉及面宽，可从不同的侧面分条列项来写。分条列项宜采取递减法，由主及次，由大到小，以便读者或听众能够迅速、正确地领会文件的精神实质。通告的具体事项是要面向公众，要求公众周知和执行的。因此，要力戒表述上的主次不分或忽轻忽重，否则就会使人产生繁杂无序的感觉，不利于读者或听众迅速地、准确地理解文件的精神实质。

◆ 结尾部分的写作，内容单一的，通常用规范结语“特此通告”作结；内容较多的，一般在要求中自然作结，不单独列出结尾。

■ **落款**

落款同发文单位紧密相关，要注明发文机关的名称和发文日期。

【范例与模板】

<table>
<tr><th>［范例］</th><th>［模板要素］</th></tr>
<tr><td>石门市公安局文件
石公〔202×〕78号</td><td>版头：
发文机关标志＋发文字号</td></tr>
<tr><td>石门市公安局关于202×年中国茶文化节期间
对文化广场实行交通管制的通告</td><td>标题：
发文机关＋事由＋文种</td></tr>
<tr><td>中国茶文化节将于5月10日至5月11日在我市文化广场举行，为保证中国茶文化节各项活动的顺利进行，现将茶文化节期间文化广场交通管制情况通告如下。
一、禁止货运汽车（持《通行证》除外）、摩托车、畜力车在文化广场外环道路通行。
二、出租汽车、城市旅游观光车、非机动车中午12时至夜间24时禁止在星海广场外环道路通行。
三、进入文化广场外环道的车辆，只准右进右出单向行驶，停车须听从交通民警指挥，在外环道及四号西路停放。
四、持《通行证》运送展品的车辆，准于上午8时至12时，从文化广场中央大道北口进入，需于12时30分前驶离，不得在中心雕像前及中环路停放。
五、茶文化节期间，出租车乘降点设在会展路北侧、星河街、外环路“想唱就唱KTV”门前，出租车只准沿会展西路有序排列右转进入外环路专用线至“想唱就唱KTV”门前停车。
六、5月10日8时开幕式调整部分路段通行顺序：
根据交通流量，对中山路（东明桥方向）由西向东行驶至平安公园西门的车辆，在交通民警指挥下左转进入西南路绕行（公交车除外）。</td><td>正文：
1. 缘由：发文依据、背景、目的
2. 事项：分条列项写明具体事宜，包括知照事项、禁止事项、执行时间、范围等</td></tr>
</table>

开幕式结束（8 时 30 分至 9 时 30 分），青园街改为由南向北单向通行；平安大街由南向北行驶的车辆至桃园街路口右转进入胜利路通行；胜利路由东向西行驶的车辆，一律在联盟路右转进入学府路通行。 七、如违反本通告，公安机关交通管理部门将按照《中华人民共和国道路交通安全法》的有关规定处罚。 石门市公安局（印章） 202×年 5 月 2 日	3. 结尾：自然作结，未单独列出结尾 **落款：** 发文机关＋成文日期＋印章
石门市公安局办公室　　202×年 5 月 2 日印发	**版记：** 印发机关＋印发日期

【实践训练】

■ 任务 1——根据工作情境撰写一份知照性通告

知照性通告的制作

为增强全市人民的国防观念和人防意识，提醒市民勿忘国耻、铭记历史，推进城市防空警报体系建设，根据《中华人民共和国人民防空法》和省政府办公厅、省军区司令部《关于统一全省人民防空警报试鸣日的通知》等有关要求，石门市政府决定于 202×年 7 月 7 日上午 10 时 00 分至 10 时 23 分，在市区（含高新区、循环化工园区）和其他县（市）、区城区组织实施防空警报试鸣活动。此次防空警报试鸣发放预先警报、空袭警报和解除警报三种信号，每种信号各发放一次，间隔 7 分 00 秒。发放程序为：10 时 00 分至 10 时 03 分，发放预先警报；10 时 10 分至 10 时 13 分，发放空袭警报；10 时 20 分至 10 时 23 分，发放解除警报。试鸣期间，请市民保持平稳心态，安心工作和生活，维护正常的社会秩序，确保防空警报试鸣工作的顺利实施。

请你以石门市人民政府的名义撰写一份知照性通告。

■ 任务 2——根据工作情境撰写一份行止性通告

为加强石门市烟花爆竹安全管理，切实保障人民群众生命财产安全，有效防止环境污染和噪声污染，根据《中华人民共和国大气污染防治法》《中华人民共和国治安管理处罚法》和《烟花爆竹安全管理条例》等有关法律法规，结合石门市实际，石门市人民政府于202×年12月24日发布禁止燃放烟花爆竹的通告。

通告强调烟花爆竹系指以烟火药为主要原料制成，引燃后通过燃烧或爆炸，产生光、声、色、形、烟雾等效果，用于观赏、具有易燃易爆危险的物品。要求石门市行政区域内全时段禁止燃放烟花爆竹；严禁非法生产、销售、储存、运输烟花爆竹；举办焰火晚会及其他大型焰火燃放活动的，由主办单位按照《烟花爆竹安全管理条例》有关规定向公安部门提出申请，经公安部门审查批准后，在指定的时间和地点燃放；对非法生产、销售、储存、运输、燃放烟花爆竹等违法行为，相关执法部门依法依规查处。同时明确违反本《通告》造成国家、集体、他人财产损失或人身伤害的，依法承担民事责任；构成犯罪的，依法追究刑事责任。要求各县（市、区）人民政府和高新区、循环化工园区管委会，各乡（镇）政府、街道办事处，各村（居）委会依法履行禁止燃放烟花爆竹工作的主体责任和属地责任，要切实加强日常监管，严厉打击非法行为。对违反本《通告》的行为，任何单位或个人都有权劝阻、制止和举报。对举报非法生产、销售、储存、运输、燃放烟花爆竹的，经查证属实按照相关规定予以奖励。

请你代石门市人民政府撰写一份行止性通告。

项目三　通报的制作

【工作情境】

转眼又过了半年，工作借调过来的楚密工作已步入了正轨。由于临近国庆节，石门市公安局为了进一步严明公安机关纪律，加强公安机关的内部管理，强化全局民警的纪律意识，密切人民群众的血肉联系，改进工作作风，规范公安机关人民警察行为，从9月1日开始在全市公安机关集中开展为期两个星期的公安民警作风纪律教育大整顿。整个活动过程分为学习教育、查找问题、整改提高、总结验收四个阶段。这次作风教育整顿主要解决六个方面的突出问题：一是解决部分民警特别是领导干部党性原则下滑的问题；二是解决部分民警特别是领导干部形式主义严重的问题；三是解决部分民警特别是领导干部纪律意识不强的问题；四是解决部分民警工作效率低下的问题；

五是解决个别单位出警不及时的问题；六是解决个别单位服务意识差的问题。经过半个月的公安民警作风纪律教育大整顿，全市公安机关纪律作风转变成效显著，执法能力明显提升，整个队伍的精神面貌呈现出了新变化。这项工作结束后，为使全市公安机关能够了解此次活动的全局情况，更好地交流经验、学习先进、正视问题，以达到进一步推动公安工作的目的，领导要求办公室发文通报此项工作，办公室主任曾子航安排楚密尽快完成此项任务。

【项目分解】

楚密对此任务进行了分解，认为这项工作应当以通报的形式向石门市公安局所属的各个部门下发。

通报是党政机关、企事业单位用来向所属单位或群众传达重要精神或者告知重要情况、表彰先进、批评错误的一种文书形式。它通过反映有关典型事例或情况，表达上级机关和部门的意图和精神，是从事工作指导、思想教育时常用的一种文书。

通报可以用于表扬和批评，因此它属于褒贬和告诫性文书；通报又可以传达重要精神或者告知重要情况，因此它也属于传达和告知性文书。

通报具有题材的典型性、思想的引导性、制发的时效性等特点。

通报的题材，不论是表彰性的、批评性的，还是通报情况的，都要求有典型意义，要做到个性与共性的统一。通报的内容，不论是肯定性的，还是否定性的，其价值都并不仅在于宣布对事件的处理结果，而是要树立学习榜样或提供借鉴，使读者能够总结经验、吸取教训，在思想上受到启迪、得到教益。通报所涉及的事实比较具体，写作时对发生的时间、地点等要素都要进行交代。而且这些具有典型意义的事件，总是跟特定的时代背景、跟某一时期中普遍存在的问题和现象有着紧密的联系。人们对当下发生的事实兴趣较高，对发生已久的事实缺少了解的热情，并且发生已久的事实也必然会有所偏离于最新的现实，因此通报的写作和传播都应该是迅速及时的。

通报可以分为表彰通报、批评通报和情况通报三类。

表彰通报用以表彰先进，评价典型经验，宣传先进思想，树立学习榜样。批评通报是针对某一错误事实或某一有代表性的错误倾向而发的，这类通报的内容除在一定范围内公布对某单位、某人、某事的批评处理外，重点是要从被通报的事件中吸取教训，以典型事例对群众进行教育，以防类似事件的发生，其针砭、纠正、惩戒的作用十分突出。情况通报是用来传达重要精神、沟通重要情况的，为了让下级单位对一些重要事件或全局状况有所了解，上级机关应该适时发布这样的通报，以便及时交流信息、上情下达，并能促进上下级之间、有关部门之间的相互了解。

本项任务需要完成一份情况通报。

【任务下达】

楚密根据情况通报概括性和叙述性等特征，确定了文稿撰写的具体任务。

◇ 以石门市公安局的名义撰写一份有关公安民警作风纪律教育大整顿活动开展情况的通报。

◇ 通报的文本格式要按照国家标准格式进行撰写。

◇ 撰写通报的内容必须真实无误。动笔前要调查研究，对有关情况和事例要认真进行核对，客观、准确地进行分析、评论。

◇ 通报中的结论要公正准确，用语要把握分寸。否则通报不但会缺乏说服力，而且有可能产生副作用。

◇ 通报的语言要简洁、庄重。其中表扬性和批评性的通报还应注意用语分寸，力求文实相符。

【制作要诀】

通报一般由标题、正文、落款三个关键要素组成。

■ 标题

通报的标题一般只采用规范形式，即“发文机关名称＋事由＋文种”的常规写法，例如《石门市公安局关于全市公安民警作风纪律教育大整顿活动开展情况的通报》。

■ 正文

通报的正文由于所涉及的内容、性质不同，所以在写法上也有所差别。

◆ 表彰通报

表彰通报正文一般包括先进事迹及其性质意义、表彰决定、希望号召四个部分，有时为了行文简洁的需要，也可将先进事迹作为附件形式出现。

表彰性通报的制作

◇ 介绍先进事迹：介绍先进事迹时要用概括性、叙述性的语言写清时间、地点、人物、过程、结果，或者先叙述背景、客观条件，再叙述先进事迹或主要做法。本部分写作时要注意实事求是，不能任意夸大、渲染，不能展开绘声绘色的描绘。篇幅也不可过长，要重点突出，能体现其精神境界。通报的重要事件可以详写，其余则可一笔带过或略而不记。如果是基层单位表彰个人先进事迹的通报，事迹还可以更具体一些。

◇ 先进事迹的性质和意义：表彰先进事迹的通报，应在介绍事迹的基础上进行必要的分析，找出取得成绩的原因或体现的精神、总结的经验等。先进事迹的意义和先进经验是通报的主旨，它表明了制发主体对先进事迹、模范典型、先进经验、好的做法予以肯定、表扬的态度。这部分主要采用议论的写法，但并不要求有严谨的推理，而是在概念清晰的前提下以判断为主，赞成什么，学习什么，要做到眉目清晰、观点鲜明，措辞要有分寸感和准确性，不能出现过誉或夸饰的现象。

◇ 表彰决定：表彰决定是写明领导机关对先进表彰奖励的决定，这部分应写什么会议或什么机构决定，给予表彰对象以什么项目的表彰或奖励，如果表彰的是若干个人，或者有具体的奖励项目，可分别列出。这部分在表达上的难度不大，但要注意清晰、简练、用词精当的问题。

◇ 希望号召：这是表彰通报必须要有的结尾部分，用来提出希望、要求，发出号召。这部分既包括对被表彰者的勉励和期望，又包括对广大群众的号召和希望。这一部分表述的是发文的目的，也是全文的思想落脚点，要发掘出先进的典型意义和时代精神，针对当时形势需要有感而发，力求符合实际，有针对性，不可千篇一律。

◆ **批评通报**

批评性通报的制作

批评通报的正文一般由以下四部分组成。

◇ 错误事实或现象：如果是对个人的错误进行处理的通报，这部分要写明犯错误人的基本情况，包括姓名、所在单位、职务等，然后是对错误事实的叙述，要写得简明扼要、完整清晰。如果是对部门、单位的不良现象进行通报，这部分要占较大的篇幅，如《国务院关于一份国务院文件周转情况的通报》，将 ×× 省政府用 70 天时间才将国务院一份文件转发下去，而 ×× 市政府又用了 100 多天才将这份文件转发到各个区县的情况，进行了比较详细的叙述，占全文篇幅的一多半。如果是针对普遍存在的某一问题进行通报，这部分要从不同地方、不同单位的许多同类事实中选择出一些有代表性的事例或数字进行综合叙述，如《关于违反中央八项规定精神典型问题的通报》。

◇ 错误性质或危害性的分析：处理单一错误事实的通报，这部分要对错误的性质、原因、危害进行分析，一般都写得比较简短。对综合性的不良现象或问题进行通报，这部分的分析性文字一般较为复杂，需要分析得全面、深刻，为下文提出纠正措施打下基础。

◇ 惩罚决定或治理措施：对个人单一错误事实进行处理，要写明根据什么规定，经什么会议讨论决定，给予什么处分等。对普遍存在的错误现象或问题，要提出治理、纠正的方法措施。内容复杂时，这部分可以分条列项写明。

◇ 提出告诫要求：在结尾部分，发文机关要对受文单位提出告诫要求，以便受文单位能够高度重视、认清性质、吸取教训、采取措施。如果是针对一些违纪比较严重的现象进行通报，结尾部分的措辞还可以更严厉一些，如提出继续违反要严惩、要登报公布等警告。

◆ **情况通报**

情况通报的正文同表彰通报和批评通报略有不同，由三个部分构成。

◇ 缘由与目的：情况通报的开头首先叙述基本事实，阐明发布通报的根据、目的、原因等。作为开头，文字不宜过长，要综合归纳、要言不烦。

◇ 情况与信息：主体部分主要用来叙述有关情况、传达某些信息，通常内容较多、篇幅较长，要注意梳理归类，合理安排结构。这一部分采用条项的形式，要求条理清楚、归类明确、信息全面。

◇ 希望与要求：在明确情况的基础上，对受文单位提出一些希望和要求。这部分是全文思想的归结之处，写法因文而异，总的原则是抓住要点、切实可行、简练明白。

■ 落款

落款包括制文单位署名、成文日期和印章，三者缺一不可。

【范例与模板】

<table>
<tr><th>［范例］</th><th>［模板要素］</th></tr>
<tr><td>石门市公安局文件
石公〔202×〕137号</td><td>版头：
发文机关标志＋发文字号</td></tr>
<tr><td>石门市公安局关于全市公安民警
作风纪律教育大整顿活动开展情况的通报</td><td>标题：
发文机关＋事由＋文种</td></tr>
<tr><td>各县市区公安（分）局、市局直属分局：</td><td>主送机关：
隶属于发文机关石门市各分局</td></tr>
<tr><td>为进一步严明公安机关纪律，坚持以习近平新时代中国特色社会主义思想为指导，坚持政治建警、改革强警、科技兴警、从严治警的新时代职责使命，加强公安机关的内部管理，强化全局民警的纪律意识，密切与人民群众的血肉联系，改进工作作风，规范公安机关人民警察行为，202×年9月1日至9月15日，我局集中开展了为期半个月的公安民警作风纪律教育大整顿。整个活动过程分为学习教育、查找问题、整改提高、总结验收四个阶段。这次作</td><td>正文：
1. 缘由与目的：发通报的根据、目的、原因等</td></tr>
</table>

风教育整顿主要解决了六个方面的突出问题：一是解决部分民警特别是领导干部党性原则下滑的问题；二是解决部分民警特别是领导干部形式主义严重的问题；三是解决部分民警特别是领导干部纪律意识不强的问题；四是解决部分民警工作效率低下的问题；五是解决个别单位出警不及时的问题；六是解决个别单位服务意识差的问题。经过半个月的公安民警作风纪律教育大整顿，全市公安机关纪律作风转变成效显著，执法能力得到了明显提升，整个队伍的精神面貌呈现出了新变化。现将主要情况通报如下。 一、高度重视，认真贯彻执行 为深入开展此项活动，局领导在9月1日召开了全市公安系统开展作风纪律教育大整顿动员大会。在会上，公安局党委书记、局长杨××强调，全局各部门要从宏观上着眼，从细节处抓起，坚持从实际出发，紧密结合本部门的实际情况和工作特点，切实让全体民警受到教育，决不能走过场、搞形式主义。一是要加强思想教育，使其不想为；二是要加强制度建设，使其不能为；三是要加强警示教育，使其不愿为；四是要加强案件查处，使其不敢为。会后，各部门高度重视，思想认识统一，行动迅速，按照局领导的要求，及时组织开展作风纪律教育整顿活动。各部门普遍召开办公会，认真学习局领导讲话，分析管理工作形势，反思工作，查找问题，研究部署作风纪律整顿工作，并采取多种形式，迅速将教育活动落实到每一位公安民警。 二、重点突出，深挖问题根源 各部门坚持把教育整顿的重点和精力放在问题的查找和整改上，从端正工作态度入手，勇于揭露矛盾和问题，并通过基层发生的事故案件和问题，反思工作作风、执行纪律、落实制度规定等方面的教训。查找出目前存在的主要问题并确定整改目标：一是解决部分民警特别是领导干部党性原则下滑，思想浮躁，队伍管理不严，内部管理松懈，对队伍暴露出的问题欺上瞒下、不抓不管、只谋官不谋事等问题，从而达到事事讲党性、事事有原则，从根本上关心爱护民警的目标。二是解决部分民警特别是领导干部	2. 情况与信息：分条列项来叙述情况、传达相关信息

作风漂浮，形式主义严重，对做出的重大决策决定学习不够，贯彻不力，对规章制度、条例禁令视而不见，执行不力等问题，从而达到改进工作作风、严格队伍管理的目标。三是解决部分民警特别是领导干部纪律意识不强，有令不行、有禁不止，警车管理不严，出车不执行派车制度，公车私用，工作期间饮酒，甚至酒后驾车、参与赌博等问题，以达到严肃工作纪律的目标。四是解决部分民警不按时上下班，上班时间玩游戏、干私活，出工不出力等问题，从而达到秩序井然、提高工作效率的目标。五是解决个别单位不能严格按照有关规定认真接出警、出警不及时、着装不规范、协警参与执法办案等现象，从而达到规范执法的目标。六是解决个别单位环境脏、乱、差，窗口单位服务意识差，“冷硬横推”等现象，从而达到提升群众满意度的目标。 　　三、注重实效，狠抓薄弱环节 　　我市公安各部门在教育整顿中，加大对薄弱环节和倾向性问题的整治力度，实实在在地解决了一些问题。一是加强8小时外的控制和管理，规范了工作、生活秩序。二是安全预防工作进一步加强，认真查找隐患，采取预防措施。三是对车辆、枪弹、涉密载体、借调人员和在外执行任务及学习培训人员逐一进行了清查，严格了管理制度。四是坚决查处效能低下、懒政怠政、不负责任、执行不力、弄虚作假、奢侈浪费的人和事。五是对违反省纪委“五个不准”，在岗不在位、出勤不出力，上班时间聊天、玩游戏、炒股、到娱乐场所活动的问题严查不怠。 　　公安局党委书记、局长杨××在总结会上强调全市公安机关开展纪律作风教育整顿活动，坚决贯彻“政治建警、改革强警、科技兴警、从严治警”的全国公安会议工作精神，是事关公安队伍形象，事关公安机关战斗力，事关党群、警民关系，事关社会和谐稳定的大事。通过半个月时间的集中教育整顿，全市公安机关纪律作风得到了明显转变，希望大家再接再厉、总结经验、发扬成绩，把这项活动常态化、持久深入地开展下去，不断提升服务科学发展、	3. 希望与要求：对下级单位提出希望和要求

维护社会稳定的本领和能力，自觉把思想和行动统一到市委、市政府的决策部署上来，适应时代发展要求，紧跟时代发展步伐，创新工作思维，创优发展环境，创造一流业绩。公安工作要始终与市委、市政府的中心工作协调一致，要与转型跨越发展大局合拍，全面营造优质高效的服务环境、规范透明的政务环境、公平正义的法治环境、和谐稳定的社会环境、健康有序的市场环境、文明向上的人文环境，为促进和保障全市经济社会更好更快发展提供重要支撑。 石门市公安局（印章） 202×年9月20日	落款： 发文机关＋成文日期＋印章
石门市公安局办公室　　202×年9月20日印发	版记： 印发机关＋印发日期

【实践训练】

■ 任务1——根据工作情境撰写一份表彰通报

202×年11月6日至7日，西川职业技术学院参加了“202×年华为中国大学生ICT大赛”。本届大赛分为初赛与决赛两部分，采取线上、线下相结合的形式展开，共有云赛道与网络赛道两项赛事。大赛包括华为技术体系的路由交换、网络安全、WLAN无线网规划、云资源池构建等六个赛项。全国有154所高校的6 000余名学生参加比赛，最终67所高校的500名学生进入决赛。经过激烈角逐，大赛最终评出特等奖1名、一等奖3名、二等奖5名、三等奖10名。西川职业技术学院派出了由计算机系师生组成的参赛队。参赛队由刘毅老师指导兼带队，代博、王程、张正为参赛选手，经过两天的鏖战，最终拿下了本届大赛的特等奖。多年来，计算机系坚持以习近平新时代中国特色社会主义思想为指导，深入贯彻落实党中央、国务院关于职业教育的重要部署，深化“三教”改革、“岗课赛证”综合育人，培养了一批高素质技术技能人才。鉴于计算机系所派参赛队获得的优异成绩，学院对计算机系、刘毅老师及代博、王程、张正三位同学予以通报表彰。给予计算机系职业教育创新先进集体荣誉称号；给予刘毅老师教书育人模范教师荣誉称号；给予代博、王程、张正三位同学职业技能标兵荣誉称号，并奖励每人3 000元。学院希望全体师生向他们学习，以为党育人、为国育才为导向，不断提升技术技能教学水平；对接产业需求，加大教育教学改革力度；弘扬劳动光荣、技能宝贵、创造伟大的时代风尚，推动人人皆可成才、人人尽展其才的局面形成。

请你以西川职业技术学院的名义撰写一份表彰通报。

■ 任务2——根据工作情境撰写一份批评通报

202×年11月初，石门市住房和城乡建设局对石门市在建房屋建筑工程扬尘治理情况进行了全面检查，在检查中大部分工程项目严格落实《建筑工程扬尘防治工作条例》，采取了各项防治措施。但御景社区商品房改造项目对有关规定置若罔闻，承担项目的城市建设集团泰都置业有限公司无视规章制度，在工地大门口处未设置车辆冲洗装置，导致道路污染严重；园林绿化和市政管网施工作业裸露土堆未进行有效覆盖；场地平整作业扬尘污染严重，整体的防扬尘措施落实不到位，严重影响了人民的生活和身体健康。市住房和城乡建设局对城市建设集团泰都置业有限公司予以全市通报批评，并罚款人民币3万元。

请你以石门市住房和城乡建设局的名义撰写一份批评通报。

■ 任务3——根据工作情境撰写一份情况通报

202×年5月18日至29日，石门市安委办督导执法组对全市安全生产工作开展了督导执法检查，督导检查的57家企业中发现5家企业安全隐患问题较为突出，具体情况如下：

1. 循环化工园区华美造纸厂：企业主要负责人未按规定对风险管控措施的落实情况进行带队检查；未按照“一人一档”建立安全教育培训档案；应急预案内容照搬照抄，未按要求组织演练和备案；造纸车间二号线配电柜柜门接地线缺失，1# 闪蒸罐管道法兰螺栓未安装齐全。

2. 祥瑞城2期施工工地：安全教育和培训不到位，施工现场有7名工人未佩戴安全帽；3# 楼南侧车库基坑未设置防护栏杆和应急通道；1# 楼1层南侧配电箱旁电缆未架空或埋地敷设；1# 楼各层窗户临边放置均未设置防护设施。

3. 石门市第二污水处理厂：未严格落实值班值守制度，检查时无厂级领导值班，全厂只有2名运维工作人员在岗；未针对“有限空间检维修作业”重大风险制定专门的风险管控方案；未建立受限（有限）空间台账；加药泵区域电气开关箱箱门未设置接地线；配电室窗户未设置密目网，穿墙电缆防火封堵不严密。

4. 矿区钢铁集团新项目施工工地：电气室施工工地南部出入口处未设防护，工地二楼切割机施工现场电缆被金属边角料覆盖，不符合安全用电要求；加热炉工段焊接现场有1个氧气瓶无防倾倒装置，切割木板施工现场有1名工人未戴防护手套。

5. 栗新小区居民楼加装保温层改造工程：施工作业现场待用的可燃聚苯乙烯泡沫保温板大量堆放，安全管理不到位，风险辨识不全面，现实隐患和问题大量存在；施工作业人员安全意识淡薄，高空作业未系安全带。

请你以石门市安全生产委员会的名义撰写一份情况通报。

模块五　商洽工作文书

知识目标

- 了解商洽工作的基本流程
- 熟悉商洽工作涉及的文书
- 掌握商洽文书的应用范围

能力目标

- 具备撰写商洽工作文书的能力
- 能够准确制作商洽工作文书

素质目标

- 培养换位思考的沟通理念
- 塑造协同合作的团队精神

项目一 函的制作

【工作情境】

在石门市公安局办公室工作的楚密已经很久未同实习时的好友文媛联系了，为了加强工作方面的交流，她联系到了在石门市桥东区柳辛庄街道办事处工作的文媛。文媛的工作与楚密的工作不同，每天都在为市容环境卫生、优抚安置、社会救济、民事调解等琐碎的工作忙碌。两人正在谈着工作的感受，街道办事处主任刘春华走进办公室，谈到最近街道办事处所辖的各街道有1 000多名党员，想组织这些党员集中培训，但又苦于培训教师、场地、经费等有困难。文媛和楚密听后，马上想到了自己的母校西川职业技术学院或可提供帮助。刘春华主任指示文媛尽快撰写一份公文，与西川职业技术学院商洽此项工作。

【项目分解】

商洽工作的基本流程

文媛和楚密都认为柳辛庄街道办事处是桥东区人民政府的派出机构，它的综合管理职能和社区服务功能受到很大程度的限制和制约，常常要与相关部门商洽工作。商洽工作是指机关、团体、企事业单位针对具体事务进行协商、洽谈的工作。具有隶属关系的机关之间除了正常的指令性、报请性公务联系之外，行政机关、社会团体、企事业单位之间还有许多事务联系，包括商谈公务、接洽工作、询问事情、征求意见、答复问题、请求帮助及告知情况、催办事务等，一般不具有指挥性和领导性。而且这些单位之间往往是不相隶属关系，处于平等地位，相互之间通过交流信息、协商合作，以更好地解决问题，在这种情况下应当使用函来行文。

函适用于不相隶属机关之间相互商洽工作，询问和答复问题，请求批准和答复审批事项。

函是属于知照性的平行文，目的在于彼此沟通。一个系统内部的平级机关是不相隶属机关；另外，凡是双方在行政或组织上没有领导与被领导关系，业务上没有指导与被指导关系的，都是不相隶属机关，无须考虑双方的级别大小。在不相隶属机关之间，级别高的一方不能向级别低的一方发出指挥、指导性公文，级别低的一方也不需要向级别高的一方发出请示和报告，双方如果有事情需要协商或请求批准，都要使用函。

函具有平等沟通性、灵活广泛性、商洽咨询性、单一实用性四个特点。

函主要用于不相隶属机关之间的往来，收函件的单位不论其社会地位高低、规模大小均以平等的身份进行联系，体现着双方平等沟通的关系，这是其他上行文和下行文所不具备的特点。函对发文机关的资格要求很宽松，高层机关、基层单位、社会团体、企事业单位均可发函，适用范围十分广泛。在内容上函既可用于相互商洽工作、询问答复问题，又可用于向有关业务主管部门请求批准事项及主管部门审批或答复事项。总之，凡是其他文种不易表述传递的，通常都可以用函。函在格式上也比较灵活，没有十分严格的限制，且不限于平行行文，也可以下行或者上行，使用灵活简便。函的语言表述也较为灵活，结构不拘一格。函主要用于平行或不相隶属机关之间就一般事项进行联系、商洽或对其主要业务范围内的某一特殊具体事项的请求批准或予以答复，而不涉及某一方面或者全局性的国计民生、方针政策等重大事件，因而一般不具有指导或指示作用。函一般较短小，内容单一，一份函只宜写一件事项。函的语言要求简洁明了，不需要在原则、意义上进行过多地阐述，侧重务实。

按照函的内容和用途可以划分成商洽函、问答函、批请函、告知函四类。

商洽函主要是用于不相隶属机关之间商量、洽谈、办理有关事宜的函。问答函主要用于不相隶属机关之间互相询问和答复问题的函，包括询问函和答复函两种类型。用于探询对方的意见和反映，要求回复，这是询问函；对方接函后，根据来函所询问之事给予答复，便是答复函。批请函是向不相隶属的业务主管部门请求批准事项及这些业务主管部门答复所请求事项的函，包括请批函和审批函两种类型。请批函用于向不相隶属的主管部门请求审批事项，审批函用于主管部门答复不相隶属机关单位的请批事项。告知函是告知不相隶属机关有关事项的函，是向对方申明看法，陈述有关情况和问题，使其知明晓谕。

本项任务属于商洽函。

【任务下达】

文媛考虑到商洽函多用于商调人员、联系参观学习、洽谈业务、请求对方给予工作上的协助等方面，据此，确定了文稿撰写的具体任务。

◇ 以石门市桥东区柳辛庄街道办事处的名义撰写一份有关商洽举办党员培训班的函。

◇ 函的文本格式要按照国家标准的信函格式进行撰写。

◇ 文稿中所提出的商洽事宜要慎重合理，向对方提出给予帮助的态度要诚恳。

◇ 商洽函的语气要平和礼貌，文末需加有感谢词，这样既加深两个单位的友好关系，又激励对方给予支持。

◇ 在结尾处留下联系人、联系方式，以便于对方联系。

◇ 注意附件的使用，附件既可作为对方考察的依据，又便于对方执行工作。

【制作要诀】

商洽函的制作

由于函的类别较多，从制作格式到内容表述均有一定的灵活机动性。规范性公函的制作要诀适用于所有函的类型。

■ 标题

函的标题主要应当由发文机关名称、事由、文种三部分构成，例如《石门市桥东区柳辛庄街道办事处关于请求协办党员培训班的函》。

■ 发文字号

公函要有正规的发文字号，写法与一般公文相同，由发文机关代字、年份、发文顺序号组成。如果本单位属于规模较大、业务较多、使用函的频率较高的单位，可以在发文字号中显示“函”的字样，例如国务院办公厅以“国办函〔2021〕79 号《国务院办公厅关于同意广东、香港、澳门承办 2025 年第十五届全国运动会的函》”形式确定的发文字号。

■ 主送机关

去函的主送单位一般只有一个，但有时因问题涉及两个以上单位，也可以同时把两个以上单位名称写上，其写法与其他公文一样。

■ 正文

正文是函的主体部分，但要区分去函和复函的不同。

◆ 去函

去函的正文一般包括缘由、事项和结语三部分。

◇ 缘由：它是开头部分，一般写明商洽、请批、询问或告知事项的背景、原因、依据，避免长篇大论。

◇ 事项：写明商洽、请批的具体内容。事项部分基本是叙述和说明相结合的写作方法，交代事项应简明扼要，清楚明确。这部分的常见写法有两种：一种是篇段合一式，即事项很简单，可同缘由写在一段；另一种是缘由与事项分开，即事项比较复杂或要求较多，可采用分条列项式。

◇ 结语：结尾部分，有的意完即止，无特殊的结尾标志；有的写上“特此函告”或“盼复”“请函复”之类的结语。

◆ 复函

复函的正文写法同批复的正文写法基本一致，由引语和答复意见两部分组成。

◇ 引语：即引述来函的标题及发文字号或主要内容，如“202× 年 4 月 5 日来函收悉”，或“你单位关于请求协办党员培训班的函收悉”，以表明本函的针对性。再用“现将有关事项函复如下”等过渡语衔接到答复意见。

◇ 答复意见：必须针对来函提出的问题或要求予以答复，表示同意或不同意。同意的，可直接表明答复内容，后面再叙述其他有关事宜；不同意的应说明原因，如何办理，或对询问的问题进行说明等。常用的结语有“特此函达”“此复”等。

■ 落款

正文结束后，签署发函机关名称，并盖上发函机关印章，标明发文日期。

【范例与模板】

<table>
<tr><th>［范例］</th><th>［模板要素］</th></tr>
<tr><td>石门市桥东区柳辛庄街道办事处
石柳街办〔202×〕10 号</td><td>版头：
发文机关标志需标注发文机关的全称
发文字号：
发文机关代字＋年份＋发文字号</td></tr>
<tr><td>石门市桥东区柳辛庄街道办事处关于请求协办党员培训班的函</td><td>标题：
发文机关＋事由＋文种</td></tr>
<tr><td>西川职业技术学院：</td><td>主送机关：
商洽对象</td></tr>
<tr><td>贵校有着悠久的建校历史，为国家培养了大批优秀人才。贵校校园环境优美，师资力量雄厚，始终致力于社会服务，有着良好的口碑。多年来，柳辛庄街道办事处与贵校保持良好的合作关系，贵校党员“双报到”大多数是在柳辛庄街道办事处所辖的社区居委会党组织，贵校党员在居委会抗击疫情战役中不怕苦、冲在前，屡受表彰。我办事处今有一项重要工作希望得到贵校支持。</td><td>正文：
1. 缘由：写明商洽事项的背景、原因</td></tr>
<tr><td>为进一步坚定政治立场、强化宗旨意识、提高服务水平，更好地履行工作职责，街道办事处拟决定组织街道办事处所辖的各街道的 1 000 余名党员进行集中培训。培训的主要内容为《永葆中国共产党人的初心本色》《中国共产党纪律处分条例》《中华人民共和国民法典》；拟安排 1 000 余名党员分三期进行培训，每期 350 人；培训的时间初步安排在五月中下旬。但我办事处没有培训场地和师资，且教</td><td>2. 事项：写明商洽的具体内容</td></tr>
</table>

育学习经费不足，故请求贵校帮助协办党员培训班，在培训场地、培训师资方面予以支持，在培训经费方面予以大幅减免为盼。 特此函洽。 石门市桥东区柳辛庄街道办事处（印章） 202× 年 3 月 10 日	3. 结语：一般用“特此函洽”“盼复”“请函复”之类的词语作结 **落款：** 发文机关＋成文日期＋印章

【实践训练】

■ 任务 1——根据工作情境撰写一份问答函

问答函的制作

202× 年 4 月陕西监管局在监管巡察过程中发现陕西金叶科教股份有限公司拟租赁大股东万裕文化及其子公司两处房建设明德学院北校区，拟租赁万裕文化及万裕实业名下位于西安市莲湖区青年路 103 号、莲湖区西北三路 28 号的房屋场地。拟承租期为 3 年，两处场地共计约 3.67 万平方米，月租金 35 元 /m^2（税前），每两年较前一年上浮 5%，装修改造预算约 6 000 万元。陕西监管局认为西北三路 28 号、青年路 103 号均位于西安城墙内，28 号院距洒金桥地铁站不远，原有办公和生产厂房，103 号院则混杂在居民楼中。陕西监管局表示，办学场地是学校教学活动的基本场所，具有相对固定性。28 号院和 103 号院需要上市公司投入较多装修改造费用，改造完成后的装饰物与万裕文化现有建筑物不可分割。存在承租期 3 年的合理性，是否存在实控人利用控制权损害上市公司利益、人为缩短租赁期以规避股东大会表决等情形，并且租赁尚未实际发生，已支付 1 000 余万费用。针对这些疑问，陕西监管局去函给陕西金叶科教股份有限公司进行询问。

请你以陕西监管局的名义制作一份询问函，再以陕西金叶科教股份有限公司的名义撰写一份答复函。

■ 任务 2——根据工作情境撰写一份批请函

批请函的制作

石门市公安局根据中共石门市委组织部、石门市人力资源和社会保障局《关于 202× 年市级机关录用应届高校优秀毕业生的通知》的有关规定，决定公开招聘应届优秀毕业生。目前公安局按照规定程序进行了统一考试、面试、体检、政审。经公安局党组研究，拟录用大中专毕业生24名。公安局将24人的有关录用审批材料报石门市人力资源和社会保障局审批。石门市人力资源和社会保障局审核后，认为公安局的招聘程序合法、公正，同意将24人纳入石门市公安局编制，录用为国家公务员。

请你以石门市公安局的名义向石门市人力资源和社会保障局制发一份请批函，再以石门市人力资源和社会保障局名义给石门市公安局制发一份审批函。

■ 任务3——根据工作情境撰写一份告知函

石门市政府办公厅计划到石门政法大学开展调研工作，调研的工作内容包括：一是分别召开教师代表、学生代表两个座谈会，每场座谈会预计半天时间，座谈会具体时间和内容另行商告。参加教师座谈会的代表10人左右，人员结构要具备以下要素：涵盖文科、工科、理科等不同专业的教师代表，不同年龄层次的教师代表，教辅类和教学类教师代表，中共党员、非中共党员代表，男女比例协调。参加学生座谈会代表20人左右，人员结构要具备以下要素：涵盖文科、工科、理科等不同专业的学生代表，大一、大二、大三、大四等不同年级的学生代表，参加专科、本科、研究生等不同学历层次学习的学生代表，普通学生、学生干部、获奖学金的学生代表，中共党员、非中共党员代表，男女比例协调。二是报送相关材料，主要材料为：202× 年以来石门政法大学毕业生总体就业情况及各年度的就业情况、司法考试占比情况、学校促进毕业生就业创业所做的主要工作、就业困难的主要原因分析。

请你以石门市政府办公厅的名义撰写一份告知函。

项目二　倡议书的制作

【工作情境】

文媛工作的石门市桥东区柳辛庄街道办事处下设了20个社区，文媛用了2个月的时间将20个社区的人员构成情况录入了办公系统。通过数据统计发现，在柳辛庄办事处管理的20个社区中，女性比例占比达62%，有绝对优势。文媛考虑到做好社区工作离不开女性人员的支持，充分发挥女同志的积极力量，可以做好很多工作。至于如何组织女同志开展有意义的活动，文媛思考了很久。恰逢3月12日植树节将至，文媛有了新的创意，她认为可以以植树节为契机，组织女同志开展美化家园、美化环境的活动，为推进城乡人民环境整治做贡献。文媛将自己的这一想法向街道办事处主任刘春华做了汇报。刘春华认为这个想法非常好，街道办事处大力支持。最后决定向柳辛庄街道办事处辖域内的20个社区的女同志们发出号召，共同建设美好家园。

倡议书的制作

【项目分解】

文媛认为这项工作的开展只是一种工作方法的尝试，它不具有约束力，开展这项工作不能采取强制手段，因此适宜使用号召类文书，而要使用号召类的文书则非倡议书莫属。

倡议书是某一组织或社团拟定、就某事向社会提出建议或提议社会成员共同去做某事的书面文章。

倡议书是个人或集体提出建议并公开发起，希望共同完成某项任务或开展某项公益活动所运用的一种号召类专用书信。

倡议书具有群众性、不确定性和公开性的特点。

倡议书不是对某个人而言的，它往往面向广大群众，或是对一个部门的所有人发出，或是对一个地区的所有人发出，甚至是向全国发出。所以群众性是倡议书的根本特征。倡议书是希望得到广大群众响应的，然而其对象范围又往往是不确定的。它不具有很强的约束力，即便是在文中明确了自己的具体对象，但实际上有关人员可以表示响应，也可以不表示响应，而与此无关的群众团体也可以有所响应。倡议书就是一种广而告之的书信。它就是要让广大的人民群众知道了解，从而激起更多的人响应，以期在最大的范围内引起共鸣。

倡议书从作者角度分为个人倡议书和集体倡议书两种，从传播角度分为传单式倡议书、张贴式倡议书、广播式倡议书和登载式倡议书。

撰写倡议书无论是个人发出的倡议，还是集体发出的倡议，其写法大体相同。不同传播方式的倡议书，其写法也大体相同。

本项目是撰写集体倡议书。

【任务下达】

根据柳辛庄街道办事处的工作需要，文媛确定了文稿撰写的具体任务。

◇ 以石门市桥东区柳辛庄街道办事处的名义撰写一份有关“巾帼绿化植树·建设和美家园”的倡议书。

◇ 倡议书的文本格式按照 A4 纸的大小安排，同时要考虑张贴的效果。

◇ 倡议书的内容应当符合时代精神，切实可行，与国家的路线方针政策相一致，这也是开展精神文明建设的一个有效的方法。

◇ 倡议书的措辞要贴切，情感要真挚，富有鼓动性，让人在体现真善美的语境中受到深刻教育。

◇ 倡议书的篇幅不宜过长。

【制作要诀】

倡议书一般由标题、称呼、正文、结尾、落款五部分组成。

倡议书的制作

■ 标题

倡议书的标题一般由文种名称单独组成，即在第一行正中用较大的字体写明“倡议书”三个字。也可以高度概括所要倡议的主题，标题就由倡议内容和文种名称共同组成，如《“巾帼绿化植树·建设和美家园”倡议书》。

■ 称呼

称呼是对响应对象的尊重表示，一般顶格写在第二行开头。倡议书的称呼可依据倡议的对象而选用适当的称呼，如“广大的青少年朋友们”“广大的妇女同胞们”“尊敬的老年朋友们”等。

■ 正文

一般在第三行左空两格写正文，倡议书的内容需包括以下两个方面。

◆ 发出倡议的背景原因和目的

倡议书的发出贵在引起广泛的响应，只有交代清楚倡议活动的原因，以及当时的各种背景事实，并申明发布倡议的目的，人们才会理解和信服，进而变成自觉的行动。这些因素交代不清就会让人觉得莫名其妙，难以响应。

◆ 发出倡议的具体内容和要求

这是正文的重点部分。倡议的内容一定要具体化，开展怎样的活动、都做哪些事情、具体要求是什么、它的价值和意义都有哪些，均需一一写明。倡议的具体内容一般是分条开列的，这样写往往清晰明确，一目了然。

■ 结尾

结尾要表示倡议者的决心和希望或者写出某种建议。倡议书一般不在结尾写表示敬意或祝愿的话。

■ 落款

落款即在右下方写明倡议者的单位、集体或个人的名称或姓名，署上发出倡议的日期。

【范例与模板】

[范例]	[模板要素]
“巾帼绿化植树·建设和美家园”倡议书	**标题：** 倡议内容＋文种
广大的妇女同胞们：	**称呼：** 依据倡议对象选择适当的称呼
万木吐绿，大地回春，草长莺飞，百花竞放，我们的家园是如此美丽！然而美丽的家园需要我们共同呵护。植树造林，绿化家园，是造福千秋万代的大事，是每个公民应尽的义务，是加强生态建设、维护生态安全、促进人与自然和谐共生的重要举措，也是建设生态文明村的具体实践。借此机会，我们向柳辛庄街道办事处所辖的各社区的广大妇女同胞发出倡议：植树造林，美化家园，从现在做起；栽松育柳，绿化乐园，从小事做起；种草育花，香满庭园，从我们做起。	**正文：** 1. 倡议的背景原因和目的

一、自觉履行公民植树义务，踊跃参加各种形式的义务植树和绿化造林活动，做一名积极为绿化美化家园多种一棵树、多添一片绿的建设者。 二、关心爱护绿色生命，自觉保护身边的一草一木，做一名积极维护植树绿化成果的护卫者。 三、积极参与“美化庭院”活动，利用房前屋后、阳台庭院植树、种花，美化庭院、优化环境，做一名绿色家庭、生态庭院的争创者。 四、大力弘扬生态文明意识，积极宣传植树绿化、改善生态环境的重要意义，努力营造生态建设氛围，做一名生态文明建设的倡导者。 五、积极响应桥东区政府实施生态文明区建设战略部署，踊跃为绿化美化工作提建议、献计策，做一名和美绿色家园建设的参与者。	2. 分条列项写明倡议的具体内容和要求
妇女同胞们，石门是我家，建设靠大家。让我们迅速行动起来，把大力推进生态文明建设，建设和美家园，落实到巾帼绿化植树的具体行动中来，用我们美好的心灵、勤劳的双手，为建设“秀美、富裕、和谐”的现代田园城市增光添彩！	**结尾：** 倡议者的决心、希望或建议
柳辛庄街道办事处 202×年3月9日	**落款：** 倡议的单位、集体名称或个人的姓名＋倡议的日期

【实践训练】

■ 任务1——根据工作情境撰写一份争做慈善义工倡议书

柳辛庄街道办事处所辖的社区有很多需要帮助的人，为此街道办事处发出“关爱他人，提升自我，服务社会——争当一名光荣的慈善义工”的倡议。义工服务是在不影响自身工作和生活的前提下，自愿付出个人时间、热情和劳动，不图报酬，不计名利，以一定的组织形式为社会提供各种形式志愿服务的一种高尚行动。它是您提升自我、实现自我价值的一个重要渠道，也是您和家人奉献自我、温暖他人、服务社会的重要方式。争做慈善义工一是要发扬“奉献、友爱、互助、进步”的志愿者精神，积极参与社会公益活动，致力于为社会弱势群体服务，自愿、无偿地以自己的时间、精力和技能等资源，服务社会、奉献社会；二是要发扬“爱融于情，情通于心”的爱心精神，积极响应各级慈善机构的号召，参与各项义工活动，用行动呼唤友爱，用爱心托举未来，让身处困境中的人们感受到社会主义大家庭的温暖；三是要发扬“赠人玫瑰，手有余香”的互助精神，努力帮助身边需要帮助的人，献出一份爱心，播种一个希望，拥有一分收获。当您的行动闪耀人性的光芒，当您的爱心温暖着他人，您的天空会更加美丽，您的心情会更加舒畅，我们的社会也会更加和谐。

请你以石门市桥东区柳辛庄街道办事处的名义向办事处辖区的居民发出倡议。

■ 任务2——根据工作情境撰写一份读书倡议书

石门市委宣传部、市文明办、市教育局、市文物局、市广电局、市总工会、团市委、市妇联、市社科联为创新实施文化惠民工程，建设文化大市，促进石门跨越式科学发展，在以“读书·创新·发展”为主题的“书香石门”读书节开幕之际，向全市广大市民朋友们发出倡议：

一是树立正确的读书理念。坚定历史自信、文化自信，坚持古为今用、推陈出新，树立终身学习的理念，在读书中不断增长知识、提高素质、转变观念，达到完善自我、全面发展的目的。开卷有益，学无止境，我们只有孜孜不倦、始终不渝地学习，才能随着社会的发展进程不断更新知识，与时俱进。只有做到人人阅读、全民提高，才能不断提升整个城市的创新能力、发展后劲和文化底蕴，才能为推进石门跨越式科学发展，打造文化大市提供人才保障和智力支持。

二是培养良好的读书习惯。不论是领导干部还是普通群众，每一个人都要根据自己的兴趣、职业和志向，选择自己所喜爱的书籍，有重点地阅读马克思主义、毛泽东思想、邓小平理论、“三个代表”重要思想、科学发展观、习近平新时代中国特色社会主义思想等政治类书目，以及古典文学、世界名著等文化类书目，此外还要阅读经济、科技、外语、法律、管理、中国近现代史等方面的书籍，掌握履行岗位职责所必备的最新知识和技能，有选择性地精读“向广大市民推荐的100种优秀图书”，真正在读书中提高生活品位，促进社会和谐发展。

三是营造浓厚的读书氛围。倡导机关干部读书，提高素质和推动发展的能力，与书相约，与书交友，以良好的读书习惯获得丰富的知识；倡导企业员工读书，努力学习先进文化，掌握专业技能，争做知识型员工，以自身知识更新推动企业不断创新；倡导农民朋友读书，增长知识，开阔视野，努力提升致富本领，争做懂科技、善经营、会管理的新型农民，积极投身新农村建设；倡导青少年读书，树立正确的世界观、人生观、价值观，在读书中学习，在读书中成长，在读书中成才；倡导社区居民读书，提高文化素质，增强和谐理念，提升文化品位，为争创全国文明城市打下坚实基础；倡导部队官兵读书，增强政治意识，掌握先进作战理论和科技知识，听党指挥、服务人民、英勇善战，推进军队正规化建设。

请你以石门市委宣传部、市文明办、市教育局、市文物局、市广电局、市总工会、团市委、市妇联、市社科联的名义向全市人民发出倡议。

■ 任务3——根据工作情境撰写一份禁毒倡议书

由于柳辛庄街道办事处所辖的社区最近连续发现涉毒人员，造成的危害极大，街道办事处强调家庭是社会的细胞，和谐家庭是和谐社会的基础，和谐社会更是家庭幸福美满的保障。构建一个长治久安的和谐社会是广大家庭成员、全市人民共同的愿望。但是毒品无情地侵蚀着我们健康的社会风气，吞噬着宝贵的生命，滋生着丑恶的犯罪，威胁和破坏着千万户幸福的家庭，严重地影响了社会的和谐与稳定。因此街道办事处倡议：一是做遵纪守法的好公民，要认真学习和遵守国家各项法律法规，带头做守法公民。二是要远离毒品，抵制毒品。要做到不吸食毒品，不从事毒品违法犯罪活动。倡导文明、科学、健康的生活方式，把民主、和睦、文明之风请进家门，从我做起，从自己做起，互相监督，抵制诱惑，共同构筑拒毒的家庭防线。三是要积极投身于禁毒人民战争。树立拒毒人人有责、家家有份的意识，增强与毒品犯罪作斗争的勇气，发现贩毒、吸毒的线索和窝点要大胆举报，使涉毒违法犯罪分子在群防群治中无藏身之地，让我们生活的空间更加纯净。四是要发挥家庭、邻里、社会大家庭的作用，努力挽救涉毒的失足者。对误入歧途的涉毒人员，家人要用亲情去温暖、感化；邻里要用真情去诱导、帮助；社会要用热心去帮助他们找到生活出路，使涉毒者迷途知返、根除恶习、重获新生。禁毒工作功在当代、利在千秋，任重道远。各个家庭成员要积极参与禁毒工作，远离毒品、抵制毒品，为创建和谐美满幸福的家园、构建和谐社会而努力奋斗。

请你以柳辛庄街道办事处的名义撰写一份有关禁毒的倡议书。

模块六　事务工作文书

知识目标

- 了解事务工作的基本流程
- 熟悉事务工作涉及的文书
- 掌握事务文书的应用范围

能力目标

- 具备撰写事务工作文书的能力
- 能够准确制作事务工作文书

素质目标

- 养成善做规划的行为习惯
- 培养透过现象看本质的综合素质

项目一　计划的制作

【工作情境】

文媛在石门市桥东区柳辛庄街道办事处工作已经半年，她对工作认真负责的态度、对接待对象耐心细致的服务、对方针政策准确到位的把握都赢得了街道办事处各方人员的肯定，文媛也决定新的一年在工作上有更大的进步。由于文媛各方面都比较适合从事信访工作，因此她被石门市桥东区信访局临时借调到信访局办公室工作。2022 年是实施“十四五”规划的关键之年、向第二个百年奋斗目标进军的开局之年。石门市信访工作的总体要求是：以习近平新时代中国特色社会主义思想为指导，贯彻落实党中央、国务院关于信访工作的决策部署，坚持“两个确立”、增强“四个意识”、坚定“四个自信”、做到“两个维护”，牢记为民解难、为党分忧的政治责任，坚守人民情怀，坚持底线思维，加强和改进人民信访工作，忠诚履行服务党和国家大局、维护群众合法权益、化解信访突出问题、促进社会和谐稳定四项职责，切实抓好专项治理重复信访、系统谋划推进信访制度改革、加强基层基础建设、服务保障工作大局、加强干部队伍建设五项重点任务。文媛到信访局办公室后很快熟悉了信访局的主要工作。2022 年的信访工作主要有：一是坚持不懈推进党的政治建设；二是强力推进“治理重复信访、化解信访积案”专项工作；三是系统谋划和推进信访制度改革；四是加强信访工作基层基础建设；五是全力以赴为党的二十大胜利召开营造良好的社会环境。恰好信访办主任孙明正要求文媛撰写 2022 年的信访工作安排，以保证信访局在 2022 年持续打造阳光信访、责任信访、法治信访、开放信访、和谐信访，不断提高信访工作专业化、法治化、信息化水平，更好地维护群众合法权益、维护社会公平正义，不折不扣贯彻落实党中央决策部署，不断提高运用党的创新理论指导推动信访工作发展的能力。文媛很快开始着手撰写信访局的 2022 年工作计划。

【项目分解】

文媛在信访办张高翔科长的帮助指导下，初步了解了桥东区信访局的总体工作。她认真列出了 2022 年信访局工作的主线条，并将这些工作进行较为完善的梳理，形成了桥东区信访局 2022 年工作计划。

计划是党政机关、社会团体、企事业单位和个人，为了实现某项目标或完成某项任务而事先做的安排和打算。

制订计划的目的在于全面、合理、有序地安排工作，增强工作的预见性、目的性和各环节之间的协调性，避免无计划、无目标、打乱仗。另外，它还带有备忘的性质，把要做的工作都安排到位，以便逐项落实和督促检查。

计划是计划类文书的统称。

因为计划涉及内容和期限的不同，计划文书还有不同叫法：时间跨度长（三年以上）、范围广、内容较为概括的计划称为规划；各级领导机关根据战略方针，为实现总体目标对某个地区或某一事项作出长远部署的计划称为纲要；从目的、要求、工作方式方法到工作步骤逐一对专项工作做出全面部署与安排的计划称为方案；对短期内工作进行具体布置的计划称为安排；粗线条的、初步的、预备性的非正式计划称为设想；粗线条的、其想法不太成熟的非正式计划称为打算；将计划的主要内容择要摘编，使之简明突出，适用于较短时间的计划称为要点。

计划具有明确性、预见性、规范性和可变性的特点。

无论制订哪类计划都必须有明确的针对性，即每一项工作要达到什么目标，要提出时间、步骤、进度、质量等方面的具体要求，能够量化的尽量量化，不能量化的也要有质的要求。计划是事先对活动所做的安排与打算，而事物在其发展过程中会出现各种各样的变化，为实现预定目标，必然要对活动过程中可能出现的情况进行分析与估计，并要对可能出现的困难、问题等提出切实有效的措施和方案。计划根据内容不同，可以有不同的写法，但它们都必须具备计划的三要素：任务、措施和完成时间，即做什么、怎么做、什么时候做、何时完成，这就构成了计划比较固定的写作程式和规范。计划并不像法律文书制订之后就不能随便更改，它还可以根据现实的变化情况做一些增删处理。

计划的类型较多，依据不同的标准可以划分出不同类型的计划。

按照性质可分为综合性计划和专题性计划；按照内容可分为工作计划、生产计划、学习计划、科研计划、训练计划、军事计划及各种会议活动计划等；按照时间可分为长期规划、短期计划、年度计划、季度计划、月计划、周计划等；按照范围可分为国家计划、部门计划、单位计划、个人计划等；按照表达形式可分为条文式计划、表格式计划和文表结合式计划。

本工作项目是年度专项工作计划。

【任务下达】

结合计划的明确性、预见性、规范性和可变性的特点，文媛确定了撰写计划文稿的具体任务。

◇ 以石门市桥东区信访局的名义撰写一份有关信访工作的计划。

◇ 计划的文本格式要按照国家标准的文件格式进行撰写。

◇ 撰写计划首先要明确目的，即弄清为什么要制订计划、根据什么制订计划。对资料进行比较、分析、核实，先制订草案，经讨论后再定稿。

◇ 计划中的任务一要明确，二要具体，三要可行。

◇ 计划的内容一要重点突出，应本着先主后次、主次分明的原则，重要的先安排，次要的后安排；二要周密完善，实现计划的措施涉及范围广泛，措施多种多样；三要操作性强，措施不同于原则，措施应该是可操作的。

◇ 计划的语言表达要准确、简洁。准确包括数字要运用准确，措辞要注意分寸；简洁是尽量少用或不用比喻、比拟的手法，语言表达以叙述与说明为主。

【制作要诀】

计划的制作

计划的形式和类别虽然比较复杂，但在制作要诀上由三大部分组成。

■ 标题

计划的标题通常有三种写法。

◆ 四要素齐全的标题形式

计划的标题一般包括制订计划的单位（个人计划的姓名不写在标题内）、计划的期限、事由、文种四部分，如《石门市桥东区信访局 2022 年信访工作计划》，这个标题各要素俱全，专题性计划的标题通常采用这种写法。

◆ 省略单位名称的标题形式

相对于四要素齐全的计划标题形式，只省略了单位名称，如《2022 年信访工作安排》。

◆ 省略单位名称和期限的标题形式

部分计划如果在正文中出现时间，也可以将计划的期限省略，如《安全稳定和信访工作要点》。

上述各种标题形式，如果所涉及的计划还不够成熟，需试行一段时间，待征求意见后再进行修改定稿，或者还未经过法定的会议讨论通过，可在标题后或下面加上“初稿”“草案”等字样，并加上圆括号。

■ 正文

正文是计划的主体，这部分通常包括前言、任务和目标、步骤及措施、结语等几个部分。

◆ 前言

计划的前言不宜写长，应简明扼要写清楚：制订计划的指导思想，包括有关的方针政策和上级的指示；分析现时形势的要求，本单位的基本情况（完成任务的主观和客观条件的分析）；计划的总任务，计划的目的要求等。前言通常以“为此，××××

年要做以下几项工作”来领起下文。上述几项内容，并不是每份计划都必不可少，要根据计划任务的对象、范围情况的不同酌情取舍。有的计划可不写前言部分，而直接写计划的具体事项。

◆ **目标和任务**

这一部分同下面的步骤和措施是计划的核心部分。计划就是为完成一定的任务而制订的，如果没有明确的任务，没有具体的要求和目标，也就没有必要制订计划。计划要明确写明一定期限内，必须完成哪些任务、实现什么目标、做哪些事、数量和质量上有什么要求等，使计划执行者一看便知道准备做什么、做多少、什么时间完成、由什么部门负责执行等，做到心中有数。

◆ **步骤和措施**

明确了工作任务之后，计划还要根据主客观条件设计必要的步骤和措施，以保证任务完成。步骤是指工作的程序和时间安排。每项目标和任务在完成过程中都有其阶段性，先做什么，后做什么，主干什么，次干什么，每一步在什么时间，达到什么效果，人财物力如何调配、布局，各阶段如何配合、衔接，等等，都必须写得合情合理，环环紧扣，步步落实。措施主要是指达到既定目标需要采取什么方法、动员什么力量、创造什么条件、排除什么困难等。

◆ **结语**

这一部分是总结全文，并提出希望和号召。也有的计划不写结语，计划事项写完之后，自然结束。是否写结语，要根据计划的具体情况而定。

■ 署名和日期

计划的结尾要写上制订单位的名称和制订日期两项内容。如果标题中已标明单位名称，结尾可省去单位署名，写明制订日期即可。

【范例与模板】

［范例］	［模板要素］
石门市桥东区信访局 2022 年度信访工作计划 2021 年是极不平凡的一年，在统筹推进疫情防控和经济社会发展的过程中，我市始终把信访工作摆在重要位置。	**标题：** 单位名称＋时限＋内容＋文种 **正文：** 前言＋任务、目标＋步骤、措施＋结语

我区信访系统以习近平新时代中国特色社会主义思想为指导，坚决落实习近平总书记关于信访工作的重要指示批示和党中央、国务院关于信访工作的决策部署，坚持以人民为中心，组织开展集中治理重复信访、化解信访积案专项工作和大督查大接访大调研活动，持续推进信访工作体制机制改革，强化信访工作基层基础，大力倡导“提高效率、转变作风、服务基层和群众”，充分发挥联席会议机制作用，及时就地解决信访问题、化解突出矛盾，广泛汇集反映社情民意的意见，有力维护了群众合法权益，促进了社会和谐稳定，为服务党和国家工作大局、助力经济社会秩序加快恢复做出了积极贡献。2022年是党的二十大召开之年，做好今年的信访工作，责任重大、使命光荣。现制定2022年信访局工作计划如下。	1. 前言：简要概述2021年信访工作情况
一、坚持不懈推进党的政治建设 要始终旗帜鲜明讲政治，强化政治机关意识教育，把党的政治建设融入信访工作全过程各方面，引导广大信访干部坚持“两个确立”、增强“四个意识”、坚定“四个自信”、做到“两个维护”，永葆信访干部队伍忠诚、可靠、纯洁的政治本色。要着力提升政治站位，在政治立场、政治方向、政治原则、政治道路上始终同以习近平同志为核心的党中央保持高度一致。要全面提高政治能力，不断提高政治领悟力、政治判断力、政治执行力，不折不扣地落实习近平总书记的重要指示精神和党中央、国务院的决策部署。要勇于扛起政治责任，始终牢记初心使命，带着感情和责任做好了解民情、集中民智、维护民利、凝聚民心的工作，始终牢记、忠诚履行为民解难、为党分忧的政治责任，让人民群众有更多的获得感、幸福感、安全感。 二、强力推进“治理重复信访、化解信访积案”专项工作 要以时不我待的紧迫感和事不避难的担当精神咬定目标、狠抓落实，不断巩固扩大治理化解成果。抓治理化解进度，逐案落实化解责任，重点问题由党政领导包案牵头解决，确保件件有人抓、有人管，限期交账。抓积案化解质量，一体推进解决问题、帮扶救助、思想疏导等工作，	2. 目标和任务：以分列小标题的形式，写明必须完成哪些任务、实现什么目标

依法按政策解决好群众的合理合法诉求，确保化解效果经得起检验。抓跟踪督查问效，把督查督办作为推动专项工作落实的重要手段，健全日常督办与重点督查相结合的工作机制，督责任落实、督工作进度、督化解质量，确保实现年度预期目标。同时，要加强综合分析和形势研判能力，有针对性地开展预防化解工作。

三、系统谋划和推进信访制度改革

要以实现信访工作法治化、信息化、科学化为目标，持续深化体制机制改革和方法手段创新，整体提升信访工作能力和水平。要加强改革顶层设计，围绕加强党对信访工作的全面领导，健全信访工作体制，完善信访工作联席会议机制，健全“党政同责、一岗双责”的责任体系，压实各级各部门和领导干部信访工作责任，不断增强信访制度的系统性、整体性、协同性，高标准高质量制订实施“十四五”时期信访工作发展规划。要下决心改进业务工作，强化问题导向，从健全信访工作标准体系、完善信访业务各项制度规范着手，进一步加强和改进群众来信、走访、网上投诉办理和信访督查工作，提高来信办理水平，全面及时准确报送重要信访信息；完善依法逐级走访工作，压实省、市两级接谈疏导责任和县级办理责任；改进网上信访事项办理方式方法，在国家网上信访平台增设各省级信访入口，建立“一站式”网上信访大厅，快速回复告知，缩短办理时限，加强跟踪督办，更加高效地解决问题；抓好信访督查工作，提高督查工作实效。要大力推进信息化、智能化建设，深入推进国家信访信息系统互联互通，特别是与中央部门的系统联通和应用，以人为本优化系统功能，丰富拓展智能化应用组件，加强信访大数据分析利用，更好地服务和保障信访工作的开展。

四、加强信访工作基层基础建设

要坚持和发展新时代“枫桥经验”，构建全面覆盖的工作网络，按照纵向到底、横向到边的要求，大力加强基层信访工作网络建设，建立县级信访部门、乡街定期派人到社区巡回接访制度，把信访服务送到群众的家门口，总结推

广在乡镇（街道）设立信访工作联席会议的经验做法，统筹基层社会治理资源力量，做实矛盾纠纷化解实战化平台。要完善源头化解的工作机制，推动重大决策社会稳定风险评估机制落实，注重发挥基层党组织、群众自治组织作用，组织群众民主协商解决发生在身边的矛盾问题，进一步加大矛盾纠纷排查化解力度，努力做到“小事不出村、大事不出镇、矛盾不上交”。要拓宽社会力量参与的制度渠道，完善“两代表一委员”、律师和心理咨询师等专业人士、群众志愿者等第三方参与信访工作的组织形式和制度化渠道，引导社会各方力量积极参与接待群众、化解纠纷、防控风险等工作，助力解决信访难题。 五、全力以赴为党的二十大顺利召开营造良好的社会环境 要强化责任担当，采取针对性措施从严从实从细做好信访各项工作。要紧密结合实际，提前研究制定工作方案，加强督促检查，确保中央各项部署要求在本地本部门落地落实。要深入开展领导干部接访下访和包案，加强信访事项受理办理，确保群众信访问题及时就地解决。 2022年的信访工作既要统筹兼顾、全面推进，也要抓住关键、重点突破。要深入推进大督查大接访大调研活动，推动信访工作力量向基层延伸，精心制定实施方案，丰富和创新活动内容方法，着力破解信访突出问题，发现和挖掘基层一线的经验做法，确保活动不走过场、不做虚功。要扎实推动信访工作示范县建设活动，严格落实“属地管理、分级负责，谁主管、谁负责”的工作原则，把牢解决问题的“初始关”，依法及时就地解决群众合理诉求，有效推动基层信访工作平衡发展，提升整体水平。要组织开展寻找“最美信访干部”活动，力争发现并推出一批立得住、叫得响、群众公认的先进典型，更好地引导广大信访干部见贤思齐，让良好作风在全系统蔚然成风，全面深入报道典型人物的先进事迹，充分展现信访干部的精神风貌。 2021年12月15日	3. 结语：总结全文，指明完成计划要采取的措施，提出要求

【实践训练】

■ 任务1——根据工作情境撰写一份专项工作计划

202×年，石门市桥东区柳辛庄社区为大力弘扬中华传统美德，加强家庭家教家风建设，决定利用三个月的时间在全社区开展“传家训、立家规、扬家风”活动，并希望以此活动树立桥东区精神文明建设的品牌项目。本次活动初步分为传承好家训、培育好家风、建设好家庭三个主题活动；从3月启动到5月底结束，共设计宣传发动、组织实施、总结表彰三个阶段；活动的总体要求是加强领导、提高认识、精心组织、创新方式、广泛宣传、营造氛围。

请你以柳辛庄社区居委会的名义撰写一份专项工作计划。

■ 任务2——根据工作情境撰写一份专项活动计划

艾仕国际服装设计公司为了推进学习型企业建设的发展，充分发挥读书活动在企业建设中的重要载体作用，为公司改革发展提供人才保障和智力支撑，决定在202×年全年开展读书活动，并制订了较为详细的计划。本次读书活动以习近平新时代中国特色社会主义思想为指导，结合“学习型组织建设”和“岗位成才、岗位建功”活动，坚持以科学的理论引导人、以知识的阳光惠及人、以先进的文化熏陶人、以榜样的力量激励人，倡导“爱读书、读好书、善读书”的良好风气，不断拓展读书活动新领域，探索新时代读书活动的新途径，扩大读书活动的参与面和覆盖率，使读书活动的开展成为学习型组织建设的重要载体和基础工程。

本次读书活动的重点有三个方面：一是结合实际，形成读书活动品牌项目。读书活动旨在通过组织开展群众性的读书项目，发掘员工的成长潜力，形成浓厚的学习氛围，推动企业的经营发展。二是发挥功能，倡导读书明理知耻。要把开展读书活动和践行社会主义核心价值观结合起来，充分发挥读书活动自我教育的特点和优势，真正使“社会公德、职业道德、家庭美德、个人品德”融入每个员工的价值理念。三是开拓创新，多管齐下推进读书活动。要把读书活动渗透到企业经营、生产、服务、管理的各个方面。同时，艾仕国际服装设计公司还提出搭建员工读书活动平台、开展网上学习交流活动、读书活动要有新突破、增强读书活动的覆盖面和影响力、读书活动要树立新典型等具体要求，并计划在读书活动结束后进行读书活动先进单位和读书优秀品牌项目的评选活动。

请你以艾仕国际服装设计公司的名义撰写一份专项活动计划。

项目二　总结的制作

【工作情境】

文媛借调到石门市桥东区信访局工作已经快一年了，2022 年即将结束，2023 年就要来临，一年的工作都要在年尾做一下回顾，检查年初的计划是否落实、安排的工作是否完成。信访局办公室主任孙明正召开办公室全体工作人员大会，对办公室一年的工作做了回顾，尤其是对一年来秘书的文稿制作质量逐步提高提出了表扬。同时也强调，作为领导的参谋助手，有一些工作要主动去做，例如，年初安排了信访局信访工作计划，年末需要跟进完成有关信访工作的总结，并把此项工作交给文媛去办理。文媛将年初制订的信访工作计划文档调出来，将总结的重点放到年初计划所强调的工作目标和措施上。但是年初的计划涉及信访局各个部门，文媛请示办公室主任孙明正是否可以向各个部门电话通知，收集本部门的信访工作实绩，在一周的时间内以电子文本的形式提交给办公室，办公室再综合分类，形成信访局 2022 年的工作总结。孙明正主任对此表示赞成，很快，各部门的材料就汇总到了文媛手中。

【项目分解】

文媛将各部门的总结材料进行汇总，并对将要完成的总结项目进行分解。

总结是单位或个人对前一阶段的工作或活动，进行全面、系统的回顾、分析研究，从中找出经验教训，得出规律性的认识，明确今后的努力方向，从而写成的书面材料。

常用的小结、体会，也是总结，只是它反映的内容较为单纯或经验不成熟、时间较短、范围有限。

总结具有客观性、说理性、自我性的特点。

总结是对已经做过的工作实事求是的总结，应该完全忠实于客观事实，它里面所用的所有材料，包括细节都必须是实际做过的，不能添枝加叶、无中生有，也不能只报喜不报忧或只报忧不报喜，为了哗众取宠而任意虚构更是不允许的。总结不是单纯的叙事性或说明性文体，不能只局限于罗列已经做过哪些工作，而是要在说明做了哪些工作、取得了哪些成绩的基础上，对已经做过的工作进行深入分析并给予适当评价；总结仅针对本系统、本单位或者本人前阶段的工作。

总结有不同的类别。

总结按内容分为工作总结、学习总结、思想总结、活动总结等；按时限分为年度总结、季度总结、月份总结、阶段总结等；按范围分为个人总结、班组总结、部门总结、地区总结等；按性质分为全面总结、专题总结等。

总结最常用的是全面总结和专题总结。

全面总结要求较全面地总结一个单位、部门或一个人各方面的情况，如年终总结、阶段总结等。这类总结一般是对做完的工作进行一次总的回顾和检查，从中找出经验和教训，以发扬优势、克服缺点，把今后的工作做得更好。专题总结是对某一项或某一方面的问题进行专门的总结。它一般选取工作中的突出成绩、典型经验或者存在的问题进行分析研究，以便指导工作。专题总结针对性强、使用广泛，写这类总结，要明确总结的重点，不能把面铺得过宽。专题总结经常用于揭露某些问题。

本项目是年度专项工作总结。

【任务下达】

文媛结合总结的客观性、说理性和自我性的特点，确定了本项目总结文稿撰写的具体任务。

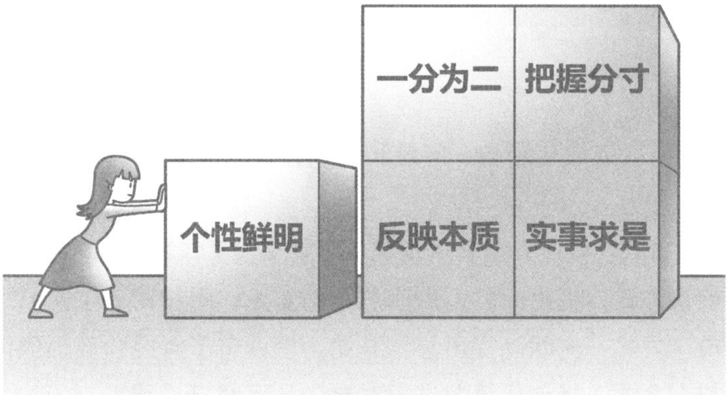

总结的制作

◇ 以石门市桥东区信访局的名义撰写一份有关信访工作的总结。

◇ 总结的文本格式要按照国家标准的格式进行撰写。

◇ 撰写总结不论是写成绩还是缺点，都必须准确把握分寸，实事求是地叙述事物发展的全过程，用“一分为二”的方法，研究事物的内部联系，寻找其中的规律性。成绩不夸大，缺点不缩小。

◇ 总结的内容要有个性，写一个单位的总结，一定要抓住本单位最突出的、最能反映客观事物本质特点的、具有鲜明个性和特色的东西，切忌人云亦云。

◇ 总结要巧用表达方式，叙述、议论是总结最常用的表达方法。在说明工作过程、列举典型事例时，应以叙述为主；分析经验教训、阐明努力方向时，应以议论为主。叙述是议论的依据，议论又是叙述的分析综合和提高。

【制作要诀】

总结的制作

总结和计划的构成基本一致，都是由标题、正文、落款三大部分组成。

■ 标题

总结的标题通常有两种写法。

◆ **直书其事的标题方式**

即单位名称＋时间＋内容总结，例如《石门市桥东区信访局2022年信访工作总结》，此种写法一般多用于综合性总结。

◆ **概括总结内容，展示前景的标题形式**

即直接概括一年的工作中心作为总结的标题，例如《创新普查举措，强化质量控制》《在调整中继续前进的一年》。也可以采用双标题的形式，正标题生动形象，副标题表明总结所要叙述的主题，例如《开展读书活动　锤炼干部队伍——石门市公安局读书月活动工作总结》。

■ 正文

正文一般由前言、成绩和经验、问题和教训、结尾组成。

◆ **前言**

◇ 概述式前言方式：概述介绍基本情况，简要交代工作背景、时间、地点和条件等。

◇ 提问式前言方式：提出问题，点明总结的重点，引起读者注意。

◇ 结论式前言方式：先明确提出总结结论，使读者了解经验教训的核心所在。

◇ 对比式前言方式：将前后情况进行对比，从而突出成绩。

◆ **成绩和经验**

这是总结的精华和重点部分。成绩是指实践过程中所取得的物质成果或精神成果；经验是取得优良成绩的原因和条件，如正确的指导思想、积极的工作态度、科学的工作方法、坚强的意志等。这部分的结构方式要依据总结的目的、作用来决定。旨在向上级汇报工作或向本系统、本单位职工总结工作的，多采用先谈取得的主要成绩，然后概括出几条经验体会的方法。旨在总结取得重大成绩的某项工作，并要向外介绍经验的，常采取先提问题，叙述取得的巨大成绩，然后着重谈经验体会的方法。写好这部分内容，必须力戒就事论事，要在对过去工作情况的分析研究中提炼出带有理论色彩的观点，以便指导今后的工作。要求做到材料翔实、言之有物、条理清晰、脉络分明，能给读者留下深刻印象，使读者受到启迪。

◆ **问题和教训**

总结的写作要用一分为二的方法，既总结成绩、经验，也要找出存在的问题和教训。存在的问题和教训，这两者是有区别的：存在的问题，是指在工作实践中切实感到应该解决而暂时没有解决或没有条件解决、没有办法解决的问题；教训，是由于指导思想不明、方法不当，或由于其他原因犯了错误，造成了损失而得出的反面经验。总结存在的问题和教训是为了进一步做好工作。因此，我们要着重分析问题和教训存在及产生的主客观原因。当然，这部分内容也可视总结的重点来取舍。如果是着重反映问题的总结，则应把这一部分当作重点写；如果是专门总结成功经验的总结，也可以不涉及存在的问题和教训。这部分要根据实践活动的具体情况和总结的目的要求而灵活处理。

◆ **结尾**

◇ 高度概括式：对全文作一高度概括性的总评。

◇ 结尾号召式：在总结的结尾处发出号召。

◇ 指出问题式：在总结的结尾指出存在的问题，并提出今后的努力方向。

■ 落款

总结的落款包括署名和日期。标题中已标明，或标题下已署名，结尾则可不写。个人总结署名，一般写在正文的右下方。

【范例与模板】

[范例]	[模板要素]
石门市桥东区信访局 **2022 年度信访工作总结**	**标题：** 发文单位 + 时限 + 事由 + 文种
2022 年是我们党和国家在历史上具有里程碑意义的一年，在全面推进党和国家各项事业新的伟大实践中，桥东区信访局深入学习领会习近平总书记关于加强和改进人民信访工作的重要思想，认真学习贯彻党的二十大精神，坚决贯彻落实习近平总书记重要指示精神和党中央、国务院及省委省政府的决策部署，牢记为民解难、为党分忧的政治责任，坚守人民情怀，坚持底线思维，紧紧围绕年初制定的工作计划，扎实推进信访工作，为服务石门市工作大局、助力石门市经济社会秩序加快恢复做出了积极贡献。现将 2022 年度信访工作总结如下。	**正文：** 1. 前言：概述介绍基本情况 “现将 2022 年的工作总结如下”是过渡句
一、坚持不懈将党的政治建设融入信访工作 2022 年度区信访局始终旗帜鲜明讲政治，引导广大信	

访干部坚持“两个确立”、增强“四个意识”、坚定“四个自信”、做到“两个维护”，把党的政治建设融入信访工作全过程各方面，永葆信访干部队伍忠诚、可靠、纯洁的政治本色。区信访局全体干部职工始终同以习近平同志为核心的党中央保持高度一致，不断提高政治领悟力、政治判断力和政治执行力。始终牢记初心使命，带着感情和责任做好了解民情、集中民智、维护民利、凝聚民心的工作，始终牢记、忠诚履行为民解难、为党分忧的政治责任，让人民群众有更多的获得感、幸福感、安全感。全年区信访局党组深入基层调查研究、解决问题 127 次。 二、强力化解信访积案专项工作的矛盾风险 2022 年度区信访局强力推进“治理重复信访、化解信访积案”专项工作，使信访存量得到有效缓解。全局上下以时不我待的紧迫感和事不避难的担当精神咬定目标、狠抓落实，不断巩固扩大治理化解成果，抓治理化解进度，逐案落实化解责任。由局党委书记和局长包案牵头解决重点信访问题 10 项；其余信访遗留问题件件有人抓、有人管，限期交账。将积案化解与帮扶救助、思想疏导等工作一体抓，全年化解积案 36 件。依法按政策解决好群众的合理合法诉求，确保化解效果经得起检验。 三、加强信访改革制度守正创新的顶层设计 2022 年度区信访局加强信访改革的顶层设计，围绕加强党对信访工作的全面领导，健全信访工作体制，完善信访工作联席会议机制，健全“党政同责、一岗双责”的责任体系，压实各级各部门和领导干部信访工作责任，不断增强信访制度的系统性、整体性、协同性，实现信访工作法治化、信息化、科学化。信访局强化问题导向，从健全信访工作标准体系、完善信访业务各项制度规范着手，进一步加强和改进群众来信、走访、网上投诉办理和信访督查工作，提高来信办理水平，全面及时准确报送重要信访信息，制定有关信访信息管理有关规章 4 个；完善依法逐级走访工作，改进网上信访事项办理方式方法，建立“一站式”网上信访大厅，快速回复告	2. 成绩和经验：总结的精华和重点部分，分条列项，条理清晰，脉络分明

知，缩短办理时限，加强跟踪督办，更加高效地解决问题，全年走访信访户 51 户，处理网上信访事项 2 100 余项。

四、大力加强信访源头工作的基层基础建设

2022 年度大力加强基层信访工作网络建设，建立县级信访部门、乡街定期派人到社区巡回接访制度，把信访服务送到群众的家门口，总结推广在街道设立信访工作联席会议的经验做法，统筹基层社会治理资源力量，做实矛盾纠纷化解实战化平台。完善源头化解的工作机制，推动重大决策社会稳定风险评估机制落实，注重发挥基层党组织、群众自治组织作用，组织群众民主协商解决发生在身边的矛盾问题，进一步加大矛盾纠纷排查化解力度。组织律师和心理咨询师等专业人士、群众志愿者等第三方参与信访工作的组织形式和制度化渠道，引导社会各方力量积极参与接待群众、化解纠纷、防控风险等工作，助力解决信访难题。

五、全力以赴为党的二十大胜利召开营造良好的社会环境

2022 年度区信访局开展了“党史学习 100 问竞赛”“我为群众办实事”“大督查大接访大调研”等一系列活动，通过活动广泛汇集社情民意，维护了群众合法权益，促进了社会和谐稳定；大力倡导“提高效率、转变作风、服务基层和群众”，及时就地解决信访问题、化解突出矛盾，取得明显成效。

2022 年信访工作按计划圆满完成，2023 年我局将全面贯彻党的二十大精神，继续落实习近平总书记关于信访工作的重要指示批示和党中央、国务院关于信访工作的决策部署，坚持以人民为中心，继续组织开展集中治理重复信访、化解信访积案专项工作和大督查大接访大调研活动，持续推进信访工作体制机制改革，强化信访工作基层基础，为高质量完成 2023 年各项工作任务提供坚强保障和有力支撑。

结尾：

对 2022 年工作做出总结性评价，并对 2023 年的信访工作发出号召

【实践训练】

■ 任务 1——根据工作情境撰写一份专项工作总结

自 202× 年 3 月 1 日至 4 月 10 日，桃园信用社在石门联社的安排部署和帮助指导下，开展了“正风守纪”教育活动。为深入开展此项活动，桃园信用社成立了“正风守纪”教育活动领导小组，由王力同志任组长，尹正飞、张景光为组员。此次活动分为动员发动、教育学习、查摆问题、整改落实四个阶段。这四个阶段的教育活动收到了良好的成效，尤其是后三个阶段成效显著。在教育学习阶段，着力从提高思想认识、激发内在动力，打牢理论基础、坚定理想信念，发挥模范作用、查找突出问题，强化党员意识、细化先进要求，严格学习纪律、保证学习效果五个方面下功夫、求实效。全社员工严格按照系统学习、全面把握、深入领会、学以致用、边学边改的要求，采取集中学、小组学、自学等方法，按照规定的时间、人员、方法、程序和要求，圆满完成了联社“正风守纪”学习规划规定的学习材料的学习，从而深化了学习效果，达到了预期目的。在查摆问题阶段，抓住深入查摆、深入剖析做工作，认真开展民主评议，通过严肃认真、求真务实的个人自查报告，民主评议，找到问题症结。在整改落实阶段，注重以“整改见实效”为抓手。一是明确主要任务，确立整改方向；二是强化领导责任，落实工作职责；三是制定整改方案，落实整改措施。通过这次“正风守纪”教育活动，桃园信用社全体员工普遍感到受益匪浅，这是历次教育活动少有的，全体员工的精神风貌进一步得到改善，工作作风有了明显的转变，思想进一步得到升华，收到了良好效果。

请你以桃园信用社的名义撰写一份专题工作总结。

■ 任务 2——根据工作情境撰写一份综合工作总结

石门市桥东区庄窠社区是一个模范社区，202× 年在区委、区政府的正确领导下顺利完成了上级下达的各项工作指标。庄窠社区在 202× 年深入学习习近平新时代中国特色社会主义思想，不忘初心，牢记使命，扎实推进社区公共安全、法制建设、民生保障等工作，实现了年初制订的工作计划。主要工作情况如下：

第一，以党支部建设为龙头完善管理机制。社区党支部完善民主生活制度，坚持学习制度，不断加强和改进党员教育管理方式方法，充分发挥党支部在社区各项工作中的领导核心、战斗堡垒和党员的先锋模范作用；加强社区党支部班子的思想作风、工作作风和领导作风建设，提高领导班子的综合素质，严格坚持党的组织纪律，开展批评与自我批评；加强党风廉政建设，为了更好地贯彻落实党和国家反腐倡廉的重大决策，社区党支部经常不定时地组织社区党员和居民群众观看教育专题片，学习党风廉政建设及反腐败警示片，使廉政文化深入人心。

第二，圆满完成党支部和社区的换届选举工作。今年是社区换届选举年，庄窠社区是采取户选方式选举的社区，结合本社区实际情况：一是调研摸底到位。通过深度入户调查，了解现有实际情况，对选民进行摸底登记。二是宣传发动到位。发动各方力量积极参与，并通过宣传标语、横幅、公开信、板报等形式，大力宣传换届的政策、意义、要求，为换届工作营造良好氛围。三是教育培训到位。采取参加地区培训、以会代训及组织自学等方式，使选举委员迅速掌握换届选举的法律法规，熟悉操作程序和要求，做到依法办事。四是活动质量到位。精心组织一些喜闻乐见、有利于居民的专题活动，让居民了解社区情况，并通过选举锻炼社区居干能力、改进社区工作作风。

第三，加强综合治理和安全生产工作。庄窠社区认真落实社会治安综合治理，为了强化社区的治安环境，完善了各项工作制度，组建成立了社区治安巡逻队伍，巩固了三级治安联防网络，为创建“无案、无毒、无赌”社区开展了多种活动，档案资料齐全。在工作中，社区工作人员及时上报各类信息，并开展法制、禁毒宣传和科普教育活动20余次。在工作中发现矛盾纠纷及时排查调处，202× 年社区共调解居民纠纷11起，调解排查率100%，调成率100%。对社区矫正对象定期不定时地进行家访，及时了解他们的思想动态和生活状况，坚持“预防为主，打防结合”的原则，积极营造平安社区氛围。

第四，以“创全国文明城市和省级文明城区”为抓手，着力提高居民的卫生意识。将本社区划分为五个卫生责任片区，成立了一支由社区干部和居民小组长组成的卫生监督队，开展经常性的健康教育活动。

第五，加强社区的自身建设，活跃社区文化，弘扬文明之风。一年来，庄窠社区紧紧围绕区委、区政府建设和谐社区的工作部署，真情面对社区工作中点点滴滴的琐事难题，真诚帮助解决居民群众关心的热点、难点问题，为全面推进和谐社区建设、全面构建和谐社会的战略部署贡献力量。

请你以石门市桥东区庄窠社区的名义撰写一份综合工作总结。

项目三　调查报告的制作

【工作情境】

文媛在石门市桥东区信访局的工作得到了很多领导和同事的帮助，进步非常快，已经由一名稚嫩的大学生成长为一名较为合格的文员。许多有经验的同事常常提醒文媛，各种办公文件要想完成得好，工作经验是必不可少的，如果对一线的工作不熟悉，就很难写好应用文，文稿的制作最忌讳闭门造车。所以，每当信访局办公室下基层搞社会调查研究时，老同志们都乐意带文媛一起下去做社会调查研究工作。2022 年 6 月，信访局办公室听到大家都在议论桥东区各社区积极解决居民就业困难，化解了社会矛盾，缓解了信访局的压力。局领导要求信访局同志下去做社会调查，了解各社区解决社会矛盾、缓解信访压力、促进经济发展的经验做法。信访局办公室接到任务后，将这项工作交给了接待科科长张高翔同志。张高翔为了提高文媛的工作效率和写作水平，安排文媛随行。文媛的主要任务是发放问卷、统计数据、登记记录，并对相关调查的情况和数据进行统计归纳和整理，形成书面性材料，供领导参考。

调查报告

【项目分解】

文媛跟随张高翔科长经过两天的一线调查，收集了大量的数据。文媛认为应当以调查报告的形式将调查获得的资料进行整理，上报给领导。

调查报告是对实际工作中出现的典型问题、重大事件、特别情况等进行深入调查，占有丰富的资料，进行系统、科学和周密的整理，根据实际需要进行分析、归纳综合后撰写的书面报告。

调查报告与公文中的“报告”有所不同。公文中的“报告”侧重于汇报日常工作，供主管领导部门指导工作时参考。而调查报告不限于日常工作，凡与日常工作有关的重大情况、典型事件、经验或教训等带有普遍意义的问题，都可用调查报告的形式予以反映。调查报告的范围较为广泛，内容也较复杂，可供内部参考，也可公开发行。

调查报告具有社会性、针对性、真实性和典型性的特点。

调查报告作为时代的镜子，从各个不同的侧面客观地反映社会情况和问题，具有明显的社会功能；调查报告所总结的典型经验对社会各方面具有指导意义；调查报告所揭露的问题对社会各方面具有警诫作用；调查报告的目的是为了总结经验、推动工作的深入开展，或者是为了揭示和披露社会生活中的焦点问题。任何社会调查的目的都是为了了解客观实际，发现问题，解决问题，掌握规律。调查报告必须从工作实际出发，从客观存在的问题入手，有针对性地深入调查研究，回答大家所关注的问题，督促有关方面解决迫切需要解决的问题。调查报告的生命在于用事实说话，因此材料的真实和准确是首要的。调查报告采用的材料应是经过科学处理和认真核实鉴别的，而不是道听途说的；应是具体的，既有点又有面的，而不是抽象的。调查报告具有典型性，典型事物最能反映一般事物的本质与规律，是为了解决某个问题、总结某项经验、研究事物的发展趋势而写作的，因此需要恰当地选择典型，解剖麻雀，探索事物的发展规律，寻求解决矛盾的办法。

调查报告从不同的角度可以划分为不同的类别，根据调查对象所反映的不同内容来划分，可以分为经验性调查报告、揭露性调查报告和情况性调查报告。

经验性调查报告主要是反映社会实践中具有一定典型性的经验，以介绍先进的典型经验为主；揭露性调查报告是揭露现实生活、工作中某些不良的倾向和损害人民利益、违反社会公德的事件；情况性调查报告是反映某地区、单位、行业或某一方面的基本情况、发展状态的调查报告，它涉及政治、经济、军事、文化等诸多方面的内容，对正确制定党的路线、方针、政策有重大意义。

本项目是情况性调查报告。

【任务下达】

张高翔科长仔细审查了文媛收集的辖区内社区解决居民就业创业的有关情况和数据，下达了撰写调查报告的具体任务。

◇ 以石门市桥东区信访局的名义撰写一份有关桥东区居民求职情况的调查报告。

◇ 调查报告的文本格式要按照国家标准格式进行撰写。

◇ 撰写的调查报告内容要全部来自本次的社会调查，对调查所得的材料要认真分析研究，对材料要有一个去粗取精、去伪存真、由个别到一般、从表象到本质的提炼过程，找出事物发展的规律性，概括出合理的观点。

◇ 完成撰写调查报告的任务要注意观点与材料统一，不能满足于材料的堆积和数字的罗列，必须既有材料，又有观点，观点统帅材料，材料说明观点，切忌观点和材料脱节，更要防止二者相抵触。作者要在反映情况的基础上提出有见地、有说服力的分析意见和相应的建议。

◇ 调查报告的语言要准确、简练、朴实。也可以使用小标题，做到简洁、醒目、突出主旨。

【制作要诀】

调查报告一般由标题、正文、落款三部分构成。

■ 标题

调查报告常用的标题形式有单标题和双标题两种。

◆ 单标题形式

◇ 公文式标题形式：由调查对象+调查内容+文种构成，例如《关于桥东区居民求职情况的调查报告》《关于区县司法局局长岗位培训问题的调查报告》等，其标题就鲜明地点出了调查的内容、范围，使人一看就知道主要内容。

◇ 文章式标题形式：根据行文需要或者文章的主题拟定题目，例如《海航究竟飞出了什么？》《奢侈生活的怪象》等。

◆ 双标题形式

双标题也称为正副标题。正标题揭示调查报告的主题或提出中心问题，副标题对正标题进行补充，通常标明调查对象、内容和文种，说明在什么范围内关于什么问题的调查。这类标题把调查报告的主题和内容结合起来，便于人们理解和把握调查报告，如《打造文明之师——来自“全国创建文明行业示范点”洛阳吉利区法院的调查报告》《靠名牌博得市场——关于深圳市飞亚达股份有限公司的调查报告》等。

■ 正文

正文包括前言、主体和结尾三部分。

◆ 前言

即调查报告的开头。这部分要简洁明快，直截了当，揭示本质；要有吸引力，能引起读者的兴趣。开头的写法也很多，主要有：

◇ 简介式：交代调查的经过，如调查的时间、地点、课题、经过、方式等。

◇ 结论式：前言先写调查报告的结论。

◇ 评述式：针对调查的问题说明意义，并进行简要的评述。

◇ 提问式：提出中心问题，引起读者的思考和兴趣。

◆ **主体**

主体是调查报告的核心部分，是对前言的展开，要对开头提出的问题或做出的结论进行分析、说明和阐述。这部分要介绍调查的主要内容，包括事实的真相、经验和教训等。总之，要做到前后有序，详略得当，重点突出。

主体部分的结构形式大约有三种。

◇ 纵式结构：即按照事物发生发展的先后顺序组织材料、安排层次。这种结构适合反映新生事物、揭露问题、内容单一的调查报告。

◇ 横式结构：按照事物的内在逻辑关系进行综合归纳，将主体分为几个并列部分，分别采用小标题法或加顺序号进行叙述说明。这种结构适合事物发展过程复杂、前后经历时间较长的调查报告。

◇ 综合结构：这种结构兼有纵式和横式两种结构特点，互相配合，恰当地组织安排材料。一般在叙述和议论发展过程时，采用纵式结构；而写收获、体会和经验、教训时采用横式结构。

◆ **结尾**

调查报告的结尾应简明扼要，或者总结全篇主要观点，借以加深读者印象；或者指出存在问题，提出建议；或者对所调查的现状作归纳说明，指出其发展远景；等等。也有的在主体结束之后意尽言止，自然收尾。

■ 落款

署名可以放在标题下面，写明调查单位名称或个人名称；也可以署在调查报告结尾之后，然后注明日期。

【范例与模板】

［范例］	［模板要素］
关于桥东区各社区促就业保稳定的调查报告 受疫情影响，2022 年的就业形势十分严峻。许多小微企业和个体工商户的经营遇到困难，同时，全国高校毕业生的总规模达到 1 076 万，同比增加 167 万。面对严峻复杂的就业形势，石门市桥东区各社区居委会千方百计拓展市场性就业岗位，保证了桥东区民生稳定，积累了开展就业工作的一些经验。近期，我局对辖区内的 20 个社区居委会进行了相关的调查研究，现将有关情况报告如下。	**标题：** 采用的是公文式标题形式，即调查对象 + 调查内容 + 文种 **正文：** 1. 前言：针对当前就业形势和居委会的工作进行简要评述，交代了调查的时间和调查对象

一、做好就业意向调查 在市场经济条件下，求职者对于通过人力资源市场和各社区居委会寻找工作是否具有充足的信心，是衡量就业质量、就业环境和就业充分程度的重要指标之一。桥东区各社区居委会协助人社局开展了居民求职信心的调查，在本区以抽样调查的方式，在全区10个社区居委会，随机抽取了500户居民家庭，以样本家庭中16周岁以上的求职者为调查对象，进行了问卷调查。求职者对找到工作都有信心，对于能否寻找到满意工作这个问题，表示“非常有信心”的市民约占17.4%，表示“比较有信心”的约占24.2%，两者合计对寻找工作持乐观态度的居民约占41.6%；对于寻找满意工作“没有信心”的占到59.4%。从不同年龄段的求职者群体的情况来看，求职信心指数存在较为明显的年龄差异。90后群体均对求职抱有信心，而随着年龄的增长，求职信心则呈现下降的趋势。高学历群体求职信心指数较高，中低学历劳动者求职信心略显不足。 二、有的放矢匹配岗位 各社区居委会通过求职者信心的调查，适时稳定失业者的焦虑情绪。根据求职者平均期望的月薪和工作单位的位置要求，与人力资源市场密切合作，有的放矢为其匹配合适的工作岗位，并面向各类求职者提供公益免费的职业介绍服务，以及配套的职业指导、职业培训等政策和服务，受到求职者的认可和欢迎，社会影响力不断提升。2022年上半年为16~35岁求职群推荐提供就业岗位1 000余个，为36~50岁求职群推荐提供就业岗位800余个，为51~65岁求职群推荐提供就业岗位1 500余个。 三、鼓励创业带动就业 各社区居委会的调查数据显示，居民有着创业的动力，但同时受疫情影响，居民创业选择更趋理性。根据2022年最需求的岗位机械加工类需求30.6%、贸易销售类需求15.4%、服务业需求13.8%情况分析，鼓励有技术的年轻人在机械、销售等工作领域进行创业，鼓励年龄较大的人员在服务行业创业。各社区积极开发创业途径，在各个社区	2. 主体：调查报告的核心部分。以小标题的形式分条列项介绍居委会开展就业工作的经验

居民早餐、社区保洁、养老服务等方面提供创业便利，创业带动就业的倍增效应明显。2022 年通过各项政策帮扶引领，各社区居委会共帮助 123 人实现了成功创业。 四、技能培训提升能力 各社区居委会结合劳动需求总量大于供给的岗位，加强培训与就业的衔接，推动素质就业、稳定就业。培训主要包括电工、焊工、农艺工、育婴员、个人美容师、家政服务员等，通过订单式培训、菜单式教学、跟进式就业的培训模式，面向各社区各类劳动者开展技能培训、创业培训和岗前培训，通过培训使无业人员掌握了更多相应专业的基本务工技能，不仅提升了求职者的职业技能、就业意愿，还为创业者提供了培训平台、招聘渠道。2022 年上半年培训人数达 580 人。	
就业工作是最大的民生，在目前我国经济面临需求收缩、供给冲击、预期转弱三重压力的情况下，桥东区各社区千方百计促进辖区的社会稳定，通过摸清底数、寻找岗位、加强培训、政策帮扶等举措解决居民的就业和再就业，使社会矛盾化解，信访压力缓解，是值得推广的经验，也是在 2023 年信访局应关注的重点工作。	**结尾：** 总结全篇主要观点
石门市桥东区信访局 2022 年 7 月 2 日	**落款：** 开展调查的单位及成文日期

【实践训练】

■ 任务 1——根据工作情境撰写一份经验性调查报告

石门市近几年的乡村旅游业正在悄然兴起并蓬勃发展。市政府研究室会同市旅发委就乡村旅游产业发展进行了调查，调查主要有两方面的内容：一是石门市乡村旅游发展的基础和现状，二是存在的主要问题和不足。

经验性调查报告的制作

石门市的乡村旅游起步于 21 世纪初城郊的农家乐，经过 20 年的发展，正在实现由自发到自觉、由局部到整体、由零星到规模化发展的转变，乡村旅游已成为我市旅游业新的成长点，发展前景广阔，主要体现在发展乡村旅游的资源异常丰厚、发展乡村旅游的共识已经形成、乡村旅游发展势头良好，乡村旅游开发模式多样等多方面。但乡村旅游发展中存在的主要问题与不足也亟待解决，如产品特色不够鲜明、基础设施相对薄弱、服务管理有待提升、旅游资源整合不足，建设资金严重缺乏等。

为此，调查报告也提出了加快发展乡村旅游的对策与建议：坚持规划先行，凸显乡村旅游特色；完善旅游配套，增强乡村旅游发展后劲；要以实施乡村振兴战略为契机，积极争取项目资金；强化管理服务，提升乡村旅游品质；加强资源整合，打造乡村旅游品牌；拓宽融资渠道，破解乡村旅游发展瓶颈。

请你在补充资料的基础上代石门市政府研究室撰写一份经验性调查报告。

■ 任务 2——根据工作情境撰写一份揭露性调查报告

揭露性调查报告的制作

从我国第一例艾滋病发现至今的近 40 年里，随着科学研究的不断深入，人们对艾滋病的了解也越来越多，但是，艾滋病患者和病毒感染者的生存环境依然十分严峻。石门市艾滋病预防协会在市区内进行了有关艾滋病人生存环境的社会调查。结果显示，被调查的艾滋病人中有 41.7% 的受访者称曾经受到过艾滋病相关歧视，超过 2/3 的人表示家庭成员曾因自己的感染状况受到过歧视。在知晓被感染者的感染身份后，1/4 的医务工作者、超过 1/3 的政府官员和教师持有负面和歧视的态度。有超过 12% 的受访者表示，自检测出艾滋病感染后曾至少一次被拒绝就医。艾滋病病毒感染者和患者遭受最严重的歧视是就业歧视，这一现象的发生率几乎是 100%。目前这种歧视已造成恶性循环，艾滋病病毒感染者和患者会受到普遍歧视，根源还在于社会各方面，甚至包括医疗和卫生部门对艾滋病的不了解，对防控艾滋病知识的传播不力，当然还有根深蒂固的对性传播疾病的鄙视。减少对艾滋病毒感染者和患者的歧视是确保战胜艾滋病的关键因素，要达到这一点首先要加强对医疗卫生专业服务人员的培训，提升他们的专业服务水平，同时在全社会进行防治艾滋病知识宣传，减少对感染者的歧视和侮辱。当艾滋病病毒感染者和患者的权益得到保护，在生活、就业等方面享受与正常人一样的权利之时，阻遏艾滋病的传播才有可能实现，也才能谈得上社会公平的实现。

请你以石门市艾滋病预防协会的名义撰写一份揭露性调查报告。

模块七 经贸工作文书

知识目标

- 了解各种经贸工作的基本流程
- 熟悉经贸工作涉及的文书
- 掌握经贸文书的应用范围

能力目标

- 具备撰写经贸工作文书的能力
- 能够准确制作经贸工作文书

素质目标

- 培养适应社会主义市场经济的基本素质
- 培养科学合理的工作逻辑与思维方式

项目一　招标书的制作

【工作情境】

楚密、文媛和钟纪、司稳大学毕业五年后，召集在石门市的同学庆祝毕业五周年。在同学的聚会上，大家了解了彼此毕业后的工作情况，50%的同学都从事着文员或秘书的工作，每日都同文稿打交道，大家有了共同语言。在石门市体育局运动康复基地办公室工作的高文化却面露愁容，坦言自己遇到了难题，最近运动康复基地会议中心打算购置一批会议音响设备，按照《中华人民共和国招标投标法》的规定：在中华人民共和国境内进行下列工程建设项目包括项目的勘察、设计、施工、监理以及与工程建设有关的重要设备、材料等的采购，必须进行招标：(一)大型基础设施、公用事业等关系社会公共利益、公众安全的项目；(二)全部或部分使用国有资金投资或者国家融资的项目；(三)使用国际组织或外国政府贷款、援助资金的项目。康复基地办公室主任郝有才要求高文化针对购置音响设备事宜制作一份招标书。但这项工作涉及很多技术数据，这对于只关注文稿撰写的高文化就成了难题。大家听后纷纷出谋划策，最后决定向应用文写作老师刘敏慧寻求帮助。刘老师接到大家的求助信息后，及时给予了指导。刘老师提醒高文化，招标书最为关键的是招标项目和项目具体技术参数要明确。招标书的制作要提前做好市场调研，才能有的放矢。

招标书的制作

【项目分解】

在刘敏慧老师的指导下，高文化将制作招标书这一工作项目进行了分解，从而明确了自己写作的关键。

招标是招标单位公布招标范围、内容和具体要求，征求合作者承购或承包的行为。招标书就是招标单位利用投标者之间的竞争，为了达到优选买主或承包的目的，从而集各种优势于一家的商品交易行为所形成的书面文书。

广义的招标书是指招标方在招标过程中使用的各种文书，包括招标申请书、招标公告、招标邀请书、招标书、标底书、招标章程、中标通知书、中标合同等。上述文书根据不同的招标情况可以相应合并或拆分。狭义的招标书则指的是招标通告或招标启事。它提供全面情况，便于投标方根据招标书提供的情况做好准备工作，同时指导招标工作开展。因此招标书也被称为招标启事，是一种告知性的经贸文件。

招标书具有规范性、公开性、效益性和紧迫性的特点。

招标文书的制作过程和基本内容要符合《中华人民共和国招标投标法》的基本规定和要求。招标都是本着公开、公平、公正的原则进行的，因为招标本来就是横向联系的经济活动，凡是投标者需要知道的内容、条件、要求和注意事项（标底除外），都可以在招标书中公开说明和写清楚。通过公开招标，让众多的投标人进行竞争，从而以最低或较低的价格获得最优的货物、工程或服务，取得最佳的经济效益。招标单位或招标者只有在遇到难以解决的任务和问题时，才需要外界协助解决，而且要在短期内尽快解决，若有拖延，势必会影响工作任务的完成。

招标书的类型比较繁杂，由于划分标准的不同而有所区别。

按时间划分有长期招标书和短期招标书；按招标的范围分为面向企业内部、系统内部的招标书和面向全社会的公开招标书，或本地区招标书和外地区招标书、非竞争性招标书和排他性招标书等；按计价方式分为固定总价项目招标书、单价不变项目招标书和成本加酬金项目招标书等；按性质和内容分为工程建设招标书、大宗商品交易招标书、选聘企业经营者招标书、企业承包招标书、企业租赁招标书、劳务招标书、科研课题招标书、技术引进或转让招标书等。

招标书的具体项目分为招标申请书、招标通告、招标邀请书和中标通知书。

招标申请书是向上级招标投标管理机构提交招标申请的应用文本。招标通告是招标单位对外发布将要公开招标的信息所使用的应用文本。招标邀请书（招标邀请函）是招标单位邀请有关对象参加投标所使用的应用文本。中标通知书是招标单位发布中标信息时所采用的应用文本。

【任务下达】

高文化结合招标书具有的规范性、公开性、效益性和紧迫性的特点，确定撰写招标书的具体任务。

◇ 以石门市体育局运动康复基地会议中心的名义撰写一份招标书。

◇ 招标书的文本格式要按照国家标准的经贸类文书进行编制。

◇ 撰写招标书的内容要遵守国家法律规定，合法合理。

◇ 招标书所涉及的技术要素、质量要求表述要绝对准确，避免发生歧义。

◇ 语言表达要周密严谨、简洁清晰，内容要突出重点，切忌凌乱无序。

◇ 文风平和，涉及经贸活动要遵守平等、诚恳的原则。

【制作要诀】

招标书的制作

招标书的内容主要包括：招标单位和招标项目名称，招标项目的具体要求，投标资格与方法，技术、质量、时间等要求，投标开标的日期、地点和应缴费用等要素。在安排上一般由标题、正文与结尾三部分组成。

■ 标题

招标书的标题有三种基本类型。

◆ **完全式标题**

由招标单位名称 + 招标项目名称 + 招标形式 + 文种构成，例如《石门市体育局运动康复基地会议中心会议音响设备购置安装招标书》。

◆ **规范式标题**

通常由招标单位名称 + 招标项目名称 + 文种构成，例如《石门市体育局运动康复基地会议中心会议音响设备招标书》。

◆ **省略式标题**

一般省略招标项目，例如《石门市体育局运动康复基地会议中心招标书》；也可以只用文种，例如《招标启示》《招标书》。

■ 正文

正文由引语和主体两部分构成。

◆ **引语**

写明招标单位的基本情况以及行文的目的或事由。

◆ **主体**

主体的表述多采用条文式，有的也可以用表格式。对于招标的条件和要求、投标开标的日期等投标人应知事项，应简要概括，分条列出。

◇ 招标方式。

◇ 招标范围。

◇ 招标程序。

◇ 招标内容。

◇ 双方签订合同的原则。

◇ 招标过程的权利与义务。

◇ 组织领导及其他事项。

商品招标书要求标明商品的名称、数量、规格、价格等；科技项目招标书要求写清招标原则，项目名称，任务由来，研究开发目标，研究开发内容，经济技术指标，研究开发的进度要求、成果要求、经费要求，承包单位的条件及要求等；建设项目招标书应写明工程名称、数量、技术质量要求、进度要求和建筑材料的要求等。

■ 结尾

要写清招标单位名称、法人代表、签署日期并加盖公章，联系人姓名、招标单位的地址、邮政编码、电话号码等；必要时还可写上开户银行及账号。若是两个以上单位联合招标，应依次写明，落款单位不一定与招标单位一致，它可以是招标单位的上级主管部门，也可以是某一具体的承办部门。

【范例与模板】

[范例]	[模板要素]
石门市体育局运动康复基地会议中心 会议音响设备购置安装招标书	**标题：** 招标单位名称＋招标项目名称＋招标形式＋文种
项目编号：20230011 项目名称：石门市体育局运动康复基地会议音响采购	
一、招标目的 为满足日常各种会议的举办及中小型演出的需求，我局在运动康复基地建筑群内设立报告厅、多功能厅、培训会议室、小型会议室、自助餐厅、接待室。为了能以较高的性价比获得先进可靠的设备、安全稳定的运行环境，以优惠的价格获得优质的服务与技术培训，以有限的经费高质量、高标准地完成多功能厅、报告厅等各场所的系统建设，同时也为诸多愿意参与我方各系统建设的公司、厂商提供一个公平竞争的机会，特制定本招标书。	**正文：** 1. 引语：招标的缘由、项目内容、招标范围
二、建设目标 运动康复基地项目建设依照科学性、先进性、经济性、前瞻性的原则，力争建设成能够满足多种应用需求的	2. 主体：多采用条文式，有的也可以采用表格式 项目建设目标

标志性会议场所。选用当前最先进成熟的技术，确保其设备及技术在五年的时间里不落后。	
三、基本原则 所选的音视频设备应是技术含量高、性能可靠的主流产品。系统功能应具有一定的可扩展性，即选用可靠、先进、成熟的技术及有知名度的厂商的设备，所选的设备应具备易用、管理维护方便的特性。 设备整体布局要充分考虑现场环境，不能破坏原装饰特色。	项目招标遵循的基本原则
四、投标方须知 （一）投标单位必须具备的条件 1. 投标单位应具有独立法人资格，有独立承担民事责任能力。 2. 投标单位注册资金要求在 50 万元以上。 3. 投标单位应具有多年开发建设音视频系统、舞台灯光系统工程的经验及类似的成功案例，在标书内请附上两个或两个以上近两年内独自承担的相关项目业绩案例及可供联系的电话。 （二）投标费用 1. 无论投标过程中的做法和结果如何，投标方自行承担所有与参加投标有关的全部费用。 2. 投标报价统一为人民币报价，单位元。 （三）招标文件构成 1. 招标文件用以阐明所需货物及服务、招标投标程序。招标文件由下述部分组成：投标邀请书、投标方须知、设备清单、其他需要说明的事项。 2. 除非有特殊要求，招标文件不单独提供招标货物使用地的自然环境、气候条件、公用设施等情况，投标方被视为熟悉上述与履行合同有关的一切情况。 3. 投标方对招标文件如有疑点，可要求澄清，应在投标截止时间前按投标邀请中写明的地址以书面形式（包括信函、电报或传真，下同）通知招标方。招标方将视情况确定采用适当方式予以澄清或答复，并在其认为必要时，将不标明查询来源的书面答复发给已购买招标文件的每一个投标方。	**投标方须知：** 投标方应具备的条件、投标费用、招标文件构成及投标文件的编写和递交、开标和评标、授予合同等，因内容较多，可采用分条列项的方式来表述

（四）投标文件的编写

1. 投标方应仔细阅读招标文件的所有内容，按照招标文件的要求提供投标文件，并保证所提供的全部资料的真实性，以使其投标对招标文件作出实质性响应，否则其投标可能被拒绝。

2. 投标文件组成。

2.1　按招标文件的相关要求列出内容。

2.2　递交的投标书数量为：正本一份，副本三份（正本一包，副本一包）。投标书的有关部分应加盖投标单位公章，装入档案袋密封，封条上须加盖印鉴。在投标截止时间前由专人将投标书送至招标单位，招标单位将当场签字确认收到投标书的时间。

3. 投标报价。

3.1　按招标文件设备清单要求，投标报价表应分别报出设备单价和总价，不严格按照招标文件要求列出清单的将视为废标。

3.2　所报价格应包括运输、安装、调试、培训、税金、售后服务等与该系统工程相关的所有费用。

3.3　投标方应注明投标货物的单价和投标总价，投标方对每种货物只允许有一个报价，招标方不接受有任何选择的报价。

4. 投标方资格的证明文件。

4.1　投标方必须提交证明其有资格进行投标和有能力履行合同的文件，作为投标文件的一部分。

4.2　若投标方提供的货物及服务不是投标方生产或拥有的，则必须得到货物制造商和技术拥有者提供该种货物的正式授权。

5. 投标货物符合招标文件规定的技术相应文件及其供货周期。

5.1　投标方须提交证明其拟供货物和服务符合招标文件规定的相应文件，作为投标文件的一部分。

5.2　上述文件可以是文字资料、图纸和数据。

5.3　供货周期：合同签订后 15 日内供货，逾期一天按照合同总金额的 1‰处罚。

6. 服务要求。 6.1 投标方提供原厂商12个月质保承诺。 6.2 投标方在设备安装调试后，应提供相应的资料、使用说明等。 6.3 质保期内因投标方的因素出现的质量问题，投标方须在接到招标方通知后按承诺要求不超过4小时内派人进行免费维修、免费更换有缺陷的零部件，直至免费更换新设备。因设备本身问题在36小时之内仍不能排除故障，投标方应提供与原设备相同或不低于原设备档次的备用设备。故障排除后投标方应出具书面故障诊断报告备案。 6.4 出现故障后，投标方如未按上述要求进行响应，招标方可采取必要的补救措施，由此产生的风险和费用将由投标方承担。 7. 投标有效期。 7.1 投标文件规定的投标时间内。 7.2 特殊情况下，招标方可于投标有效期满之前要求投标方同意延长有效期，要求与答复均应为书面形式。 8. 投标文件的签署及规定。 8.1 投标方应准备一份正本和三份副本，并在投标文件上注明“正本”或“副本”字样，一旦正本和副本有差异，以正本为准。 8.2 投标文件正本和副本须打印并经由正式授权的投标方代表签字。 8.3 除投标方对错处做必要修改外，投标文件中不许有加行、涂抹或改写。若有修改须由签署投标文件的人签字。 8.4 电报、电话、传真形式的投标概不接受。 9. 投标保证金。 9.1 投标保证金为投标文件的组成部分之一。 9.2 投标方应向招标方提交20 000元作为投标保证金。 9.3 投标保证金用于保护本次招标免受因投标方的不当行为而引起的风险。 9.4 投标保证金币种应与投标报价币种相同。	

9.5　未按规定提交投标保证金的投标，将被视为投标无效。 9.6　未中标的投标方的投标保证金，开标后予以无息退还。 9.7　发生以下情况，投标保证金将被没收：开标后投标方在投标有效期内撤回投标；中标方未能按本招标书之规定签订合同；有恶意低于成本价竞标的投标方；未在标书要求的供货期内按时供货；有任何违法行为。 （五）投标文件的递交 1. 投标文件的密封和标记。 1.1　投标方应将投标文件正本和副本分别用信封密封，并标明招标项目名称、编号、正本或副本。 1.2　为方便开标唱标，投标方应将正本的投标函、开标一览表单独密封，并在信封上标明“开标一览表”字样。 1.3　每一密封信封上注明“于 202× 年 6 月 3 日开标之前不准启封”的字样。 2. 递交投标文件的截止时间。 2.1　所有投标文件都必须在招标方的投标邀请中规定的投标截止时间之前送至招标方。 2.2　因招标文件的修改推迟投标截止日期时，应按招标方修改通知规定的时间递交。 3. 招标方将拒收在投标截止时间后递交的投标文件。 （六）开标和评标 1. 招标方按招标文件规定的时间和地点开标。 2. 所有投标方案由石门市体育运动康复基地组织人员进行评审，投标单位须做方案说明。评审结果和中标单位由招标方根据品牌及方案等因素进行综合审定，无须向任何投标单位解释，招标方也不承担任何费用及责任。 3. 招标方在议标过程中，负责对投标单位标书保密，任何投标单位不得通过任何途径打听、窃取其他投标单位标书内容。 4. 标书报价应实事求是，招标方不再为方案中的报价与投标单位磋商，中标后方案报价即为商务谈判基价。投标单位不得自行提价，否则取消中标资格。 5. 投标方不得干扰招标方的评标活动，否则将取消其投标资格。	

<table>
<tr>
<td>
（七）授予合同
1. 资格最终审查。招标方将审查最佳投标者的财务、技术、生产和供货能力及信誉，确定其是否能圆满地履行合同。
2. 接受和拒绝任何或所有投标的权利。为维护国家利益，招标方在授予合同之前仍有选择或拒绝任何或全部投标的权利，并对所采取的行为不做任何解释。
3. 中标通知。
3.1　评标结束3日内，招标方将以书面形式发出《中标通知书》。《中标通知书》一经发出即发生法律效力。
3.2 《中标通知书》将作为签订合同的依据。
4. 招标方在授予合同时有权对招标文件中规定的货物数量和服务予以增加或减少。
5. 签订合同。
5.1　中标方按《中标通知书》指定的时间、地点与招标方签订合同。
5.2　招标文件、中标方的投标文件，均为签订合同的依据。中标单位自接到中标通知书后3日内与投标单位签署合同。
5.3　中标单位不遵守招标文件或投标书的要约、承诺，擅自修改报价或在接到中标通知书三天内，借故拖延、拒签合同者，招标单位即可直接扣罚投标保证金，同时取消该单位的中标权，另选其他投标单位中标。
5.4　签约后即为招标结束。招标单位对决标结果不负责解释。
5.5　合同付款：系统集成验收合格后，甲方支付合同款的60%；202×年1月31日前甲方支付合同款的35%；余下的5%待系统合格运行一年后一次付清。
石门市体育运动康复基地会议中心联系人：何先生，××××××××××××。
（其余见附件）

石门市体育局运动康复基地会议中心（印章）
202×年5月15日
</td>
<td>
结尾：
招标单位联系人、联系方式等
落款：
招标单位或招标单位的上级主管部门，也可以是某一具体的承办部门+签署日期
</td>
</tr>
</table>

附件 1：

表 7-1　石门市体育运动康复基地会议中心建设项目名称及功能参数表

地点	项目名称	功能需求
一区报告厅 310 m^2	扩声系统设备	必须选用知名品牌的音箱及功放和周边设备，满足会议发言及演讲、专题报告的扩音功能
	扩声功率	满足声场要求，传输增益、声场均匀度、语言清晰度符合文化和旅游部行业技术标准，达到一级
	视频系统	必须满足各种信号源的显示，LCD 投影机照度 ≥ 4 500 流明，对比度：1 000∶1，分辨率：1 024 × 768
	会议发言系统	能够实时控制与会人员讲话画面，能够实时控制与会人员（1+7 位）发言秩序，必须具有数字表决功能（20 位代表以上）
	视频显示控制及 RGB 信号切换	必须选用专业设备，能够控制 8 路电源、3 路音频及 4 路调光、RGB 矩阵等系统主要设备
二区功能厅 285 m^2	扩声系统设备	必须选用知名品牌的音箱及功放和周边设备，满足会议发言及演讲、专题报告、小型演出的扩音功能
	扩声功率	必须满足声场要求，传输增益、声场均匀度、语言清晰度符合文化和旅游部行业技术标准，达到一级
	视频系统	必须满足各种信号源的显示，LCD 投影机照度 ≥ 4 500 流明，对比度：1 000∶1，分辨率：1 024 × 768
	会议发言系统	能够实时控制与会人员讲话画面，能够实时控制与会人员（1+4 位）发言秩序
	视频显示控制及 RGB 信号切换	必须选用专业设备，能够控制 8 路电源、3 路音频及 4 路调光，RGB 矩阵等系统主要设备
	照明系统	必须满足会议照明、摄像照明并达到国家标准，同时必须具备小型演出灯光（使用阻燃电缆）

用表格形式列明所需设备的场地面积、设备名称及功能需求

续表

地点	项目名称	功能需求
二区培训室（2间）：61 m^2/间	扩声功率	必须满足多媒体教学及专题小型会议，必须满足各种信号源的显示
	视频系统	LCD投影机照度≥4 500流明，对比度：500∶1，分辨率：1 024×768
一区会议室：56 m^2	扩声功率	满足各种小型会议需求；具备多种信号源的显示
	视频系统	LCD投影机照度≥4 500流明，对比度：500∶1，分辨率：1 024×768
	会议发言系统	会议发言系统能够实时控制与会人员（1+7位）发言秩序
餐厅 276 m^2	扩声功率	必须满足声场要求，传输增益、声场均匀度、语言清晰度符合文化和旅游部行业技术标准，达到一级
备注	另外须考虑报告厅、多功能厅的主席台及观众席在多种使用情况下的信息点布置，使用铜地插保护线路。各项目都必须具备电视信号的接收口（预留），其他相关设备根据具体功能需求，以满足系统设备正常工作为前提，由投标方自行列出	

附件2：

表7-2　石门市体育运动康复基地会议中心建设项目投标文件一览表

列明投标文件需要的文件名称

序号	文件名称
1	投标函和开标一览表
2	法人证书或授权委托书
3	报价汇总表
4	设备清单报价
5	售后服务及培训计划
6	原厂商授权书
7	公司简介
8	企业资格证明文件（含营业执照、产品代理资格认证文件等）
9	近几年度工程业绩

<table>
<tr>
<td>附件3：

投　标　函

致：石门市体育运动康复基地会议中心
　　根据贵方的会议音响设备采购的招标文件，正式授权下述签字人（姓名和职务）代表我方（投标方的名称），全权处理本次项目投标的有关事宜。
　　据此函，签字人兹宣布同意如下：
　　一、按招标文件规定的各项要求，向石门市体育局运动康复基地提供所需货物与服务。
　　二、我们已详细审核全部招标文件及其有关补充文件，我们知道必须放弃提出含糊不清或误解的权利。
　　三、我们同意从规定的开标日期起遵循本投标文件，并在规定的投标有效期期满之前该文件均具有约束力。
　　四、如果在开标后规定的投标有效期撤回投标或中标后拒绝签订合同，我方投标保证金将被贵方没收。
　　五、同意向贵方提供贵方可能另外要求的与投标有关的任何证据或资料，并保证我方已提供和将要提供的文件是真实的、准确的。
　　六、一旦我方中标，我方根据招标文件的规定，按招标方要求将在招标规定时间内与需求单位签订合同，并严格履行合同的责任和义务，保证按招标书中规定的时间完成项目的施工，以及货物的安装、调试等服务，交付需求方验收、使用。
　　七、我方本次投标非恶意投标，否则贵方可以没收我方投标保证金，并有权拒绝我方的投标书。
　　八、遵守招标文件中要求的收费项目和标准。</td>
<td>投标方据招标文件附带的《投标函》填写相关内容</td>
</tr>
<tr>
<td>　　九、与本投标有关的正式通信地址为：
　　地址：　　　　　　　　邮编：
　　电话：　　　　　　　　传真：
　　投标单位开户行：　　　账号：
　　投标单位代表姓名（签字）：
　　投标单位名称（公章）：
　　日期：　年　月　日</td>
<td>投标函签署部分的构成要素</td>
</tr>
</table>

附件 4： 表 7–3 开标一览表	开标一览表，便于投标方填写相应内容

表 7–3 开标一览表

投标人全称			
项目名称	分项报价	分项内容	交货时间
投标报价总计（大写）			
备注	投标报价总价包括全部产品、材料、税金、运杂费、安装调试、培训及相关服务等所有费用		

投标单位全称（盖章）：　　　　全权代表（签字）：

注：投标报价总价包括全部产品、材料、税金、运杂费、安装调试、培训及相关服务等所有费用

【实践训练】

■ 任务 1——根据工作情境撰写一份招标书

石门大学机电学院为了保证教学机房计算机的正常运转，淘汰了一批功能损坏的计算机，需补充30台计算机。为此石门大学机电学院发出了计算机采购招标书。按照石门大学重大项目招标的顺序排列，此次招标的招标编号为：2023smzbs-11。石门大学采取公开招标的方式，确定计算机的供货单位。但对一些计算机品牌和技术指标有具体的规定。

一是台式计算机30台，基本参数配置为i5-13400/16GB/1TB，集成显卡。二是招标要求按照法律规定的项目进行。三是投标书的编制也依照规范的投标书形式制作。四是售后服务要求原包装到货，负责设备的安装、调试，并与相关单位进行配合保证设备正常运行，3年质保，终身维修；做好机器的维护保养及技术支持，系统发生故障时，报修响应时间为24小时内到达现场，预计3个工作日修复。有困难时，供方应调配相应的设备及时替代使用，以保证正常教学。五是供货的时间要求为202×年12月20日前到货。六是付款方式采取货到安装调试验收合格后两周内，支付合同总金额的95%，5%作为质保金，待3年期满视质保和售后服务情况支付。中标者投标保证金安装

验收后支付。未中标者，两天内通知投标者，并退回投标保证金。七是违约处理方式为不能按期到货（包括验货不合要求）、安装调试误工，每延误1天扣合同金额的1%，售后服务未能达到要求，每次扣质保金的10%。八是投标的时间为202×年11月15日上午11:00之前，把密封好的标书（盖上单位公章及法人代表印章）和投标保证金人民币壹万元整（支票进账单）送至石门大学设备管理处采购供应科（地址：石门市青年东路22号石门大学1号楼310室，邮政编码：××××××；开户行：建行石门分行，账号：32001688636009××××××；联系人：程先生，联系电话：158××××××××）。

请你代表石门大学机电学院撰写一份购置计算机的招标书。

■ **任务2——根据工作情境撰写一份招标书**

为加大文明城市的建设力度，石门市桥东区柳辛庄街道办事处拟建一个融读书、复印、装订为一体的图书文化站，打算购置一批图书完善图书文化站的内涵建设，为此向社会发出了招标信息。招标编号为：LXZ-2023-ZB00012，采用国内公开招标方式进行采购，招标联系人：霍女士，联系电话：133××××××××。采购图书一批，具体见书目详单。要求投标人的资格条件为在中华人民共和国境内合法注册的、具有独立法人资格的供应商；投标人应满足《中华人民共和国政府采购法》第二十二条规定的所有条件；投标人必须向采购代理机构购买招标文件并登记备案，未经向采购代理机构购买招标文件并登记备案的潜在投标人均无资格参加本次投标；只有在法律上和财务上独立、合法运作并独立于采购人和采购代理机构之外的供应商才能参加投标；具有出版物经营许可证、授权经营证书（销售代理商）的专营公司；具有较强的技术力量、经济实力和良好的企业信誉及售后服务能力，具有全品种正版图书供货能力。

请你以石门市桥东区柳辛庄街道办事处的名义撰写一份招标书。

项目二　投标书的制作

【工作情境】

楚密、文媛和钟纪、司稳在大学同学毕业五周年的聚会上，联系应用文写作老师刘敏慧帮助高文化解决了所在单位石门市体育局运动康复基地撰写购置会议音响设备招标书的难题。当高文化得知钟纪和司稳在艾仕国际服装设计公司工作时，给两人提供了一条商业信息，即石门市体育局运动康复基地最近刚刚向社会发布了定制服装的招标书。两人听后非常兴奋，这是参与竞争的良好机会。两人马上跟从高文化来到体育局运动康复基地，看到了招标书，了解了招标书中的内容。运动康复基地现有在编员工 150 人，招聘员工 150 人，总计 300 人。运动康复基地占地面积 100 余亩，是集温泉医学、运动康复、休闲养生、旅游度假、商务会议于一体的专业运动康复基地，每年接待宾客近万人。为规范管理，树立良好形象，运动康复基地领导班子决定定制员工的工作服、宾客的疗养服和洗浴服等。钟纪和司稳拿着石门市体育局运动康复基地的招标书向公司领导做了汇报，公司领导马上决定让钟纪和司稳起草投标书。两人为了拿下此项目，连夜商讨投标书的制作关键。

【项目分解】

根据招标书的要求，钟纪和司稳分析本公司的投标优势，认真分解了制作投标书的要素。

投标是相对于招标而言的，有招标才会有投标。

所谓投标，是指愿意按条件进行交易或者愿意承包某工程的施工单位，根据招标文书所列条件、要求、开列清单，拟出详细方案，向招标单位提出交易或承包申请的行为。投标书是投标单位根据招标书的招标条件，做出明确回答，并按规定时间报送给招标单位的一种书面材料。

投标书具有真实性、竞争性、针对性的特点。

投标书的内容要真实可信，切合实际。如果单纯为了中标而增加水分，就会适得其反，不利于中标；投标书既是一种表现自己实力、经营策略和管理手段等的书面材料，又是一种可以在招标答辩会上发表意见的演说稿，招标单位要通过投标书来优选中标者；投标书既要针对招标单位提出的条件和要求，也要针对企业或工程任务的现状，经过分析和论证，决定是否投标及投标的程度。

广义的投标书是投标方在投标过程中使用的各种文书的总称，它包括投标申请书、投标人资格证明、投标书等。狭义的投标书则指标书本身。

投标申请书是投标方向招标方递交参与投标的应用文本；投标人资质证明则是招标文件所要求的产品和服务内容范围内规定的资质证明文件；投标书是指投标单位按照招标书的条件和要求，向招标单位提交的报价并填具标单的文书。

投标书的类型依据不同的划分标准有所区别。

按招标的范围可分为国际投标书和国内投标书；按招标的标的物划分可分为货物投标书、工程投标书和服务投标书。

【任务下达】

根据投标书真实性、竞争性和针对性的特点，钟纪和司稳确定制作投标书的具体任务。

◇ 以艾仕国际服装设计公司的名义撰写一份投标书。

◇ 投标书的文本格式要按照国家标准的经贸类文书进行编制。投标书应严格按照招标的要求和条件编制，并按规定格式填写，做到内容齐全、格式规范。

◇ 撰写投标书必须认真研究招标书，客观估计自己的技术、经济实力和相应的赔偿能力，实事求是地填写标单和撰写投标书，积极挖掘内部潜力和充分利用外部力量，提出切实可行又先进合理的标价，切不可妄加许诺、徇私舞弊、弄虚作假、害人害己。因为一旦中标，就要在规定期限内与招标方签订合同，按合同办事。

投标书的制作

◇ 投标书内容要清晰，要紧紧围绕招标事项，写明目标、造价、技术、设备、质量等级、安全措施、进度等，具体、明确地提出有针对性的切实可行的措施。

◇ 撰写之后要认真检查，防止疏漏。最后加盖单位公章和法人代表印章。

◇ 投标书的语言文字一定要准确，特别是术语必须绝对准确，绝不允许产生文字上的歧义，以免影响投标工作的顺利进行。

【制作要诀】

投标书的制作

投标书一般由标题、称谓、正文、附件、落款五部分组成。

■ 标题

◆ 由投标单位名称 + 项目名称 + 文种组成，例如《艾仕国际服装设计公司服装设计加工项目投标书》。

◆ 由投标单位名称 + 文种组成，例如《艾仕国际服装设计公司投标书》。

◆ 由项目名称 + 文种组成，例如《服装设计加工项目投标书》。

◆ 由文种单独组成，例如《投标书》《标书》《标函》。

■ 称谓

即对招标单位的称呼，标题之下顶格写明招标单位的名称。

■ 正文

◆ 前言

主要交代投标的依据和目的，介绍投标单位的基本情况及对该投标项目的态度。投标者表明的态度、投标单位的名称、授权签名人的姓名不可缺少。

◆ 投标文件说明

说明所提供的投标文件种类和份数，如投标报表或总价、货物清单、资格审查文件、技术参数、招标保证书等。

◆ 投标人声明

投标人声明包括投标书的有效期限、投标人履行合同的责任义务、表示放弃对招标人进一步解释招标文件的要求权利、对投标保证金的处置等。

■ 附件

附件包括投标书所附带的有关文件材料。应分别写明各种附件的名称、正本数、副本数。

■ 落款

落款包括投标单位名称、地址、通信方式、授权人签名及撰写日期、印章等。

【范例与模板】

［范例］	［模板要素］
艾仕国际服装设计公司服装设计加工项目投标书 石门市体育局运动康复基地： 根据贵单位编号为STYKF-ZB-20220010的202×年工作服与疗养服投标邀请，艾仕国际服装设计公司副总经理叶继元经正式授权，代表艾仕国际服装设计公司提交下述文件正本1份和副本2份。 1. 投标书、开标报价表。 2. 投标资格证明文件：营业执照、组织机构代码、税务登记证加盖单位印章的复印件。 3. 提供本公司产品在石风地区部分客户成功案例。 4. 自主产品及证明。 5. 公司本次项目设计团队构成情况，并提供本项目主要设计人员的相关学历证明、资格名称等的复印件。 6. 投标方认为有必要提出的合理化建议。 7. 出具投标单位基本情况和经营情况。 8. 服务承诺及对本项目的优惠条款。 9. 供应商资格声明。 地址：石门市友谊东大街555号 邮编：×××××× 电话：×××—××××××××× 投标人代表姓名、职务：艾仕国际服装设计公司副总经理叶继元（手签） 投标人名称：艾仕国际服装设计公司（印章） 202×年4月30日	**标题：** 投标单位名称+项目名称+文种 **称谓：** 顶格书写招标单位的名称 **正文：** 1. 前言：投标的依据、投标单位的名称、授权签名人的姓名及正副本的份数 2. 投标文件说明：投标文件种类 **落款：** 投标单位名称和印章、地址、邮编、电话、授权人签名及日期等

<table>
<tr><td>

［范例］

投　标　书

一、前言

根据已收到的编号为 STYKF-ZB-20230010 的 202× 年工作服与疗养服投标邀请书，我公司参考设计图片和研究上述服装招标文件的招标采购项目情况、投标人要求，积极组织了一系列工作准备这次竞标，争取做到尽善尽美。

二、投标单位概况

艾仕国际服装设计公司是一家集设计、生产、加工、销售于一体的国内知名服装公司，长期致力于为客户提供外在形象服装的设计制作、团体服装的策划与销售等专业性服务。我们有优良的设计团队，力争为客户打造完美的外在形象；我们有优秀的生产工艺与负责的工作制度，能够生产一批质量过硬的、让客户放心的产品；我们更有优秀的销售服务专员，为客户提供优质舒心的服务。

我们致力于以创意为先导，以质量为根本，以最适合的解决方案帮助客户在外在形象上脱颖而出。我们拥有专业的设计团队、独立的制作工厂、一站式的服务群。经营范围主要包括服装设计、制作、销售。公司自成立以来，始终以“维护顾客利益”为宗旨。

三、面料说明

表 7–4　面料一览表

服装名称	面料名称	面料含量	特点
男、女短袖衬衫	CVC、高支棉	60% 棉、40% 涤	含棉较高、透气吸汗、不易起皱、易洗易干
男、女长袖衬衣	CVC、高支棉	60% 棉、40% 涤	含棉较高、透气吸汗、不易起皱、易洗易干
洗浴服	全棉	100%	透气吸汗、抗过敏、不起球、易皱
疗养服	全棉 + 莱卡	80% 棉、20% 莱卡	具有伸展性强、透气性好、吸湿性强、手感柔软、穿着舒适等优点
男、女藏蓝色外套	毛涤贡丝锦	50% 羊毛、50% 涤	挺括性好、透气性强、穿着挺括大方

</td><td>

［模板要素］

标题：

由文书名单独组成

正文：

1. 前言：投标的依据，投标项目的态度

2. 投标单位的基本情况

对不同的服装采用的面料名称、面料含量和特点进行列表说明

</td></tr>
</table>

四、拟定中标后工作组织流程 服装项目中标→组织测量尺寸→根据款式及号型下达生产计划→组织生产工序→制版裁版→生产缝纫→整烫后处理→产品检验→产品包装→运输发放到招标单位。	列出中标后的工作流程
五、售后服务承诺 我公司历来以每一个客户满意为第一要素，建立了一整套的售后服务体系。 （一）服务工作制度 1. 热情答复定制单位的来电来信问询，妥善解决实际问题，并建立客户服务档案。 2. 热情、认真地接待来访客户，并在最短时间内处理相关事宜直到客户满意为止。 3. 对所有由于尺寸或质量问题而退回公司的产品，详细填写记录单，并且按月及时汇总归档。 （二）售后服务内容 货品到需方发放并核实数量完毕后，我方派技术员至定制单位了解情况，按“三包”内容进行售后服务，并承诺售后服务期限增至 3 个月。 （三）售后服务方式 1. 货到定制单位 3~10 天，我公司将派专人向定制单位了解情况，根据定制单位提供的相关情况进行分类，并在 2 天内及时选派相关技术员在定制单位有关人员配合下，按照“三包”的内容逐个逐套进行售后服务，直至满意为止。技术人员把客户不满意的产品带回公司，在保证质量的前提下对其进行修改直至客户满意为止，并在 10 天内完成返修工作，完成后立即送到定制单位。 2. 根据定制单位选择的面料，我公司选择相关的辅料与之匹配，届时我公司将制成专门的洗涤、保养说明书，供定制单位参考，以便减少人为因素对服装的影响，延长服装的使用期。在发货及售后服务过程中，我公司技术人员将根据面料、辅料的特性，对服装在以后的使用过程中的洗涤、保养给予专门指导。	售后服务承诺：从服务工作制度、服务内容、服务方式等方面进行分条列项的说明

3. 在质保期（3 个月）内，我公司将不定期地选派技术员到定制单位回访，并针对定制单位出现的相关问题，认真做好售后服务工作，对于定制单位有关人员对服装有关细节问题，认真予以答复，直到每一个员工满意称心为止。 4. 根据客户的行业特点，另行制定合理的售后服务方式。我公司的产品达到同业内高质量水平，且价格实惠，希望通过我们完善的服务，达到让贵单位放心、省心、舒心地完成本次服装采购计划的目的。	
投标人名称：艾仕国际服装设计公司（印章） 202× 年 5 月 2 日	**落款：** 投标单位的名称、印章及日期等
附件 1：	用表格形式列出服装报价表

表 7–5　艾仕国际服装设计公司服装报价表

服装名称	面料名称	面料含量	单位	单价 / 元
短袖衬衫	高支棉	60% 棉、40% 涤	300 件	288
长袖衬衫	高支棉	60% 棉、40% 涤	300 件	388
洗浴服	全棉	100% 棉	500 套	326
疗养服	全棉 + 莱卡	80% 棉、20% 莱卡	500 套	412
男藏蓝色外套	毛涤贡丝锦	50% 羊毛、50% 涤	90 套	1 200
女藏蓝色外套	毛涤贡丝锦	50% 羊毛、50% 涤	210 套	1 000
合计	1 900 件（套）			
总价款	￥919 800（玖拾壹万玖仟捌佰元整）			

附件 2：资格证明文件、营业执照、组织机构代码、税务登记证加盖单位印章的复印件 附件 3：本公司产品在石门地区部分客户成功案例 附件 4：自主产品及证明 附件 5：公司本次项目设计团队构成情况及相关学历证明、资格名称等复印件 附件 6：投标方认为有必要提出的合理化建议 附件 7：投标单位基本情况和经营情况 附件 8：服务承诺及对本项目的优惠条款 附件 9：供应商资格声明	附件 2 至附件 9 略

【实践训练】

■ 任务1——根据工作情境撰写一份投标书

石门市旧城改造进入了最后阶段，许多城中村被拆除，拔地而起的是座座高楼大厦。石门市旧城改造工程部最近要拓宽四水厂路，为此，向社会发出了道路建设项目信息。石门市跃进路桥公司看到石门市旧城改造工程部的招标书，马上开会研究，决定竞标，并制定了符合招标方规范要求的投标书。公司授权委托周浩军为全权代理人。同时公司承诺：工程质量严格按ISO质量认证程序文件对工程质量进行管理，保证评定质量为优良；保证严格按照安全操作规范、规程组织施工，使安全事故降低到最低限度，如施工过程中出现任何安全事故，均由公司负责；保证在168日工期内如期交付使用；保证按时支付工人工资；保证承诺保修期严格按相关法规执行。同时列明了应具备的所有附件资料，尤其是列明了拟投入此项工程的主要施工机械设备。主要文件如下：投标承诺书、投标书汇总表、企业简介、企业营业执照和资质证书、法定代表人资格证明书、税务登记证和安全生产许可证、ISO质量认证体系证书、公司部分荣誉证书、项目部组成情况、拟承担本工程项目经理简历表、拟承担本工程技术负责人简历表、五大员上岗证、拟投入本工程的主要施工机械设备情况表、投标人近三年已完成类似工程情况表、授权委托书。工程竞标价为1 500万元。

请你以石门市跃进路桥公司的名义制作一份投标书。

■ 任务2——根据工作情境撰写一份投标书

石门市在城市建设过程中取得了令人瞩目的成绩，逐渐改变了以往黄沙漫天的面貌，城市绿化越来越好。最近石门市规划建设局准备在运河桥实施园林绿化工程，海天景观园林绿化工程公司前来竞标。公司授权张海江为委托代理人，提供了投标书、投标报价书、授权委托书、质量承诺书、园林绿化工程招标文件及工程的图纸和其他有关资料，并提出了30万元的竞标价。承诺如果公司在园林绿化工程招标中中标，将按投标书中的承诺精心组织、加强管理，严格按合同约定及现行的规范组织施工；承诺接受石门市规划建设局及其上级主管部门的监督、检查和指导；承诺以优质的服务确保工程质量合格并争创优良。如果由于工作不力或失误，造成工程质量不合格、质量缺陷或出现质量事故，愿意承担施工单位应当承担的全部责任，并接受石门市规划建设局及上级主管部门提出的合理处罚。

请你以海天景观园林绿化工程公司的名义制作一份投标书。

项目三　协议书的制作

【工作情境】

钟纪和司稳工作的艾仕国际服装设计公司，在全球经济衰退的大环境中面临着巨大的竞争压力。如何增强企业竞争力，公司领导层做过多方面的调研和论证，最后决定实施长期的战略目标，建立艾仕公司的企业形象系统，通过完整的、科学的、可操作和可控制的系统化战略体系，促进企业产品的销售，提高服务质量，提升企业整体形象和经营管理水平，使企业组织在各方面发生积极性的变化，促进企业经济效益和社会效益的全方位提高。总经理邓林达从公司抽调了精兵强将，组成了企业形象工程建设小组，其中钟纪和司稳就被选中负责相关文件整理、起草等工作。艾仕国际服装设计公司最终通过公开招投标的形式，确定由西利标识设计有限公司承担为艾仕国际服装设计公司进行有关企业形象识别系统（CIS）的咨询策划服务。为保证此项工作的顺利进行，也为了更好地从制度上乃至法律上，把双方所承担的责任固定下来，西利标识设计有限公司和艾仕国际服装设计公司都同意以书面协议的形式明确彼此的权利与义务，监督双方信守诺言，约束轻率反悔的行为。总经理邓林达特别强调，首先我方要把协议书的框架拟好，然后再和西利标识设计有限公司协调，最后敲定协议书内容，完成后就举行订立协议书仪式。

【项目分解】

根据双方多次协商的结果，钟纪和司稳认真咨询专业法律人士，了解了撰写协议书的关键之处。

协议书是双方或三方当事人为了共同实现一定的目的，明确相互之间的权利、义务关系而制定的书面契约。

协议书是有关企事业单位、团体或个人共同协商签立的一种具有经济或其他关系的契约，它的签立是经济双方共同努力达成的。

协议书的种类很多，常用的有联营协议书、经销协议书、委托协议书、代理协议书、补充协议书、调解协议书、仲裁协议书等。

联营协议书是指两个或两个以上的经济组织或个体经营者为了进行联合生产、经营，而达成的明确相互权利义务关系的书面协议。经销协议书是一个企业为另一个企业销售产品而订立的明确相互权利义务关系的书面协议，如某百货公司为某企业销售产品约定的协议。委托协议书是委托人和受委托人约定，由受托人为委托人处理事务的书面协议书。代理协议书是企事业单位与代理商之间就双方共同目标、双方权利义务关系、业务关系等进行协商后达成的书面协议。补充协议书是对合同或协议书遗漏部分的补充，或是合同执行一段时期或出现了新的情况和问题需要补充的书面协议。调解协议书是发生经济纠纷或民事纠纷的双方，经调解而自愿立下的书面协议。仲裁协议书是指双方当事人自愿把他们之间可能发生的争议和已经发生的争议提交仲裁委员会仲裁的一种书面协议。

协议书具有广泛性和灵活性的特点。

协议书的合作范围和涉及的领域非常广泛，不论是企事业单位，还是群众团体或个人，只要当事人双方协商一致就可以签订协议书。由于内容广泛，并且没有固定统一的写作格式，因此协议书的内容安排、条款形式都可由当事人协商议定。

本协议书属于委托协议书项目。

【任务下达】

根据协议书具有的广泛性和灵活性的特点，钟纪和司稳多次与合作方西利标识设计有限公司进行电话沟通，确定制作协议书的具体任务。

◇ 以艾仕国际服装设计公司和西利标识设计有限公司的名义撰写一份协议书。

◇ 协议书的文本格式要按照国家标准的格式编制，采用条款式写法。

◇ 撰写的协议书的内容、形式和程序均须遵守国家的法律，符合国家政策的要求，不得出现违反国家政策、法令和危害国家与公共利益的内容。

◇ 协议书的表述要严谨周密，字、词、数据均要精确，不能有歧义。

【制作要诀】

协议书写作一般包括标题、名称、正文和落款四个方面。

协议书的制作

■ 标题

标题要写明协议书的性质，如《企业形象识别系统（CIS）咨询策划服务协议书》《赔偿协议书》，也可以只写“协议书”三个字。

■ 名称

名称即签协议单位名称或立约当事人。在标题之下，正文之前，写明订立协议各方当事人单位或个人的名称，并在立约各方当事人名称之后注明一方是甲方，另一方是乙方，便于在正文中称呼。

■ 正文

协议书的正文包括签订协议书的原因、目的和双方商定的具体内容。

◆ 导言

签订协议书的原因、目的是正文的开头部分，即导言。交代完签订协议的目的、原因、依据之后，可用程式化的语言，如“现对有关事项达成协议如下”，转入双方商定的具体内容，即协议书的主体部分。

◆ 主体

主体要求就协议有关事宜作出明确的、全面的说明，尤其要着力写好协议双方的权利和义务。主体部分大多用条款罗列，不同类型和性质的协议书所包括的条款也不一样，都由双方协商的结果而定。

◆ 结尾

结尾部分一般说明文本的份数、保存方式、有效期、保存人等。

■ 落款

落款即签名和日期。协议书最后必须写明签订协议双方单位和负责人的名称，并加盖公章。若有中间人的，中间人也要签字盖章。内容重要的协议书一般会邀请公证处公证，并签署公证意见、公证人姓名、公证日期，并加盖公证机关印章，最后写上签订协议的日期。

【范例与模板】

[范例]	[模板要素]
企业形象识别系统(CIS)咨询策划服务 协　议　书	标题： 协议书的性质 + 文种
甲方：艾仕国际服装设计公司 乙方：西利标识设计有限公司	名称： 订立协议甲乙双方当事人单位或个人的名称
经甲、乙双方多次友好协商，本着平等互利、荣辱与共、精诚合作的原则，甲方决定委托乙方为甲方进行 CIS 咨询服务工作。为更好地沟通，高效、高质量地完成该项工作，特订立如下协议，双方遵照执行。	正文： 1. 导言：签订协议书的原因
一、甲方权益与责任 1. 甲方提供与企业形象识别系统相关的企业视觉、行	

为、理念等原始资料，并阐述该企业经营项目的市场定位、产品构成和运营策略。	
2. 甲方有权对乙方的工作进行监督，但原则上不随意干涉乙方的工作，同时应将甲方的有关规定及要求向乙方明示。	
3. 甲方需按合同规定内容按时付款。	
二、乙方权益与责任	2. 主体：协议双方的权益与责任
1. 乙方可根据项目运行的需要，深入前期市场调查和企业现场考察，进行实地调研，甲方协助提供必要的工作、交通、生活等条件。	
2. 乙方根据甲方要求严格执行合同条款，保质高效地完成合同约定的任务。	
3. 乙方在本项目协议签订之日起一年之内为甲方提供不限次数的 CIS 咨询服务。	
4. 除 CIS 设计导入外，乙方应尽可能地调动一切资源为甲方的企业发展战略服务。	
三、项目具体内容	3. 项目的具体内容
（一）乙方向甲方提供如下（MI）设计工作内容	
1. 撰写企划书 CI 观念教育课程，成立 CI 推广委员会，计划命名、设计 CI news 三期设置 CI 意见箱，并协助甲方制定出 ×× 集团发展战略规划。	
2. 定性定量调查、内部调查、企业外部调查、CI 研讨营活动。	
3. 撰写形象策划建议书，开展征选企业标语活动。	
备注：上述项目包含企划、教育训练、讲义、研习、调查设计、执行、数据处理、撰写报告、策略建议书及文案撰写等工作，不包含印刷、活动食宿、制作、执行等工作。	
（二）乙方向甲方提供如下（VI）设计工作内容	
1. VI 设计目录见基本要素系统（标志、标准字、标准色、标志和标准字的组合）和应用系统（办公用品——信封、信纸、便笺、请柬、资料袋、备忘录；外部环境——公司旗帜、企业招牌；内部环境——广告牌、货架标牌；交通工具——面包车、货车、大巴；服装服饰——经理制服、管理人员制服、员工制服、文化衫、领带、工作帽、胸卡）。	

2. 乙方向甲方提交五套VI电子文本。	
3. VI手册如需纸质印制，成本费用由甲方另行支付。	
（三）乙方向甲方提供如下（BI）设计工作内容	
1. 企业形象专题片（20分钟），CI设计的多媒体发布光盘。	
2. 企业形象海报、报纸、杂志、广告、员工手册、CI新闻发布会的设计。	
3. 提供BI手册彩印本1册，企业宣传片母盘1张。	
4. 策划CI导入实施计划、企业公关策略，进行征选并与甲方一同负责最终的创作定稿。	
备注：上述项目包括创意、企划、设计、文案撰写，不包含场地、执行、印刷、发布。	
四、合同金额 人民币拾万元整　¥100 000元（人民币）。	4. 约定合同金额，注明币种
五、付款方式 本协议签订时甲方向乙方支付贰万元，CI设计手册定稿时支付肆万元，合同约定项目全部结束并验收合格时付清余款肆万元。乙方负责分次提供正规的设计发票。	5. 约定的付款方式——时间、金额
六、相关事宜	6. 与合同相关的其他事宜
1. 如因甲方原因影响合同无法正常实施或终止，甲方已支付的款项乙方不予退还。	
2. 企业CI手册的定稿，是本项目结束的重要标志。本合同是整体合作协议，甲方不得因为放弃某项工作而调整合同金额。	
3. 如因乙方原因影响合同无法正常实施或终止，乙方应退还甲方已支付的款项。	
4. 因不可抗因素致本合同无法正常实施，双方均不承担责任。	
5. 因工作需要乙方在甲方所在地的住宿、工作餐费由甲方承担。	
6. 乙方负责该标志的注册事宜，费用由甲方承担。	
7. 乙方负责在自本合同签订之日起一年内对该VI系统进行修改、调整和补充设计。	

<table>
<tr><td>8. VI手册、员工手册、企业宣传片印制数量、标准、价格待设计方案定稿后另行商议。
七、其他约定
1. 本合同一式两份，双方各执一份，签字盖章生效。
2. 本协议未尽事宜，双方共同协商解决。
3. 本合同的执行过程中若遇到不可调和的纠纷、双方均有权向双方任一方所属人民法院提起诉讼。</td><td>7. 结尾：协议书的份数、保存方式等</td></tr>
<tr><td>甲方：艾仕国际服装设计公司（印章）
代表签署（手签）：叶继元
签署日期：202× 年 11 月 30 日

乙方：西利标识设计有限公司（印章）
代表签署（手签）：张西利
签署日期：202× 年 11 月 30 日</td><td>落款：
协议双方单位和负责人的名称、日期、印章等</td></tr>
</table>

【实践训练】

■ 任务 1——根据工作情境撰写一份租车协议书

艾仕国际服装设计公司了解到海南的服装业发展迅速，并且在服装设计上与国际服装界接轨，因此，公司总经理抽调生产部、研发部、销售部的 12 名工作人员到海南考察。考虑到 12 人到海南后的出行问题，公司决定在海口市租赁一辆 14 座九龙 A5 商务汽车。经过与海口凯华租车公司协商，根据相关法律规定，双方在平等自愿的基础上就汽车租赁事宜达成协议。

租用的车辆为九龙 A5-2.8T 14 座，车牌号为琼 AZ856666。双方约定出租方自 202× 年 10 月 10 日 8 时起，将所租车辆交付给承租方使用，至 202× 年 10 月 20 日 18 时收回。出租方不承担租赁车辆在租赁期间内因交通事故或其他事故造成的一切后果，包括有关部门的罚款等；不承担租赁车辆于租赁期间引发的第三者责任。承租方在租赁期间拥有所租车辆的使用权；承租方在租赁期间应严格遵守国家各项法律法规，并承担由于违章、肇事、违法等行为所产生的全部责任及经济损失；承租方不得把所租车辆转借给任何第三者使用，不得用租赁车辆进行营利性经营，以及参加竞赛、测试、实验、教练等活动；承租方承担车辆租赁期间的油料费用；承租方应按时归还车辆，验收时如发现车辆有划痕、刮伤、碰撞、损坏、设备折损、证件丢失等现象，承租方应按实际损失交纳车损费及其他相应的费用。同时还约定承租方租车时须交纳押金及交通违章保证金共计 20 000 元人民币，租车结束后 5 日内，经确定在租赁期间无问题及违章记录即退还。出租方未能按合同的约定在交车时间向承租方提供所租车辆，需向承租方赔偿人民币 1 000 元作为违约赔偿金。承租方未经出租方同意逾期返还车辆的，逾期按每天人民币 1 000 元交纳违约金。

请你以艾仕国际服装设计公司和海口凯华租车公司的名义制作一份协议书。

■ 任务 2——根据工作情境撰写一份保密协议书

宏远软件开发公司为天利景泰蓝工艺厂设计电子控制系统，在设计控制系统时会接触到天利景泰蓝工艺厂的商业秘密，为此双方进行协商。为了明确乙方的保密义务，有效保护甲方的商业秘密，防止该商业秘密被公开披露或以任何形式泄露，根据《中华人民共和国民法典》《中华人民共和国劳动法》《中华人民共和国反不正当竞争法》的有关规定，本着平等、自愿、公平和诚信的原则签订保密协议。

双方认定的商业秘密包括：技术信息、专有技术、经营信息和甲方公司《文件管理办法》中列为绝密、机密级的各项文件。乙方对以上商业秘密承担保密义务。技术信息指甲方拥有或获得的有关生产和产品销售的技术方案、制造方法、工艺流程、计算机软件、数据库、实验结果、技术数据、图纸、样品、样机、模型、模具、说明书、操作手册、技术文档、涉及商业秘密的业务函电等一切有关的信息。专有技术指甲方拥有的有关生产和产品销售的技术知识、信息、技术资料、制作工艺、制作方法、经验、方法或其组合，并且未在任何地方公开过其完整形式的、未作为工业产权来保护的其他技术。经营信息指有关商业活动的市场行销策略、货源情报、定价政策，以及不公开的财务资料、合同、交易相对人资料、客户名单等销售和经营信息。乙方为本协议所称的保密义务人。保密义务人是指为甲方提供相关服务而知悉甲方商业秘密，并且在甲方领取报酬或工资的人员。保密义务人同意为甲方公司利益尽最大努力，在履职期间不组织、参加或计划组织、参加任何竞争企业，或从事任何不正当使用公司商业秘密的行为。服务关系结束后，保密义务人应将与工作有关的技术资料、试验设备、试验材料、客户名单等交还甲方。保密义务人违反协议中的保密义务，应承担违约责任，并支付至少相当于其工作报酬或一年工资的违约金。同时双方约定：乙方如将商业秘密泄露给第三人或使用商业秘密使甲方遭受损失的，应对甲方进行赔偿，其赔偿数额不少于由于其违反义务而给甲方带来的损失。

请你以宏远软件开发公司和天利景泰蓝工艺厂的名义制作一份协议书。

模块八 法律工作文书

知识目标

- 了解民事法律工作的基本流程
- 熟悉民事法律工作涉及的文书
- 掌握民事法律文书的应用范围

能力目标

- 具备撰写民事法律工作文书的能力
- 能够准确制作民事法律工作文书

素质目标

- 增强现代法治意识
- 强化执业纪律教育和职业道德

项目一　起诉状的制作

【工作情境】

钟纪和司稳的工作单位艾仕国际服装设计公司为了开发具有中国特色的服装品牌，进而打开国际市场，组织研发部的技术人员进行了一系列创新设计。研发部美术设计师霍振良在长期的研究过程中形成了自己的成果——《中国京剧脸谱图示大全》，并由美术出版社出版。本书中的600张京剧脸谱样式是由霍振良个人独立创作，这些作品在本领域范围内享有极高的权威性。此本画册不仅被翻译成英、法两种文字，用于我国的对外文化交流，而且还作为中国戏曲艺术发展的重要资料被国内外文艺团体、图书馆和艺术馆收藏。艾仕国际服装设计公司在开发本公司的服装产品时，也选用了近50张脸谱图案，但霍振良始终对《中国京剧脸谱图示大全》享有著作权。202× 年，霍振良偶然发现聚祥茶业有限公司在未经自己许可的情况下，擅自使用《中国京剧脸谱图示大全》中的作品用作其茶叶产品的外包装，严重侵犯了自己的著作权。霍振良联系聚祥茶业有限公司，但该公司负责人态度恶劣，拒不承认侵权行为。霍振良十分气愤，将此事向公司进行了汇报。公司总经理邓林达认为霍振良既然是公司的美术设计，遇到这样的问题应当鼎力相助，就安排办公室协助处理此事。办公室主任岳思成知道钟纪和司稳在大学期间的专业课有法律课程，就咨询他们如何处理此事，二人建议向法院提起诉讼，维护霍振良的合法权益。如何向法院提起诉讼，钟纪和司稳提示应该首先向法院递交起诉状。但霍振良从未起草过起诉状，他对此一筹莫展。

起诉状的制作

【项目分解】

钟纪和司稳为了使霍振良对将要起草的诉状有基本的了解，也为了帮助他将来可以充分应对法庭上的情况，便对起诉状进行了详细的分解。

起诉状是当事人权益受到侵害或与他人发生纠纷向法院提起诉讼时所使用的法律文书。

根据诉讼性质和目的不同，起诉状可以分为民事起诉状、行政起诉状和刑事自诉状三类。

民事起诉状是指公民、法人或其他组织，在认为自己的合法权益受到侵害或者与他人发生争议时或者需要确权时，向人民法院提交的请求人民法院依法裁判的法律文书；行政起诉状是公民、法人或者其他组织不认可行政机关的具体行政行为，而向人民法院提起诉讼的书面文书；刑事自诉状是在法律规定的自诉案件中，由受害人或者他们的代理人，直接向人民法院控告刑事被告人，要求法院追究其刑事责任所递交的书面文书。

起诉状具有提起诉讼的直接性、适用范围的特定性和处理案件的参证性三大特点。

任何国家机关、企事业单位、社会团体和公民在其合法权益受到侵犯或与他人发生纠纷时，当事人或法定代理人都可以直接向人民法院递交刑事自诉状、民事起诉状或行政起诉状。刑事自诉状适用于“告诉才处理”的案件和不需要侦查的轻微刑事案件；民事起诉状主要适用于案件归人民法院管辖而未被法院审理的案件。使用起诉状来维护公民自身的权益，体现了我国社会主义法制的民主原则，能够引起诉讼程序的开始。

【任务下达】

钟纪和司稳结合起诉状具有的相关特点，确定制作起诉状的具体任务。

◇ 以霍振良的名义向石门市桥东区人民法院撰写一份有关聚祥茶业有限公司侵害本人著作权的起诉状。

◇ 起诉状的文本格式要按照国家法律所规定的法律文书格式进行编制。

◇ 撰写起诉状要以事实为根据，以法律为准绳。

◇ 起诉状的内容撰写在事实上要以事动人、以理服人、以情感人；在理由上要中肯准确、言之有故、顺理成章；在证据上要说明来源、真实客观、充分可靠。

◇ 起诉状的内容组织要边叙述事实边列举证据。

◇ 起诉状中的人称要一致。

◇ 起诉状的诉讼请求要写得明确、具体、详尽、言简意赅。

本项目属于民事起诉状。

【制作要诀】

民事起诉状的制作

起诉状的种类虽然有所不同，但在结构上是一致的，都是由首部、正文、尾部和附项组成。

■ 首部

首部包括标题、当事人（包括代理人、代表人）身份情况、案由等。

◆ 标题

标题要写明案件性质和文书种类名称，例如《刑事自诉状》《民事起诉状》《行政起诉状》。

◆ 当事人身份情况

当事人若是自然人，原告、被告均应写明姓名、性别、出生年月日 、民族、职业或工作单位和职务、住址。当事人若为法人或其他组织，应写明当事人的名称、所在地址、法定代表人或代表人姓名、职务、电话。原告是法人或其他组织的还应写明企业性质、工商登记核准号、经营范围和方式、开户银行和账号。当事人的书写顺序是：先写原告，原告如有代理人，在原告姓名的下一行写代理人信息，是哪个原告的代理人，就写在哪个原告的下一行；再写被告，按责任大小来写；最后写第三人。

■ 正文

正文包括诉讼请求、事实和理由、证据和证据来源。

◆ 诉讼请求

诉讼请求事项要写明请求法院解决有关民事、刑事或行政权益争议的具体问题，如要求与被告离婚、赔偿损失、履行合同等。诉讼请求要明确、具体，要符合法律条文的规定。

◆ 事实和理由

事实和理由首先要写明侵权行为或犯罪的事实及双方争议的具体内容，要把何时、何地、何人、何种手段、情节经过、造成何种后果危害、各自应负的责任，以及实质性分歧等写清楚。然后，要根据事实和证据阐明理由，具体写法可采取先写事实后写理由的分述法，也可采取边写事实边讲道理的夹叙夹议法，视案情而定。

◆ 证据和证据来源

根据民事诉讼法“谁主张，谁举证”的一般规则，原告对其主张的事实负举证责任。应写明证据材料的种类、名称、件数、来源和证人的名称、单位、住所等。

■ 尾部

在正文下面，另起一行写明致送机关，而后在其右下方由具状人签名或盖章，注明具体的年月日。如是律师或他人代书，应写明代写人姓名和工作单位。

■ 附项

应具体说明起诉状副本的份数和证据的种类、名称、数量及证人的姓名、住址等。

【范例与模板】

［范例］	［模板要素］
民事起诉状 原告：霍××，男，汉族，45岁，艾仕国际服装设计公司研发部美术设计师，现住石门市桥东区金马小区20-3-2001，身份证号：××××××××××××××××××。 委托代理人：常××，三和律师事务所律师。联系电话：130××××××××。 被告：××茶业有限公司，地址：石门市中山路2239号，法定代表人：吴××，电话：139××××××××。 诉讼请求： 一、立即停止侵权，并以书面的形式向原告公开致歉； 二、判令被告赔偿原告各项经济损失人民币六万元； 三、由被告承担本案的诉讼费。 事实与理由： 202×年1月，原告霍××经美术出版社出版发行了自己的美术作品专著《中国京剧脸谱图示大全》，该书中的600张京剧脸谱样式是原告霍××的个人独创作品，在本领域范围内享有极高的权威性。该画册自出版至今已经过多次印刷，并被翻译成英、法两种文字，多次被用于我国对外的文化交流，还作为中国戏曲艺术发展的重要资料被国内外文艺团体、图书馆和艺术馆收藏。因此，原告依法对自己的美术作品《中国京剧脸谱图示大全》享有著作权。	**标题：** 案件性质＋文种 **当事人身份情况：** 原告、被告姓名、性别、民族、年龄、单位、职业、住址等 **委托代理人：** 代理人姓名、联系方式等信息标注在相应的代理人下方 **诉讼请求：** 请求法院解决的问题，问题较多，可分条列项书写 **事实和理由：** 侵权的事实和理由

一、被告××茶业有限公司（以下简称××茶业公司）在未经原告许可的情况下，擅自使用《中国京剧脸谱图示大全》中的作品用于自己茶叶产品的外包装等，严重侵犯了原告的著作权。 202×年2月，原告发现被告无视著作权人的权利，为了使自己的产品产生最大的营利性目的，未经原告许可而擅自使用《中国京剧脸谱图示大全》中第312幅作品（在《中国京剧脸谱图示大全》第78页），大量印刷在自己产品的外包装上，而且在印刷中未注明作者的姓名。原告认为被告严重侵害了原告的著作权，故应当承担相应的赔偿责任，请人民法院依法予以支持。	**证据和证据来源：** 原告对其主张的事实举证
二、原告主张被告侵犯著作权的法律依据：依据《中华人民共和国著作权法》的规定，原告霍××对作品《中国京剧脸谱图示大全》享有著作权，被告的使用行为不属于可以不经著作权人的许可，不向其支付报酬的范围。被告的行为应当属于《著作权法》第52条（五）项和（七）项所规定的侵权行为，即剽窃他人作品的、使用他人作品，应当支付报酬而未支付的。所以，被告的行为侵犯了原告霍××的署名权、复制权、传播权及获得报酬权。被告应当立即停止侵害，发表书面声明，公开向原告赔礼道歉，并赔偿原告因侵权所遭受到的经济损失六万元，包括原告为诉讼而支付的取证费用，聘请律师而支付的律师代理费等费用。 原告认为，本案被告的侵权事实存在，承担赔偿责任依法有据，请求人民法院依法予以支持。	被告侵权的法律依据
此致 石门市中级人民法院 具状人：霍×× 202×年2月13日	**尾部：** 写明致送机关，具状人姓名和日期
附：1. 起诉状正本2份，副本7份 2. 证据6份	**附项：** 说明起诉状正副本的份数和证据份数

【实践训练】

任务1——根据工作情境撰写一份民事起诉状

原告秦××，男，1957年4月26日出生，汉族，居住地为石门市桥东区××庄园，联系电话：130××××××××。202×年6月秦××委托代理人提交诉状给石门市桥东区人民法院，要求尚××、祖××赔偿因交通事故造成的各项损失费10万元。尚××，男，1986年1月26日出生，汉族，居住地为石门市赵河县；祖××，男，2000年4月24日出生，汉族，居住地为石门市高河县。202×年6月20日18时11分许，尚××驾驶车牌号为冀A×××××轻型货车，在垒河大桥与秦××骑电动自行车相撞，造成秦××受伤，双方车辆不同程度损坏。石门市公安局交通巡逻警察支队作出第130431420238000111号道路交通事故认定书，认定尚××负此次事故的全部责任，秦××无责任。冀A×××××号轻型货车在太平洋保险公司投保了机动车交通事故责任强制保险和第三者商业险。秦××受伤后被送往石门市人民医院治疗，经检查，秦××多处骨折、皮肤擦伤等，住院治疗22天。因尚××的过错导致秦××受伤，所有损失均应由尚××、祖××承担。尚××系祖××的雇主，祖××驾驶的车辆也为尚××所有。但秦××至今未得到任何赔付。秦××要求依法判决尚××、祖××赔偿医疗费、误工费、护理费、住院伙食补助费、营养费、交通费、电车损失等共计60 000元；伤残鉴定和精神伤害等费用40 000元。

请你以秦××代理人的身份撰写一份给石门市桥东区法院的民事起诉状。

任务2——根据工作情境撰写一份行政起诉状

行政起诉状的制作

原告石××，男，1966年10月9日出生，住石门市华河县六沟巷28号。2023年4月25日石××向石门市桥东区人民法院递交诉状，表示不服被告石门市华河县公安局作出的行政处罚，请求人民法院撤销被告作出的东公行罚决字（2023）105号行政处罚决定书。石××称，2015年12月9日12时，债权人姚×到华河恒森大酒店索要货款，在大酒店停车场与石××（系华河恒森大酒店的董事长）发生言语争执。其间，石××打了姚×一巴掌，并安排酒店保安用胶棍将姚×等人撵出去，争执过程中，姚×被酒店保安用胶棍打伤。同日，姚×报警后，此案由永北派出所受理后立为治安案件办理。原告石××积极配合永北派出所的调查，并与姚 × 达成和解，永北派出所在查清案件情况后，没有对该案作出处理。2023 年 4 月 20 日石 ×× 因涉嫌另一起案件到派出所接受处理，2023 年 4 月 22 日石门市华河县公安局作出石公行罚决字（2023）105 号《行政处罚决定书》，对石 ×× 给予行政拘留 10 日并处罚款 500 元。石 ×× 认为华河县公安局办案的程序违法，与姚 × 纠纷一案已超出了法定的办案期限，本案在 2015 年 12 月 9 日已做了行政受案处理，且姚 × 一直未作伤情鉴定，现作出行政处罚决定已超出法定的办案期限。

请你代石 ×× 撰写一份提交给石门市桥东区人民法院的行政起诉状。

■ **任务 3——根据工作情境撰写一份刑事自诉状**

刑事自诉状的制作

张建设，男，个体工商户。202× 年 10 月 20 日向石门市开发区法院递交诉状，状告陈广祥故意伤害。陈广祥，男，无业。202× 年 10 月 1 日上午 11 时许，陈广祥、王建海、何建军等人来到自诉人张建设经营的饭馆寻衅，自诉人劝阻，陈广祥等人非但不听，反而共同殴打自诉人，致自诉人受伤。经医院治疗，花去医药费 12 000 元，并支付交通费 400 元，误工费 1 600 元，各项经济损失共计 14 000 元。经司法鉴定，自诉人伤势为轻伤。案发后，王建海主动认错，并支付医药费 10 000 元，自诉人决定不再追究王建海的责任。但自诉人认为，陈广祥故意伤害自诉人，应当追究其刑事责任，同时由于给自诉人造成了经济损失，亦应承担民事赔偿责任。

请你代张建设撰写一份向石门市开发区法院递交的刑事自诉状。

项目二　答辩状的制作

【工作情境】

2023 年 3 月的一天，钟纪和司稳正在忙碌地工作着，办公室主任岳思成走进了办公室，对大家说：公司有点麻烦事，昨天收到了桥西区劳动争议仲裁委员会的仲裁通知书，仲裁通知书上明确通知我们 2016 年在我公司工作的一位名叫迟明辉的员工状告公司拖欠工资，邓林达总经理要求我们妥善处理此事。钟纪和司稳对起诉状进行了认真分析，了解到原告迟明辉 2016 年 6 月来到艾仕国际服装设计公司工作，主要从事营销工作，为期3年，但是在仲裁申请中却提出了要求公司缴纳2016年1月至5月社会保险的请求，同时迟明辉又要求公司支付2019年6月的工资，以及加班费用等。但迟明辉2019年6月就与恩鸿服装设计公司签订了为期3年的劳动合同，与艾仕国际服装设计公司早已不存在劳动关系，这些要求既无法律依据，又不符合常理。

答辩状的制作

钟纪和司稳将这些情况向领导做了汇报，认为必须向劳动争议仲裁委员会提交答辩状，阐明公司的立场和理由，维护公司的合法权益。公司将这项工作交给了钟纪和司稳，并授权二人处理与此有关的一切事务。

【项目分解】

钟纪和司稳调阅了有关迟明辉在艾仕的工作档案，针对迟明辉提出的仲裁请求，一一分解了答辩状所体现的项目特征。

答辩状是被告针对原告的起诉或被上诉人针对上诉人的上诉，就其中的事实、请求或理由作出回答和辩驳的书状。

答辩状分为民事答辩状、刑事答辩状和行政答辩状三类。

民事答辩状，是民事被告、被上诉人针对原告或上诉人的起诉或上诉，阐述自己认定的事实和理由，予以答复和辩驳的一种书状；刑事答辩状是相对于刑事自诉状而言的被告人进行答辩的书面依据；行政答辩状是行政诉讼中的被告或被上诉人针对原告或上诉人在行政起诉状（或上诉状）中提出的诉讼请求，阐述自己认定的事实与理由，向人民法院作出的书面答复。

答辩状具有行文的被动性、答复的时限性和内容的针对性三个方面的特点。

答辩状都是基于出现了原告和上诉人的请求而言的，并且人民法院规定答辩状的提出必须在法定期限内，在收到起诉状或上诉状副本后，15 日内提出答辩；答辩状的目的就是要驳倒原告，因此内容上针对原告或上诉人提出起诉或上诉的事实、理由和根据及请求事项，进行有的放矢地答辩，阐明自己的理由和要求，并提出事实和证据证实自己的观点。

【任务下达】

钟纪和司稳结合答辩状具有的行文的被动性、答复的时限性和内容的针对性的特点，确定制作答辩状的具体任务。

◇ 以艾仕国际服装设计公司的名义向石门市桥西区劳动争议仲裁委员会撰写一份反驳迟明辉有关社会保险缴纳和工资补偿请求的答辩状。

◇ 答辩状的文本格式要按照国家法律所规定的法律文书格式进行编制。

◇ 撰写答辩状要以事实为根据，以法律为准绳。

◇ 答辩状的内容撰写要运用反驳的方法，使对方败诉。尊重事实，抓住关键，尖锐犀利。

◇ 答辩状要运用立论的方法，简明扼要，不横生枝蔓，有针对性，逐条论证。

本项目属于民事答辩状。

【制作要诀】

答辩状的制作

答辩状虽然分为民事答辩状、刑事答辩状和行政答辩状，内容上具有明显差别，适用法律上也有不同，但在结构框架上基本一致，由首部、正文、尾部和附项组成。

■ 首部

首部包括标题和答辩人基本情况。

◆ 标题

标题写明“民事答辩状”“刑事答辩状”或“行政答辩状”。不分一审还是二审。

◆ 答辩人基本情况

答辩人的基本情况可直接列明答辩人的基本信息，答辩人是公民的，写姓名、性别、出生年月日、民族、籍贯、职业或工作单位和职务、住址等；答辩人是法人或其他组织的，写名称、所在地址，然后写法定代表人（或代表人）姓名、职务、电话，再写企业性质、工商登记核准号、经营范围和方式、开户银行、账号。

■ 正文

答辩状的正文由答辩缘由、答辩理由和诉讼请求三部分组成。

◆ 答辩缘由

答辩缘由是指具体的行为，也称为案由。例如“因工资纠纷一案，现提出答辩如下”，它也具有过渡的作用，与以下理由部分相衔接。

◆ 答辩理由

答辩的理由是答辩状的主体部分，写法没有统一的规定，但一定要针对原告在诉状中提出的事实和理由，或上诉人在上诉状中提出的上诉请求和理由进行答辩，并可提出相反的事实、证据和理由，以证明自己的理由和观点是正确的，且提出的要求是合理的。答辩时可根据不同的案情采取不同的写作方法：如果起诉事实不实，可重点采用叙述手法详述真实情况，明确对原告诉状所讲事实是承认、部分否认还是全部否认，对原告事实不能成立的反证要确实、充分，证据要有力；如果起诉超过法定诉讼有效期限，可侧重分析原告起诉超过诉讼有效期限，已经丧失实体诉权的理由；如果起诉原告资格不合格，则应重点分析原告的资格问题。写答辩理由时，对原告诉状中的真实材料、正确理由、合法合理的请求，应予以概括肯定，不能强词夺理，进行诡辩。

◆ 诉讼请求

在进行事实、法律方面的答辩后引出自己的答辩主张，即表明对原告诉状中的请求是全部或是部分不接受，并对本案的处理意见依法提出自己的主张。

■ 尾部

写明受诉法院名称、答辩人姓名或名称、答辩状制作日期。

■ 附项

注明证物、书证的名称和件数。

【范例与模板】

[范例]	[模板要素]
答　辩　状	**标题：** 案件性质＋文种
答辩人：艾仕国际服装设计公司（以下简称艾仕） 地址：石门市华苑产业园区 E 楼 法定代表人：邓 ×× 职务：总经理 联系电话：132×××××××× 被答辩人：迟 ××，男，1986 年 10 月 6 日出生，汉族 地址：石门市桥西区红星街家乐园 53-701	**答辩人基本情况：** 名称、地址、法定代表人姓名、职务、电话

联系电话：138×××××××× 答辩请求：依法驳回被答辩人全部仲裁请求。 事实和理由： 艾仕于2023年10月25日收到仲裁委员会送达的与迟××辉劳动争议仲裁通知书，现对申请书所列各点答辩如下。 一、迟××称其于2016年2月入职不符合客观事实 迟××2016年6月1日进入艾仕从事销售服务工作，艾仕国际服装设计公司依据国家相关规定从2016年6月为其缴纳社会保险，直至其与艾仕的劳动关系终止。迟××2016年1月至5月并未在艾仕工作，其主张艾仕为其缴纳社会保险纯属无稽之谈。 二、艾仕与迟××于2019年6月之后不存在劳动关系 迟××于2019年6月与恩鸿服装设计公司签订了为期3年的劳动合同。自2019年6月1日起，艾仕与迟××不存在任何劳动关系，其2019年5月26日至2019年6月25日的工资理应向恩鸿服装设计公司主张，与艾仕无关。 三、迟××主张加班费于法无据 被答辩人迟××主张2016年1月至2017年6月25日的加班费的仲裁请求应该分为三个阶段： 1. 2016年1月至2016年5月，艾仕并未与迟××形成劳动关系，迟××无权要求艾仕支付加班工资。 2. 2016年6月1日至2019年5月31日，依据《中华人民共和国劳动争议调解仲裁法》第二十七条规定，迟××主张加班工资的仲裁时效为1年，迟××的主张加班工资的申请明显已经超过仲裁时效，依法应驳回其仲裁请求。 3. 自2019年6月1日起，迟××与恩鸿服装设计公司签订了劳动合同，其加班工资应依法向恩鸿服装设计公司主张，与艾仕无关。 四、关于迟××要求艾仕退还电话押金460元 如迟××能够提供盖有艾仕公司公章的押金凭条，艾仕同意返还电话押金。 综上所述，艾仕认为迟××之仲裁请求存在仲裁主体错误，并且加班费请求已经超过仲裁时效。故艾仕国际服装设计公司请求桥西区劳动争议仲裁委员会驳回迟××之	**被答辩人基本情况：** 姓名、性别、出生年月、民族、地址、电话 **答辩请求：** 对上诉的案件提出答辩 **答辩理由：** 答辩状的主体部分，针对原告在诉状中提出的事实和理由进行答辩，并可提出相反的事实、证据和理由，以证明自己争取的要求是合理的 **诉讼请求：** 答辩人的答辩主张

仲裁请求，以维护艾仕国际服装设计公司的合法权益。 答辩人：艾仕国际服装设计公司 2023 年 3 月 21 日	尾部： 答辩人及答辩状制作日期

【实践训练】

■ 任务 1——根据工作情境撰写一份民事答辩状

吴 ×× 是石门市古田县人，男，汉族，1965 年 12 月 7 日出生，现住在石门市古田县十里堡，身份证号码为：13220019651207××××，联系电话 151××××××××。张 ××，男，汉族，1970 年 2 月 17 日出生，现住在石门市古田县五里堡。2022 年 11 月 12 日吴 ×× 被张 ×× 状告拖欠木门款及利息共计 1 511 776 元于石门市桥东区人民法院。吴 ×× 与张 ×× 于 2016 年 3 月 23 日签订了石门市关爱医院医疗综合楼项目加工木门、门套合同。该合同约定款式款项、木门套数等，约定木门款总计为 1 473 376 元，双方均在合同上签字确认。但由于施工原因，吴 ×× 始终未全额支付木门款。吴 ×× 接到起诉状后，请人代笔撰写了答辩状，要求人民法院驳回原告张 ×× 的诉讼请求。理由如下：一是 2016 年 3 月签订了合同，到 2016 年 6 月原告才为关爱医院医疗综合楼项目加工安装木门 8 套，且 9 600 元款项已支付；二是 2016 年 12 月在工期滞后拖沓的情况下，原告继续加工安装木门 24 套，款项为 28 800 元也已支付；三是从 2017 年 5 月后，原告以关爱医院医疗综合楼不具备安装木门的条件为理由，加工制作的合同内 1 492 套门均未再安装；四是合同订立之前原告进行了踏勘，并未提出医院医疗综合楼不具备安装木门的条件。因此未支付木门款是有理由的。

请你代答辩人吴 ×× 撰写一份民事答辩书。

■ 任务 2——根据工作情境撰写一份行政答辩状

石门市新华区刘 × 不服石门市公安局交通警察支队一大队做出的行政处罚，向石门市新华区人民法院提起诉讼。原告刘 × 认为石门市公安局交通警察支队一大队做出的编号 140401-1904771210 号公安交通管理简易程序处罚决定书违法。原告刘 × 认为：202× 年 3 月 19 日 10 时左右，原告停放车辆的地点是民生街北侧商铺门前的场地，车头距离人行道上的盲道有 3 米左右，距道路路牙石有5米左右，且周围未设置禁停标识，未划禁止道路停放机动车黄色标线，未影响道路通行，更未在人行道或人行横道上停放，原告不存在被告作出的行政处罚决定中载明的违法行为。被告作出的行政处罚决定缺乏事实依据，且程序违法，未保障原告的陈述和申辩权，原告被迫缴纳了罚款。石门市公安局交通警察支队一大队认为其作出的行政处罚决定主要事实清楚，证据确凿。202× 年3月19日10时22分，原告在市区民生路段停放车辆，未按规定在城市非机动车道设置的停车泊位停放机动车，且驾驶人不在现场，妨碍其他车辆和行人通行，现场照片清楚记录下违法行为、车牌号等；其次，作出的行政处罚决定准确适用法律规范，程序合法。202× 年3月25日，原告刘 × 主动到公安局交通警察支队使用自助处理机处理了上述违法行为。在使用自助处理机进行违法行为处理的过程中，石门市公安局交通警察支队已将违法行为的证据照片、违法事件、地点、违法行为种类、违法代码、罚款金额、记分分值、驾驶证状态及累计分数等情况告知了原告，原告在阅读完成后予以签字确认，被告已经履行了告知义务。所以原告的诉讼请求没有事实和法律依据，法院应驳回原告的诉讼请求。

请你代石门市公安局交通警察支队一大队撰写一份行政答辩状。

■ **任务3——根据工作情境撰写一份刑事答辩状**

何 ××，女，38岁，是石门市信访局干部，家住石门市信访局宿舍13栋401号。何 ×× 的办公室同事陈 ××，男，40岁，家住石门市信访局宿舍20栋501号。202× 年8月陈 ×× 向石门市广阳区人民法院递交起诉状，状告何 ×× 犯诽谤罪，要求追究刑事责任。何 ×× 接到起诉状后，向人民法院申辩了自己的理由。何 ×× 认为：第一，本人行为不构成诽谤罪，因为诽谤罪是指故意捏造事实并加以散布，公然损害他人人格和名誉，且情节严重的行为。构成诽谤罪的主要条件，一是要有捏造并公然散布有损于他人名誉、人格的事实；二是出于故意，目的在于损害他人名誉和人格；三是必须情节严重。而本人没有捏造有损陈 ×× 名誉和人格的事实。202× 年6月17日，陈 ×× 在办公室内与他人做出不雅举动，当时本人和另两位同事亲眼所见，于是向领导王处长汇报了此事，并在党组生活会上提出了批评意见，这是很正常的同志式的批评，不存在故意损害名誉和人格之说。第二，陈 ×× 的行为本就应当受到舆论和道德的谴责，他应吸取教训，改正错误，但却采取恶人先告状的错误做法，如果放任这种行为，将造成更大的恶劣影响，希望人民法院驳回他的诉讼请求。

请你代何 ×× 撰写一份刑事答辩状。

项目三　调解书的制作

【工作情境】

202× 年 9 月，艾仕国际服装设计公司开发出了一批冬季新品，加工部的员工们加班加点赶制，以便在冬季之前投入市场。这一天临近下班时，员工王慧娟由于注意力不集中，导致右手大拇指被缝纫机器穿透，公司紧急把王慧娟送往医院救治。救治期间公司垫付了一部分医药费，但王慧娟所受的伤被医生鉴定为“右手拇指末节甲中段永久毁损”，功能部分丧失。王慧娟感觉自己因为受伤而落下了残疾，就向石门市广阳区劳动争议仲裁委员会递交了仲裁申请，要求公司做工伤赔偿。公司接到劳动争议仲裁委员会的通知后，本着人道主义的原则，主张协商解决，不宜走向诉讼程序。公司派钟纪和司稳配合仲裁委员会的工作，尽量满足王慧娟的请求，最终双方达成了协议。钟纪和司稳与仲裁员一起考虑如何撰写一份双方都满意的调解书。

【项目分解】

在仲裁员的帮助下，钟纪和司稳将制作调解书这一工作项目进行了分解，明确了撰写调解书的关键。

调解书是指人民法院制作的确认双方当事人协议内容的法律文书。

调解书是法律文书的重要文种之一。调解书也可以是仲裁庭或仲裁员根据经过调解双方达成的协议制作的记载该调解结果的具有约束力的法律文书。

调解书是为特定的当事人解决特定的纠纷而专门制作的具有权利义务专属性的法律文书，其最大的特点是三个确定：即确定的当事人、确定的纠纷和确定的处理结果。

调解书分为民事调解书、刑事调解书和行政调解书。

民事调解书是人民法院审理民事案件，在坚持自愿、合法的原则下，在查明事实、分清是非的基础上，采取调解方式，促使双方当事人互相谅解、达成协议后而写成的法律文书；刑事调解书是人民法院审理刑事自诉案件，采取调解方式，促使双方当事人互相谅解、达成协议后而写成的法律文书；行政调解书是人民法院审理行政案件，采取调解方式，促使双方当事人互相谅解、达成协议后而写成的法律文书。

【任务下达】

钟纪和司稳结合调解书具有的当事人的确定性、纠纷的确定性和结果的确定性的特点，明确了制作调解书的具体任务。

◇ 以石门市广阳区劳动争议仲裁委员会的名义，撰写一份艾仕国际服装设计公司与员工王慧娟针对工伤认定达成和解的调解书。

◇ 调解书的文本格式要按照国家法律所规定的法律文书格式进行编制。

◇ 撰写调解书要以事实为根据，以法律为准绳。

◇ 调解协议的内容适合采用分项叙写的方法，遣词用语务求准确。

◇ 调解的内容要明确具体，不能含糊笼统。协议内容要具体化，才能得以执行。

◇ 调解书中要写清今后必须履行的内容，包括履行的内容、时间、数量和质量要求等，不能遗漏。

◇ 调解书中叙述调解的事实，一般可不必分清是非，确定责任。

本项目属于民事调解书。

【制作要诀】

调解书的制作

调解书在结构上主要由首部、正文和尾部三部分组成。

■ 首部

调解书的首部由文书标题、文书编号、诉讼参与人、案由和案件来源四部分组成。

◆ 文书标题

标题写明调解书的类型即可，例如《广阳区人民法院民事调解书》《石门市劳动争议仲裁委员会调解书》。

◆ 文书编号

在标题的右下方写明文书的编号，例如“石民初字〔2023〕315 号”“石劳仲案字〔2023〕1427 号”。

◆ 诉讼参与人情况

依次写明原告、被告、第三人的基本情况。同起诉状、答辩状的当事人基本情况一致，包括姓名、工作单位、住址等。

◆ 案由和案件来源

案由就是案件的性质，例如离婚、房屋租赁、经济合同纠纷、工伤认定等。

案件来源就是诉讼引发的渠道和途径，例如公安机关发现的犯罪事实或者犯罪嫌疑人，单位或个人的报案、控告和举报，犯罪嫌疑人的自首，上级机关交办的案件，群众上访的案件等。对于调解书的案件来源一般就是当事人向人民法院的起诉。

正文

调解书的正文由当事人的诉讼请求和案件事实、协议内容、诉讼费用三部分组成。

◆ 诉讼请求和案件事实

简明扼要地把案情事实表述清楚。要求写清案件事实的各个要素，侧重写明法律关系的构成、内容和当事人之间的争执焦点、原因、方式、结果。

◆ 协议内容

是指当事人在自愿合法的原则下达成的解决纠纷的一致意见。它是调解书的核心内容。在事实写完之后，应另起一段，写明如下一段文字："本案在审理过程中，经本院主持调解，双方当事人自愿达成如下协议：……"然后，分条列项写明协议的具体内容。具体协议必须明确细化，不能粗略笼统。协商内容必须完整，凡是经过当事人双方协议商定、今后必须履行的内容，都必须写明履行的内容、时间、数量和质量要求等，不能遗漏。

◆ 诉讼费用

根据《人民法院诉讼收费办法》的规定，如果协议是当事人协商确定的，诉讼费用应写入协议内容部分；如果是当事人双方协议不成，由人民法院决定的，诉讼费用则在尾部书写。

尾部

如果是仲裁委员会的调解书，尾部要写明调解书份数及分持情况，仲裁员、秘书签名，仲裁委员会盖章，注明制作调解书的日期和地点；如果是人民法院制作的调解书，尾部要写明法院对协议内容予以确认的态度及调解书的效力，由审判庭人员署名，注明制作日期，加盖院印，书记员署名，左方打出"本件与原本核对无异"校对戳。

【范例与模板】

［范例］	［模板要素］
石门市广阳区劳动争议仲裁委员会 调解书	标题： 写明调解书的类型即可
石广劳仲案字〔202×〕45号	文书编号
申诉人：王××，女，汉族，1988年7月25日出生，现住石门市桥东区桃园×栋1101号。 被诉人：艾仕国际服装设计公司。 法定代表人：邓××，公司总经理。	诉讼人参与情况： 依次写明原告、被告、第三人的基本情况

委托代理人：石 ××，三和律师事务所律师。 申诉事由及请求情况： 申请人于 202× 年 9 月 17 日，在艾仕国际服装设计公司上班时，因工作失误，造成右手大拇指受伤，导致“右手拇指末节甲中段永久毁损”，功能部分丧失。双方均认可该次事故为工伤。为了解决双方的劳动纠纷，双方经友好协商，达成如下协议：	**诉讼请求和案件事实**
一、被诉人一次性支付申诉人工伤待遇赔偿金计人民币 50 000 元整。该赔偿金包括：申诉人因工伤停工留薪期间待遇薪金，生活护理费用，住院伙食补助费，一次性伤残补助金，一次性工伤医疗补助金，伤残就业补助金，营养费，继续医疗费用，未发放的 202× 年 8 月、9 月工资，其他因本次事故而应当支付的费用。 二、在支付上述费用后，被诉人不再承担其他赔偿责任。申诉人亦不得以其他任何理由或情形，要求被诉人承担任何赔偿责任。 三、自即日起，申诉人自愿解除与被诉人的劳动关系。 四、申诉人住院期间向被诉人暂借的 10 000 元（出院时退回 417 元），用于住院治疗期间发生的医疗费用，该费用由被诉人承担。其他医疗费用已在本协议第一条中的赔偿金中作出补偿。 五、如有被诉人不按照本协议第一条约定支付赔偿金、申诉人不遵照本协议第二条履行之情形出现，视为违约，由违约方向对方支付违约金 5 000 元。 六、本协议是双方真实意思的表示，双方均认可没有欺诈、胁迫、引诱或乘人之危等不诚实信用之情形。 七、本协议自双方签字、盖章后生效。	**协议内容：** 调解书的核心内容，协议内容必须明确、完整，写明履行的内容、时间、数量和质量等
八、本协议一式两份，双方各持一份。 申诉人：王 ×× 被诉人：艾仕国际服装设计公司 202× 年 10 月 15 日（印章）	**尾部：** 写明调解份数及分持情况 劳动仲裁委员会盖章，注明日期

【实践训练】

■ 任务1——根据工作情境撰写一份刑事调解书

202×年7月28日凌晨，邓××与钟××发生口角，在石门市维明大街当街打架，邓××对钟××的身体造成伤害。案件发生后，钟××住院治疗，出院后经法医鉴定为轻微伤，邓××被羁押在石门市第五看守所。案件发生后，邓××的家人非常重视，多次主动赔礼道歉，并积极主动与钟××协商后续赔偿事宜。经过双方协商一致达成如下赔偿协议：邓××一次性赔偿钟××医疗费、误工费、护理费、营养费、交通费、住宿费等共计人民币30 000元整。钟××也表示了对邓××的谅解，双方在法院调解下达成和解。

请你代石门市新华区人民法院撰写一份刑事调解书。

■ 任务2——根据工作情境撰写一份民事调解书

张××，男，1989年5月3日出生，汉族，现住在石门市安次区幸福路幸福庄园203号，身份证号为13310519890503××××，联系电话为133××××××××。邓××，女，1988年6月3日出生，汉族，现住在石门市安次区原河庄园101号，身份证号为13310619880603××××，联系电话为131××××××××。202×年4月13日，在石门市科技大街图书馆路段，张××驾驶车辆逆向行驶，与骑电动车的邓××相撞，造成邓××右腿主骨和副骨同时骨折。交通事故发生后，张××积极采取抢救措施，将邓××送往附近的雪象医院进行治疗，后因条件所限，经过协商于202×年4月15日转往石门第三骨科医院。在此期间，邓××共花费医疗费7万元，目前伤势已稳定，根据医生建议已回家进行康复休养。双方在安次区人民法院的主持下达成了调解协议：一是张××支付医药费12万元；二是一次性补偿4万元，包括交通费、护理费、伤残补助金、误工费、伙食补助费等；三是来年的二次手术费按实际情况凭医疗票据由张正明支付；四是双方就此次交通事故的赔偿问题已解决完毕，今后双方互不追究由此引起的一切责任；五是如有违约，违约方缴纳违约金1万元。

请你代安次区人民法院撰写一份民事调解书。

■ **任务3——根据工作情境撰写一份行政调解书**

赵××是高城市和睦镇居民，汉族，1980年1月21日生，因交通事故致右骨股干骨折，于202×年6月17日住进和睦镇中心医院，中心医院外科给予了手术治疗。于202×年6月30日出院。出院后因刀口不断发炎，于202×年8月11日再次住进中心医院外科治疗，于202×年9月8日自行出院。后因医院搬家，造成赵××第二次住院病历丢失，中心医院无法向患者提供病历，由此引发医疗纠纷。后经和睦镇法院调解，中心医院补偿赵××人民币1万元。赵××已于202×年11月1日领取了赔偿款，有和睦镇人民法院调解书和领款单为证。202×年12月7日赵××又再次向中心医院索要病历，中心医院亦无法提供。赵××放弃走法律程序，在和睦镇残联的调解下与中心医院达成如下协议：一是此次调解为最终了结；二是中心医院再次补偿5 000元，今后治疗出现任何情况均与中心医院无关；三是调解书由双方签字后生效，双方都不得对此争议再提出异议，也不得以任何形式对此争议进行追究，否则违约方以三倍赔偿金支付给对方。

请你代和睦镇残联撰写一份行政调解书。

模块九　公关工作文书

知识目标

- 了解公关工作的基本流程
- 熟悉公关工作涉及的文书
- 掌握公关文书的应用范围

能力目标

- 具备撰写公关工作文书的能力
- 能够准确制作公关工作文书

素质目标

- 提高处理复杂关系的综合素养
- 培养健康良好的心理素质

项目一 欢迎词的制作

【工作情境】

三八妇女节将至，文媛也从借调单位桥东区信访局办公室回到了桥东区柳辛庄街道办事处。刚刚回来，街道办事处主任刘春华就找到了文媛，商量如何在三八妇女节开展有意义的活动。文媛提议是不是可以同公安民警一起组织一场“警民携手共建平安家园”的联谊活动，通过联谊活动加强与公安机关的联系，也借此机会表达对公安民警们多年来对办事处各社区工作大力支持的感谢。刘春华主任对这一建议表示了肯定，并要求文媛抓紧落实此项工作。文媛想到自己的同学楚密正好在石门市公安局借调，这项工作可以拜托他来联系。文媛马上给楚密打电话联系，随后派专人送去了邀请公安局民警参加联谊会的信函。楚密将这项工作向公安局领导做了汇报，公安局领导欣然应允。文媛得到肯定的信息后，马上开始落实相关工作。她考虑到既然公安局的民警们来参加联谊活动，作为主办方就应当表示欢迎，于是开始着手撰写为刘春华主任准备的欢迎词。

【项目分解】

要写好欢迎词，必须把欢迎词的要素分解清楚，文媛详细地列出了有关欢迎词的项目成分。

欢迎词是国家、集体或单位、个人在举行隆重庆典、大型集会、欢迎仪式或洗尘宴会上，东道主出面对宾客的到来表示热烈欢迎而使用的讲话文稿。

欢迎词是公关活动中常用的一种文体，目前宾客来访、领导视察、同行参观、新生入学等场合都可以使用言辞热情的欢迎词，旨在对来宾表示欢迎和尊重，表达友好交往、增强交流与合作的心愿，营造和强化友好和谐的社交气氛。欢迎词的内容涉及方方面面，分类也比较复杂。因此多从公关的性质划分为私人交往欢迎词和公务往来欢迎词；从表达的方式划分为现场讲演欢迎词和报刊发表欢迎词。

欢迎词具有欢愉性、口语性、简短性的特点。

中国是礼仪之邦，有朋友到来时应当以一种愉快的心情致欢迎词，言词用语务必富有激情并表现出致词人的真诚，这样才会给客人一种“宾至如归”的感觉，为下一步各种活动的圆满举行打下扎实的基础；欢迎词本意是现场当面向宾客口头表达的，所以口语化是欢迎词文字上的必然要求，在遣词用语上要运用生活化的语言，拉近主人同来宾的亲切关系，既简洁又富有生活的情趣；欢迎词是一种礼节性的外交或公关辞令，篇幅都比较短小，言简意赅。

【任务下达】

文媛结合欢迎词具有的欢愉性、口语性和简短性的特点，明确了这次撰写欢迎词的具体任务。

◇ 以柳辛庄街道办事处的名义撰写一份对参与三八妇女节警民共建活动的民警表示欢迎的致辞。

◇ 欢迎词的文本格式可以自由安排，但要注意美观大方。

◇ 欢迎词的称呼要得体，要用尊称，感情要真挚，要比较得体地表达自己的原则立场。

◇ 欢迎词的措辞要慎重，要看对象说话、看场合说话，热情而不失分寸。勿信口开河，尤其要注意尊重对方的风俗习惯，应避开对方的忌讳，以免发生误会。

◇ 语言整体表达要精确、热情、友好、温和、礼貌。

本项目是一篇公务往来欢迎词。

【制作要诀】

欢迎词由标题、称谓、正文、结语、署名五个部分构成。

欢迎词的制作

■ 标题

欢迎词的标题有两种形式：一种形式是欢迎场合或对象加文种构成，如《三八妇女节联谊活动的欢迎词》《首届国际草莓品牌大会欢迎词》《非遗文化进校园欢迎词》；另一种形式是直接用文种“欢迎词”即可。欢迎词的标题在版面设置时，要在第一行居中的位置，字号要大一些，要醒目。

■ 称谓

称谓要在标题下一行的位置，提行顶格加冒号。称谓要讲究礼仪，面对宾客，宜用亲切的尊称，可以在姓名前加上适当的修饰性词语，例如“亲爱的朋友”“尊敬的领导”“敬爱的老师”等。

■ 正文

欢迎词的正文在称谓的下一行空两格书写，正文部分要具备以下意思：先概括说明宾客来访的背景，接着对宾客的到来表示热烈的欢迎和诚挚的问候，接下来可以阐述来访的意义，赞颂对方各方面取得的成就，也可以回顾双方的友谊，赞扬双方的友好合作。

■ 结语

结语应再一次对宾客的到访表示热烈的欢迎和良好的祝愿。

■ 署名

在正文的右下方署名并标注致辞的具体日期。通常用于讲话的欢迎词无须署名。若需刊载，则应在题目下面或文末署名。

【范例与模板】

［范例］	［模板要素］
三八妇女节联谊活动的欢迎词	标题： 欢迎场合/欢迎对象+欢迎词
尊敬的各位领导、各位嘉宾、各位朋友：	称谓： 称谓要使用尊称，可以加修饰语
大家好！ 今天，柳辛庄街道办事处非常荣幸地和市公安局的各位领导、各位嘉宾在这里举办三八妇女节联谊会，请柳辛庄街道办事处的全体干部员工们起立！让我们以热烈的掌声欢迎市公安局的各位领导、各位嘉宾的到来！	正文： 介绍宾客并对宾客的到来表示欢迎
胜友如云、高朋满座，能和大家共聚一堂举行联谊活动，我们感到非常高兴，我谨代表街道办事处的全体干部员工，向在座的集美丽与智慧于一身、优雅和风度并存的各位女士致以节日的祝贺！向市局的各位领导、各位嘉宾致以最诚挚的问候！	对在座的女士致以节日的祝贺，对领导和嘉宾表达诚挚的问候
对前来和我们一起欢度佳节的朋友们表示衷心的感谢！在过去的一年，广大民警同志们坚持稳中求进的工作总基调，全力维护社会安定，切实保障公共安全，大力服务保障民生，深入推进法治公安建设，打赢了多条战线硬仗，创造了优良的社会治安环境！柳辛庄街道办事处的发展离不开你们的保驾护航！你们立足新发展阶段，贯彻新发展理念，聚焦实施国家重大战略，紧盯人民群众“急难愁盼”问题和广泛关注的“关键小事”，在我们社区开展了一系列“我为群众办实事”的实践活动，切实提升了人民群众的获得感、幸福感、安全感。对你们给予柳辛庄街道办事处工作的帮助和支持，我再次代表街道办事处全体干部员工，向在座的市局的各位领导、各位嘉宾致以衷心的感谢！	颂扬对方取得的成绩

今天，市局各位领导、各位嘉宾又来到这里和我们“共叙警民和谐一家亲，共建平安幸福好家园”，我们感到荣幸之至，期望我们能通过联谊会播下友谊的种子，增进警民沟通，推进警民共建，为石门市的跨越发展而努力！我相信，在这阳春三月，在这早春时节，这份警民深情定会在我们双方的共同努力下得到升华和延续！ 尊敬的市局各位领导、尊敬的各位嘉宾、朋友们，春天带来新的希望，今天相聚是为了明天更好地起航！让我们再次以热烈的掌声向广大妇女同胞致以节日的祝贺，预祝今天的联谊会取得圆满成功！ 202× 年 3 月 8 日	再次对宾客表示热烈的欢迎和良好的祝愿

【实践训练】

■ 任务 1——根据工作情境撰写一份欢迎词

202× 年 12 月 12 日，石门大学马克思主义学院将举办第一届“中国红色文化资源研究”学术工作坊论坛。石门大学马克思主义学院院长任成教授担任论坛主持人；国内著名学者谢忠教授、岳谦教授、陈述教授将出席论坛并作主旨报告；国内 50 余所高校和研究机构的 70 余位专家学者参加论坛；著名评论家张华教授、田明教授、杨帆教授、冯明主编将应邀对交流报告进行点评。开展中国红色文化资源研究是深入学习贯彻党的二十大精神的重要举措，红色文化资源是高校开展党史、新中国史、改革开放史、社会主义发展史、中华民族发展史学习教育的“活教材”，也是弘扬红色精神、传承红色基因、赓续红色血脉的重要载体，做好中国红色文化资源研究探讨，对推进和丰富马克思主义理论学科建设有着重要意义。石门大学马克思主义学院院长任成教授将在开幕式上致热情洋溢的欢迎词。

请你代石门大学马克思主义学院院长任成教授撰写一份欢迎词。

■ 任务 2——根据工作情境撰写一份欢迎词

202× 年 3 月，第十届京剧文化节将在鄂州举行，届时省市领导都将到场。京剧艺术博大精深，是中华民族引以为豪的国粹，凝结着深厚的民族情感和审美意识。中国京剧艺术节是京剧成功入选联合国人类非物质文化遗产代表作名录后举办的京剧艺术的盛会，也是人民群众喜庆的节日。京剧艺术节积极创新机制，采取政府主导、市场运作的办节方式弘扬京剧艺术，对于传承传统文化、丰富群众文化生活、促进文艺事业又好又快发展具有重大意义。鄂州是楚文化的发源地，是长江文明形成和发展的主要地域。在京剧艺术形成的过程中，源于鄂州的汉剧做出了重要贡献，其唱腔、道白及早期的一些剧目极大地丰富了京剧的音乐和行当。京剧开山鼻祖余三胜、谭鑫培等来自此地的表演艺术家，对京剧艺术的传承和发展起到了重要作用。改革开放以来，鄂州不断加强京剧人才培养和精品剧目创作，新人新作不断涌现，为中国京剧艺术节在我省举办提供了强有力的支撑。党的二十大报告明确指出，要“坚守中华文化立场，提炼展示中华文明的精神标识和文化精髓”，办好京剧节是继承国粹、讲好中国故事的具体体现。

请你以鄂州人民政府的名义撰写一份中国京剧节上的欢迎词。

项目二　答谢词的制作

【工作情境】

文媛很久未同大学好友钟纪和司稳联系了，最近街道办事处打算定制一批服装，文媛正好利用工作之便同钟纪和司稳进行了电话沟通。没想到两人正陪同公司总经理邓林达在深圳迪桑服饰有限公司考察，鉴于深圳七色麻服饰有限公司的热情款待，邓林达总经理将在晚间举行答谢会，两人正忙着撰写答谢词。可是两人对公关文书不太熟悉，担心这类文稿写得不成功。文媛对他们进行了电话指导，强调中国人讲究“礼尚往来”“知恩报德”“来而不往非礼也”，所以在公关活动中便有了“谢”的言行，转到书面上就是答谢词。文媛提示要多赞美主人、多表达合作诚意、多谈双方感兴趣的话题，这样答谢词就不会乏味了。

【项目分解】

钟纪和司稳马上开始撰写答谢词，两人列出答谢词的提纲，明晰了项目的构成。

答谢词，是指在特定的公共礼仪场合，主人致欢迎词或欢送词后，客人所发表的对主人的热情接待和关照表示谢意的讲话。

答谢词也指客人在举行必要的答谢活动中所发表的感谢主人的盛情款待的讲话。

一般情况下，东道主致欢迎词后，宾客即致答谢词。

答谢词依据不同的致谢缘由和致谢内容，可划分为两个基本类型：一是谢遇型的答谢词，二是谢恩型的答谢词。

谢遇型的答谢词，即用来答谢别人招待的致词，常用于宾主之间，既可用于欢迎仪式上，也可用于欢送仪式上。谢恩型的答谢词，即用来答谢别人帮助的致词，常用于捐赠仪式或某种送别仪式上。

答谢词具有诚挚性、照应性、简短性的特点。

答谢词非常讲究客套，对对方的款待和帮助表示真挚的感谢；同时又注重照应主人的欢迎词，表达同样热烈的气氛。答谢词的篇幅不宜过长，尤其是主人的欢迎词不长时，答谢词更不能超越尺度。

【任务下达】

根据文媛提示的要点，钟纪和司稳结合答谢词具有的诚挚性、照应性和简短性的特点，将此次撰写答谢词的任务细化出来。

◇ 以艾仕国际服装设计公司的名义撰写一份答谢深圳七色麻服饰有限公司盛情款待考察团一行的文书。

◇ 答谢词的文本格式同欢迎词的文本格式一致，都要注意美观大方。

◇ 答谢词要热情洋溢、充满真情，措辞要简明，便于朗读。

◇ 答谢词要尊重对方习惯，在异地做客，要了解当地民情、风俗，尊重风土人情。

◇ 答谢词要注意与欢迎词的某些内容照应，这是对主人的尊重。如预先准备了答谢词，要及时修改完善，或因情因境临场应变发挥。

【制作要诀】

答谢词由标题、称谓、正文、结语、署名五个部分构成。

答谢词的制作

■ 标题

答谢词的标题有三种写法：第一种是只写文种名称，例如《答谢词》；第二种是写致辞场合和文种名，例如《在欢迎宴会上的答谢词》；第三种是写致辞人、致辞场合和文种名，例如《×× 先生在欢迎会上致 ××× 的答谢词》。

■ 称谓

称谓要在标题的下一行位置，提行顶格加冒号称呼对象。称谓的用法与欢迎词基本相同，人名要用全名，前加敬辞，后加头衔或“先生”“女士”之类词语，以突出被答谢的主人。一般不使用泛称，只能在突出被答谢的主人之后，根据当时场合的实际情况，适当使用泛称以概括其余人员。

■ 正文

◇ 首先对主人的热情款待表示感谢。

◇ 接着概述来访期间留下的美好印象。

◇ 然后主要写来访取得的成果，赞扬主人某方面的业绩并给予评价，对双方共同感兴趣的问题表达自己的观点、看法和愿望。

■ 结语

最后再次对主人的盛情款待表示由衷的感谢。再次表示良好的祝愿，使举行的仪式充满祥和友好的气氛。

■ 署名

在正文之后右下方，或在标题之下，写致辞者的职务、姓名和日期。

【范例与模板】

[范例]	[模板要素]
邓林达总经理的答谢词	标题： 致辞人 + 答谢词
尊敬的龙斯伟总经理，尊敬的艺术总监刘艺女士，尊敬的各位朋友：	称谓： 敬辞 + 人名 + 头衔/先生、女士等
大家晚上好！此次我公司组织的国际服装发展趋势考察代表团一行 12 人来到贵公司进行业务考察并商洽合作事宜，受到贵公司的热情接待和友好款待，我谨代表考察团全体人员向龙斯伟总经理、刘艺艺术总监，以及有关接待人员表示衷心的感谢！	正文： 对主人一方的热情款待表示感谢
通过这次参观考察和业务交流，我们对迪桑服饰公司一流的生产技术、先进的工艺设备和高超的管理水平感到由衷的敬佩，特别是对贵公司真诚协商、友好合作的交流态度和求真务实的工作作风留下了深刻印象，这些印象使我们最终确立了合作的意向。我们回去后，将进一步认真研究合作方案，尽快与贵公司达成合作协议，实现双方的友好合作。	概述来访期间留下的美好印象，给予对方高度评价 表达美好愿望

明天，我们即将结束此次考察启程返回。在此，我谨代表我的同事对贵公司在我们访问期间所给予的热情款待再次表示感谢。	再次对盛情款待表示感谢
最后，祝龙斯伟总经理、刘艺艺术总监，以及在座的各位朋友身体健康！祝贵公司兴旺发达，持续引领国内服装潮流！预祝深圳迪桑服饰有限公司与艾仕国际服装设计公司合作成功！ 艾仕国际服装设计公司总经理　邓林达 202× 年 4 月 16 日	最后表示良好的祝愿

【实践训练】

■ 任务 1——根据工作情境撰写一份答谢词

202× 年 3 月 12 日，江汉商业服务学院社会主义特色研究会来到延安大学进行考察，延安大学给予了热烈欢迎和热情款待。延安大学坐落在革命圣地延安，是由毛泽东同志亲自命名、中国共产党创办的第一所综合性大学。延安大学建校 80 多年来，先后为国家培养各类毕业生 10 万余人。民主革命时期，延安大学曾汇聚过众多革命先贤和学术界名流，也曾培养了一大批栋梁之材。著名的无产阶级革命家、教育家吴玉章、周扬、李敷仁先后担任过校长；陈云、李富春、林伯渠、李维汉、乌兰夫、徐特立、成仿吾、李强、艾思奇、何思敬、刘泽如等先后担任过延安大学前身院校和所属学院的校院长。延安大学依山傍水、苍松翠柏、亭台廊榭，高楼与窑洞错落有致，延河与杨家岭交相辉映。校园建有兰惠园、同心园、晨曦园、文汇山公园，首任校长吴玉章先生、文学大师路遥先生的塑像矗立校园，形成了独特的人文景观。两校共同探讨了中国特色社会主义理论研究的新进展，并表示将为两校的校园文化建设，学习、研究、宣传政治理论知识做出不懈努力。

请你以江汉商业服务学院社会主义特色研究会会长陈畅思的名义撰写一份答谢词。

■ 任务 2——根据工作情境撰写一份答谢词

202× 年，坝城遇到了几十年不遇的特大旱灾，石城志愿者协会及时伸出援助之手，慷慨解囊，雪中送炭，为坝城送来了价值 50 万元的救灾物品。石城志愿者协会不仅为坝城带来了抗旱救灾急需的资金和物资，更重要的是给坝城增添了抗旱救灾的信心和决心。坝城县团委郑重承诺，将把这些紧急抗旱救灾物资和资金以最快的速度分配到抗旱一线，绝不挤占挪用，并会及时将资金和物品的使用情况向石城志愿者协会汇报，同时，也真诚地希望石城志愿者协会的同志们继续关心和支持坝城县的抗旱救灾工作，提出更多、更好的意见和建议。

请你代坝城县团委撰写一份向石城志愿者协会表示感谢的答谢词。

项目三　邀请函的制作

【工作情境】

由于楚密、文媛、钟纪、司稳和高文化等人的出色表现，他们都已经成为各自单位的中坚力量。202× 年 3 月 20 日西川职业技术学院向他们发出邀请，邀请他们在 4 月 8 日回校，作为优秀毕业生为即将毕业的大学生们作职业选择的报告。几个人回到学校后，发现学校主管就业的老师非常忙碌，他们正在着手准备 4 月底的校园人才招聘会。为了使 202× 届毕业的大学生不出校门就能与企事业单位签署就业协议，学校广泛邀请各方用人单位到学校参加人才招聘会。除电话联系外，只要同意来校参加招聘会的用人单位，学校都会发出正式的邀请函。学校的邀请函还未制作完成，办公室的人员看到返回母校的几位从事文员工作的同学非常高兴，马上把撰写邀请函的工作交给了他们，楚密等人立刻着手制作邀请函。

【项目分解】

楚密提议，五人同时制作文本有些混乱，应当先清楚撰写制作邀请函的要点，然后各自划分一部分，最后合成。大家都非常赞同他的意见，马上分解了项目要素。

邀请函是邀请亲朋好友或知名人士、专家、合作伙伴等参加某项活动时所发的请约性书信，它体现了活动主办方的礼仪愿望、友好盛情。

邀请函分为正式邀请函和非正式邀请函两种。

正式邀请函需要对封面、色彩等进行设计，并交付印刷厂印制；非正式邀请函并不是指对邀请对象无诚意、仪式不正式，而是指文本的制作采用信函格式即可，不需要套色印刷和设计特制封面。

邀请函具有礼貌性强、感情诚挚、语言明了、适用面广的特点。

礼貌性是邀请函最显著的特征和基本原则，这体现在内容的赞美肯定和固定的礼貌用语的使用上。邀请函能够单纯地、充分地发出友好的情感信息，适宜在特定的时机、场合表达热烈、诚挚的情感。邀请函的语言简洁明了，通俗易懂，适用于任何单位、企业和个人，范围非常广泛。

【任务下达】

楚密等五人对邀请函的撰写和设计任务进行了分工，楚密、钟纪、高文化负责起草文本，文媛和司稳负责封面设计。

◇ 以西川职业技术学院的名义撰写一份邀请函，向社会各界的企事业单位发出参加校园招聘会的邀请。

◇ 邀请函的文本格式采用信函格式，对于正式邀请函如果需要设计封面，需要和文本内容一致，做到美观大方。

◇ “邀请函”三个字是完整的文种名称，与公文中的“函”是两种不同的文种，因此不宜拆开。

◇ 邀请函作为公关类文书要做到礼貌庄重、简明得体、准确文雅。

【制作要诀】

邀请函通常由标题、称谓、正文、敬语和落款五部分组成。

邀请函的制作

■ 标题

一般只写文种“邀请函”即可，字号比通常标题要略大一些。有时也可以加事由，如《关于参加招聘会的邀请函》。有时还可包括个性化的活动主题标语，如《选拔人才——招聘会邀请函》。

■ 称谓

称谓是对邀请对象的称呼。要顶格写受邀单位名称或个人姓名，后加冒号。要写明对方姓名、职务、职称、学衔，也可以用“同志”“经理”“教授”“先生”“女士”等称呼。通常还要加上“尊敬的”之类的定语。

■ 正文

这是邀请函的主体部分，通常有三个部分的内容。

◆ 问候语

在开头部分可向被邀请人简单问候，位置在称谓下一行空两格。

◆ 邀请缘由

在问候语之下，写明举办礼仪活动的缘由、目的、事项及要求。

◆ 邀请安排

要写明礼仪活动的日程安排、时间、地点，邀请对象及邀请对象所做的工作等。若附有票、券等物也应同邀请函一并送给邀请对象。如有较为详细的出席说明，通常要另附纸张，避免邀请函写得过长。

■ 敬语

邀请函的末尾一般要写常用的邀请惯用语，如“敬请光临”“敬请参加”“请届时出席”之类的敬语。有些邀请函可以用“此致敬礼”“顺致节日问候”等敬语。

■ 落款

邀请函的落款部分要署上邀请单位名称或发函者个人名称，以及发函日期。邀请单位还应加盖公章，以示庄重。

【范例与模块】

［范例］	［模板要素］
西川职业技术学院	
202× 届毕业生校园招聘会邀请函	标题： 事由 + 文种
尊敬的__________（用人单位名称）	称谓： 顶格写受邀单位名称
非常感谢贵单位对我院人才培养工作的大力支持！在我院 202× 届毕业生就业工作开展之际，我院真诚地期望能与贵单位加强交流协作，希望贵单位能为西川职业技术学院的毕业生提供施展才华的工作岗位和奉献社会的机会。	正文： 1. 对用人单位表示感谢，并发出邀请
西川职业技术学院 202× 届毕业生共 2 300 人，涵盖法律事务、国际贸易、人力资源、法律文秘、会展策划、应用英语、应用日语、市场营销、酒店管理、金融保险、会计电算化、报关与国际货运、软件技术、网络技术、计算机信息管理、动漫设计与制作等 36 个热门专业。为更好地为用人单位与毕业生提供双向选择的机会，有效满足企业对高素质人才的需求，我院将于 202× 年 4 月 27 日（星期 ×）举办“西川职业技术学院 202× 届毕业生校园招聘会”，为广大用人单位和高校学子们提供一个交流、选择的机会。有关事宜安排如下。	2. 邀请缘由：举办校园招聘会的缘由、目的、事项

<table>
<tr>
<td>一、招聘会举办时间、地点
202× 年 4 月 27 日（星期 ×）8:30—16:00，西川职业技术学院中心广场。
二、招聘会服务内容
1. 为每个参会单位提供展板 1 个，桌子 2 张，椅子 4 把。
2. 全方位发布参会单位招聘信息，提前为参会单位印制招聘广告。
3. 及时为用人企业提供面试招聘专用教室。
4. 为每个展位配备一名专职就业与创业协会志愿者，便于协助做好咨询服务。
三、参会方法
参会单位将营业执照复印件于 4 月 20 日之前传真或发送邮件至西川职业技术学院就业办公室，以便我们提前为贵公司在就业网站、宣传栏发布需求信息，并安排展位。
四、联系方式
联系电话：03×–8109××××
联 系 人：邱老师、王老师
传 真：03×–8109××××
邮 箱：jcjy××××@163.com
五、乘车路线
1. 高速交通路线：从“西古城高速收费站”下，沿迎宾路东行至学府路交会处北行，至友谊路后东行 300 米路北即到。
2. 市内公交路线：从“运河桥客运站”乘旅游 2 路公交车到“西川职业技术学院站”，或从“石门火车站”乘 118 路公交车到“西川职业技术学院站”。
西川职业技术学院
202× 年 4 月 8 日</td>
<td>3. 邀请安排：举办活动的时间、地点、内容、参会方法、联系方式、乘车路线等

落款：
邀请单位名称 + 成文日期</td>
</tr>
</table>

【实践训练】

■ 任务 1——根据工作情境撰写一份国际汽车展示会的邀请函

石门市政府拟定于202× 年11月20日至25日在石门国际会展中心举办第八届中国石门国际汽车展示会。石门市是全国汽车消费最旺盛的城市之一，前七届中国石门国际汽车展示会都取得了空前的成功，每届都有40多个品牌参加，其中一半以上都得到了原厂展具的支持，取得了良好的效果。本次车展准备了超过20 000平方米的展会场地，其中包括了主题会场和全玻璃全透明雅典会场，100%高标准室内展馆。计划参加此次车展的品牌共55个，80%以上品牌原厂搭建。

请你以第八届中国石门国际汽车展示会组委会的名义向各品牌厂家发出邀请，诚邀他们参与本次车展。

■ 任务 2——根据工作情境撰写一份培训班邀请函

2022年10月16日至22日，举世瞩目的中国共产党第二十次全国代表大会胜利召开。为深入学习贯彻党的二十大精神，教育引导广大党员干部及各阶层人士更加深刻领悟“两个确立”的决定性意义，增强“四个意识”，坚定“四个自信”，做到“两个维护”，坚定不移沿着习近平新时代中国特色社会主义思想指引的方向奋勇前进，冀云教育培训中心决定举办学习贯彻党的二十大精神的网络培训班。培训班将围绕党的二十大提出的新观点、新论断、新思想、新战略、新要求，邀请省委党校、知名高校的著名专家、学者进行授课，主要内容包括十个方面：党的二十大精神解读；党的二十大报告亮点解读；过去五年的工作和新时代十年的伟大变革；开辟马克思主义中国化时代化新境界；新时代新征程中国共产党的使命任务；发展全过程人民民主，保障人民当家作主；增进民生福祉，提高人民生活品质；推进国家安全体系和能力现代化，坚决维护国家安全和社会稳定；坚持和完善“一国两制”，推进祖国统一；促进世界和平与发展，推动构建人类命运共同体。培训时间定于2023年4月10日至14日，报名时间截至2023年4月2日。本次网络培训不收取费用，报名流程详见《网络培训班报名操作流程》(附件)。完成所有课程学习后，学员可申请电子结业证书。获取培训通知、附件及更多信息请关注“冀云教育培训中心”公众号。

请你代冀云教育培训中心撰写一份向各级政府、高校办公室发出的邀请函。

项目四　聘请书的制作

【工作情境】

高文化所在的工作单位石门市体育局运动康复基地最近迎来了一位贵宾，他就是法国著名的运动康复医学专家杜古路·伊夫先生。杜古路·伊夫先生曾先后在罗马、西班牙、加拿大、德国、瑞士、美国、希腊等国参观访问并进行学术交流，在运动康复医学专业方面具有很深的造诣，曾为许多世界著名的体育运动员、音乐家、政界要人、商界名人等接诊和治疗。同时，他对中华的悠久历史和文化有着很深的兴趣和感情，愿意放弃优越的工作和生活条件做运动康复医学的布道者。杜古路·伊夫先生受邀来到石门市体育局运动康复基地进行有关运动康复医学的讲座和诊疗，体育局运动康复基地的领导抓住时机向他表达了想聘请他为运动康复基地运动康复医学技术指导专家的意愿，杜古路·伊夫先生欣然接受，运动康复基地的领导要求高文化紧急赶制一份聘请书。

【项目分解】

高文化没有耽搁，迅速书写了几条聘请书的项目要点，着手起草聘请书。

聘请书是指机关、单位聘请有专业特长或有特殊技能的人来担任某一职务或承担某项任务时使用的文书。

聘请书具有桥梁性、荣誉性、约定性和简短性的特点。

聘请书是加强协作的纽带，聘请书把人才和用人单位很好地联系了起来。应聘者接到聘请书也就等于必须为自己所聘的职务、工作负有责任，因为聘书是出于对受聘人极大的信任和尊重才发出的，这无形中就加强了受聘人的责任感和荣誉感。使用聘请书是为了表示郑重其事、信任和守约，聘请书大多文辞简约，高度概括。

聘请书按照性质一般可划分为两类。

一类是由学校或团体为扩大影响力及知名度，聘请有名望的人担任顾问或指导专家的聘书；另一类是公司或企业聘用专业人才以加速公司、企业发展的聘书。

【任务下达】

高文化把制作聘请书的任务细化成几项。

◇ 以石门市体育局运动康复基地的名义撰写一份颁发给杜古路·伊夫的聘请书。

◇ 聘请书的文本格式采用证书格式，字体字号要醒目。

◇ 聘请书所用纸张不是白色 A4 纸型，而是具有装饰色的纸张。

◇ 聘请书的语言要简洁、明了。

本任务属于第一类聘请书形式。

【制作要诀】

聘请书的制作

聘请书的结构通常由标题、称谓、正文、结束语和落款五部分组成。

■ 标题

聘请书往往在正中写上“聘书”或“聘请书”字样，有的聘书也可以不写标题。已印制好的聘书标题常用烫金或大写的“聘书”或“聘请书”字样组成。

■ 称谓

聘请书上被聘者的姓名称呼可以在开头顶格写，然后再加冒号；也可以在正文中写明受聘人的姓名称呼。常见的印制好的聘书则大都在第一行空两格写明，如“兹聘请杜古路·伊夫先生”。

■ 正文

聘请书的正文一般包括以下内容。

◆ 聘任的职衔

交代聘请的原因和需要从事的工作，或所要担任的职务。

◆ 任职期限和起始时间

写明聘任期限，如“聘期两年”“聘期自 2023 年 3 月 20 日至 2025 年 3 月 20 日”。

◆ 聘任待遇

聘任待遇可直接写在聘书上，也可另附详尽的聘约或公函写明具体的待遇，这要视具体情况而定。

■ 结束语

聘书的结尾一般写上表示敬意和祝颂的结束用语，如“此致敬礼”“此聘”“特聘”等。

■ 落款

落款要署上发文单位名称或单位领导的姓名、职务，并署上发文日期，同时要加盖公章。

【范例与模板】

[范例]	[模板要素]
聘　　书 杜古路·伊夫先生： 特聘您为石门市体育局运动康复基地运动康复医学技术指导专家，聘期三年，自2023年5月1日起至2026年5月1日止。 此聘。 石门市体育局运动康复基地（印章） 2023年4月10日	**标题：** 聘请书/聘书 **称谓：** 受聘者的姓名 **正文：** 受聘单位、头衔、聘任期限、起始时间等 **结束语：** “此致敬礼”“此聘”“特聘”等 **落款：** 发文单位+发文日期，加盖公章

【实践训练】

■ 任务1——根据工作情境撰写一份聘请书

石门市社会科学院为了提高科研水平，成立了科研项目评估委员会，委员会聘请江达钊教授为学术顾问，指导社科院的科研工作，聘期为三年。

请你代石门市社会科学院撰写一份聘请书。

■ 任务2——根据工作情境撰写一份聘请书

石门市北人集团家电维修部聘请赵寒冰为家电维修部的总工程师兼主任，聘期自2023年4月3日至2026年4月3日，聘任期间享受集团高级工程师全额工资待遇。

请你以石门市北人集团家电维修部的名义撰写一份聘请书。

项目五　祝贺信的制作

【工作情境】

艾仕国际服装设计公司为了庆祝党的二十大胜利召开，组建了艾仕国际服装设计公司合唱团，并将合唱团定名为“映山红合唱团”。合唱团的成员大多是一线员工，大家利用业余时间进行训练，由最初的混声一片到最后形成和谐的旋律。大家在歌声中鼓足了干劲，在歌声中加强了团结，在歌声中融洽了感情。经过刻苦训练，在 2023 年 4 月 1 日的歌咏大赛中，映山红合唱团获得了金奖。公司总经理听说后非常兴奋，要求钟纪和司稳马上撰文，以总经理的名义向合唱团获得的佳绩表示祝贺，也希望全公司上下以他们为榜样，在平凡的岗位上做出突出贡献。钟纪和司稳得到命令后，马上开始了解映山红合唱团的先进事迹，并和公司的重点工作相结合，谋划祝贺信的撰写。

【项目分解】

为了更好地完成撰写祝贺信的任务，钟纪和司稳将祝贺信涵盖的要素进行了分解。

祝贺信是向取得重大成绩、做出卓越贡献的有关单位、集体或人员表示祝贺，或者对重要的会议、节日等表示祝贺的一种专用的礼仪性公关书信。

祝贺信可以起到联络感情、增进友谊、促进交流、加强合作、缓解矛盾、培养人脉等作用。

祝贺信具有情意性、时限性的特点。

祝贺信针对具体的祝贺情境，以真挚的感情恭贺对方，表达共同愿望，增进彼此感情，通篇喜庆色彩浓郁，纸短情长。贺信可以直接送达，可以投递，也可以通过新闻媒介广泛传播，必要时还要当众宣读，但不管采用怎样的传达方式，都要讲究祝贺的时机。

祝贺信的类型按照作者的不同可以划分为单位贺信和个人贺信。

【任务下达】

钟纪和司稳结合祝贺信具有的情意性和时限性的特点，确定了以下具体任务。

◇ 以艾仕国际服装设计公司的名义撰写一份祝贺映山红合唱团获得歌咏大赛金奖的信函。

◇ 祝贺信的文本格式要符合信函的格式特点。

◇ 祝贺信的篇幅不宜太长，语言要简练生动、流畅得体。

◇ 祝贺信的整体内容要做到祝福真诚、定位准确、评价恰当。

本任务属于单位贺信。

【制作要诀】

祝贺信由标题、称谓、正文、结尾和落款五部分组成。

标题

祝贺信的标题常见的有三种写法：一是只写“贺信”或“贺电”二字；二是写由谁发出的祝贺信，例如《艾仕国际服装设计公司贺信》；三是写谁给谁的贺信，例如《艾仕国际服装设计公司给映山红合唱团的贺信》。

祝贺信的制作

称谓

顶格写明被祝贺单位或个人的名称或姓名。写给个人的，要在姓名后加上相应的礼仪名称如“同志”“先生”“女士”等，国际上多采用后缀职务、职称的形式。如果是会议，则写会议名称。称呼之后要用冒号。

正文

祝贺信的正文部分通常要涵盖向谁祝贺、祝贺什么、为什么祝贺等内容。

◆ 致贺对象

在开头用简练的语言点出致贺对象，并表示祝贺，如“值此中国共产党第二十次全国代表大会胜利召开之际，谨代表艾仕国际服装设计公司向映山红合唱团获得歌咏大赛金奖表示热烈祝贺”。

◆ 致贺内容

根据受文对象的不同，致贺的主体内容与措辞有所区别：一是祝贺取得成绩的贺信，主体要充分肯定和热情颂扬对方所取得的成绩，述评取得成绩的原因及意义，表示向对方学习，或提出希望；二是祝贺会议贺信，主体侧重说明会议召开的意义和影响；三是祝贺领导履新贺信，主体侧重祝愿对方在任期内取得新成就，并祝愿双方友谊长存。

◆ 致贺意义

结合当前的形势状况，说明对方取得成绩的大背景，或者某个重要会议召开的历史意义。这一部分也可以同致贺内容写在一起。

结尾

可再次写祝愿、鼓励和希望方面的话，如“此致敬礼”“祝争取更大的胜利”“祝您健康长寿”等。

■ **落款**

写明发文的单位或个人的姓名、名称，并署上成文的时间。

【范例与模板】

［范例］	［模板要素］
祝　贺　信	**标题：** 祝贺信 / 贺信
映山红合唱团：	**称谓：** 顶格写明被祝贺单位
在庆祝党的二十大胜利召开的歌咏大赛上，合唱团荣获金奖，我谨代表艾仕国际服装设计公司向全体合唱团成员表示热烈的祝贺！对大家为此次歌咏大赛的辛勤付出表示由衷的感谢！	**致贺对象：** 写明致贺对象并表示祝贺
在石门市所有企业中，仅有我们映山红合唱团获此殊荣，这是一份很高的荣誉，也是我们大家共同努力、辛勤劳动、刻苦训练的回报。此次比赛成绩充分表明：凡事只要有恒心、有毅力，拥有团队精神，朝着一个共同的方向一齐努力，必定会有好的结果。同时也要统一行动听指挥，不追求个人表现，一起寻找共同的音律，才能唱出优美和谐的音符。	**致贺内容：** 充分肯定合唱团取得的成绩，并指出取得成绩的原因
做企业也是如此，“尺有所短，寸有所长”，我们公司在发展过程中汇聚众多才华兼备的人员，共同组成了我们这个大集体。如同合唱一样，在公司的统一指挥下，各级管理人员掌握着主旋律，我们广大的员工就像是和音一样一齐努力，充分发挥各自所长，唱出一首艾仕企业和谐发展、奋发向上的时代强音。 公司的发展离不开大家的共同努力。我们从小到大，由弱变强，发展到现在的规模，与广大员工与管理人员的辛勤工作分不开，一分汗水一分收获，真切地希望大家能够继续发扬优良的工作作风。我们广大干部员工要以合唱团为楷模，克服困难，努力工作，在各自的岗位上，将平凡的事做得出色，让平凡的岗位变得闪亮。	**致贺意义：** 由合唱团推及公司，指出公司的发展需要大家的共同努力，提出希望，鼓舞干劲
再次祝贺映山红合唱团！感谢大家为公司的荣誉付出的辛勤汗水！ 艾仕国际服装设计公司 2023 年 4 月 3 日	**结尾：** 再次表示祝贺

【实践训练】

■ 任务1——根据工作情境撰写一份祝贺信

202×年6月1日是华强计算机公司成立15周年庆典。15年来，华强公司全体员工同心同德，发扬自力更生、艰苦创业、锐意创新的华强精神，不仅在计算机软件开发领域获得了重大成就，而且为兄弟单位培养了大批技术人才。尤其是多年来对新大地园林开发公司给予了技术方面的无私援助。为了表示感谢，祝愿华强计算机公司再创辉煌，新大地园林开发公司决定致贺信给华强计算机公司。

请你以新大地园林开发公司总经理的名义撰写一份祝贺信。

■ 任务2——根据工作情境撰写一份祝贺信

202×年10月21日是刘立德老师90岁大寿，刘立德老师的80级中文专业的学生们共同发来了贺信：不论春秋迭替、岁月轮回，老师甘作人梯、言传身教的奉献，如清泉、如甘露，在我们心中永远流淌。虽然老师已退休三十载，但“教师的生命在延续”（刘老师语），您又送给我们丰厚的精神财富——辛勤撰写的《晚霞中的记忆》。在我们的内心深处，您“就是一部读不完的教科书”。80级中文专业的全体同学祝福刘老师福如东海，寿比南山！祝福刘老师夫妇松鹤同春，福乐绵绵！

请你以80级中文专业全体学生的名义撰写一份祝贺信。

项目六　求职信的制作

【工作情境】

楚密、文媛、钟纪、司稳和高文化等人在学校所作的关于职业选择的报告，在学弟学妹中反响巨大。许多同学希望五位学长学姐给予具体的指导，楚密等五人强调求职的第一关就是要撰写求职信，向用人单位表达自己求职的愿望，以期用人单位能够提供面试的机会。楚密的同乡狄亦洁在大学期间学的是交通管理专业，她最近看到石门客运段动车组招录员工的信息，非常想成为一名动车列车员，请求楚密帮助撰写一份求职信。首先，楚密了解了狄亦洁在大学期间的学习成绩和她在大学期间担任的社团职务，以及社会实践等内容。之后，又同狄亦洁沟通了她对工作的选择取向、个人特长等方面的情况，然后才开始着手帮助起草求职信。

【项目分解】

楚密提醒狄亦洁撰写求职信不能盲目，要了解求职信的构成和要素，这样才能有的放矢。

求职信又称自荐书，是求职者为了谋求工作，向有关用人单位或有关领导人介绍自己的主观愿望与实际才能，恳请对方录用的公关文书。

求职信的类别较多，主要有以下几种。

从成文的角度来看，有自写的求职信和他人推荐而写的求职信；从内容或行业来看，有技术性求职信、销售性求职信、生产性求职信、演艺性求职信、医疗性求职信等；从求职的时间来看，有短期性求职信、中期性求职信、长期性求职信；从求职的要求来看，有基本要求的求职信，也有具体要求的求职信。

求职信具有针对性、自荐性、独特性和竞争性的特点。

求职信是沟通求职者和用人单位之间的桥梁，通过有针对性的沟通，在相互认识、交流的基础上实现相互的交往。求职信的自我表现力非常明显，带有很强的公关要素与公关特色，要以自己的某些特长、优势、技能等吸引用人单位。择人与择业的双向选择机制决定了求职行为本身就是一种竞争，面对激烈竞争，想要取胜，既要做到实事求是，又要充分展示自信，证明自己出类拔萃。

【任务下达】

楚密指导狄亦洁按照求职信具有的针对性、自荐性、独特性和竞争性的特点，确定具体的撰写任务。

◇ 以狄亦洁的名义撰写一份给石门客运段的求职信。

◇ 求职信的文本格式要符合信函的格式特点。

◇ 求职信要依据招聘方的要求，列出自己的长处、成绩和经历。

◇ 语言表达要有条有理，语句通畅，无错别字和错误的标点符号。

◇ 长度以 800~1 000 字为宜，要亲笔签名。

【制作要诀】

求职信的制作

求职信一般由标题、称谓、正文、祝颂语、落款、附件等部分组成。

■ 标题

在版面的上方正中部位书写较大的“求职信”三字，表明此信的性质和行文目的，以求醒目。

■ 称谓

称谓要顶格书写。求职信若是写给用人单位的，则直接写明有关单位名称即可；若是寄给有关单位领导的，则习惯加职衔或官衔。称呼应严谨，如“尊敬的王海江校长”“邓林达总经理”“岳思成主任”等。如果不知对方姓名，可写出他的职务，如“艾仕公司总经理”“华强电子厂人事部部长”等；如知道对方姓名，可在姓名后加“先生”“女士”或职务名称等，以示尊敬。

■ 正文

◆ 正文的开头部分

先是问候语，之后主要写清自己写信的缘由和目的。这部分可概括为“求什么职”，这是求职信应开宗明义讲清楚的。首先要简单介绍自己的姓名、性别、年龄、籍贯、民族、政治身份、职称等，然后写出用人信息的来源，即自己是从哪里得到招聘信息的。如果不知道对方是否需要毕业生，可以说明自己对该单位的印象，表示希望到该单位从事某方面工作的愿望。

◆ 正文的主体部分

这是求职信的重点，即要写出自身求职的条件，可概括为“凭什么求职”。求职条件要围绕所求职位来写，围绕该职位的应知、应会来写。求职条件一般分为两部分：一是基本条件，二是特长条件。

◇ 基本条件：主要包括学习经历和工作经历。学习经历主要指学习期间所学的专业、专业的主修课程、个人的学业成绩，以及获得的职业资格证书等情况；工作经历情况是指曾经从事过某方面的工作，以及工作的基本状况和工作时间。

◇ 特长条件：主要包括专业特长和技能特长。专业特长主要是指针对所学专业的创新开发，以及获得的奖励；技能特长是指长于他人的本领，例如音乐、体育、书画、主持等方面的特长。

主体部分要写明自己求职的理由，要强调自己的与众不同之处，展现自己良好的个性。与众不同之处，就是自己的特长和能力所在。良好的个性就是在求职信的字里行间表现出自己的热情和活泼，如克服困难的意志、助人为乐的品格、开拓创新的精神等。

这一部分不要写成刻板的经历罗列，要讲究语言的感情色彩。当然，在这部分中还可以略写对求职单位或求职岗位的兴趣、看法与要求。如果对薪水有要求，就明确列出一个希望的工资标准，并把它与你对目标单位做出的贡献大小联系起来。一般为了保证求职的稳妥性，刚迈入职场的大学生由于还缺乏对此项工作的实际经验，在求职信中最好回避或弱化关于薪水的内容，可在面试时沟通。

求职信的制作

◆ **正文的结尾部分**

要把自己想得到工作的迫切心情表达出来，请用人单位尽快答复，同时希望并请求招聘单位或求职单位给予面谈的机会。内容要具体简明，语气要热情诚恳、有礼貌。

■ **祝颂语**

一般通用的有“此致敬礼”等。“此致”要另起一行空两格写，“敬礼”应紧接着另一行顶格写。

■ **落款**

在祝颂语右下方处写“自荐人”或“求职者”，例如“自荐人：董锦丰”“求职者：张睿”，然后写上年月日。如用打印机打出，在姓名处仍需亲笔签名。

■ **附件**

指附在信末，对求职者起着证明或介绍作用的材料。附件一般包括如下内容。

◇ 在校所学专业课程一览表和成绩登记表。

◇ 学历证明。

◇ 各种获奖证明。

◇ 发表的文章。

◇ 获得的各项职业资格证书证明。

◇ 参加各种社会实践活动的证明。

【范例与模板】

[范例]	[模板要素]
求　职　信	**标题：** 求职信
尊敬的石门铁路局领导：	**称谓：** 顶格书写，冠以敬辞称谓
您好！ 今天，我从学校就业指导中心看到贵局的招聘启事。怀着对贵局的热爱和仰慕前来求职，希望您能给我一个为贵局的发展做贡献的机会！	**正文：** 1. 开头：先表示问候，然后表示希望到该单位工作的愿望
我叫狄亦洁，今年22岁，是西川职业技术学院202×届交通管理专业毕业生。大学期间，我系统地学习了交通管理专业的相关知识。经过在北京铁路局石门客运段6个月的实习，我对乘务员的工作有了更深的认识。经过不断学习和实践，我具备了乘务员必备的知识和技能，我相信自己能成为贵局动车组一名优秀的乘务员。	2. 主体：自我介绍及自身求职的条件
第一，我有扎实的专业知识。大学期间，我主修了旅客运输组织、铁路行车组织、铁路客运英语、客运服务礼仪等课程，取得了优异成绩，曾两次获得学院一等奖学金。此外，我还自学了医药卫生常识、心理学等相关课程，为做一名合格的乘务员打下了坚实的基础。	学习经历
第二，我有担任乘务员的实践经验。202×年，我在石门客运段进行岗位实习，担任石门至北京西的D2234次列车的乘务员。经过6个月的实习，我对乘务员的工作内容、性质有了全面的了解，也深刻体会到了乘务员肩负的职责。我积极、主动、热情地为每一位旅客服务，曾多次妥善处理突发事件，得到了旅客、列车长、指导老师和客运段领导的高度赞扬，并获“优秀实习生”称号。	实践经历
第三，我有良好的沟通和协调能力。在校期间我担任班长，协助班主任处理班级的各种事务，能很好地协调学院各部门与班级同学之间的关系。此外，我还组织了各种类型的活动，并多次担任学院大型活动的主持人。在各种活动中，我的沟通和协调能力均得到了锻炼与提高。	工作能力

第四，我有良好的身体和心理素质。我是学校 800 米跑的纪录保持者，长期担任班干部的经历又锻炼了我面对压力时的心理素质。	
以上经历为我真正从事乘务员工作打下了基础，也符合贵局对拟聘人才的要求。如蒙录用，本人将竭尽全力，为贵局的发展做出应有贡献！恭候佳音。	3. 结尾：表达迫切的心情
此致 敬礼！	祝颂语： “此致敬礼”
求职者：狄亦洁 2023 年 5 月 11 日	落款： 姓名 + 日期
附：本人简历、学校推荐表、大学三年成绩单及各种证书复印件。（略）	附件

【实践训练】

■ 任务 1——根据工作情境撰写一份求职信

叶成龙是石门商学院会计系 202× 届毕业生，他从人才信息网上了解到西川会计师事务所正在招聘会计人员，叶成龙对照各项招聘要求认为自己非常符合，便想撰写一份求职信，在求职信中介绍自己的基本情况：大学所学专业为商业会计专业，并参加过计算机操作技能的培训和训练，能够熟练地应用计算机处理各种会计业务。在商业写作、人际关系和心理学方面的训练，能帮助自己与公司客户建立密切而融洽的业务联系。同时，西川会计师事务所专门研究税收保护项目，叶成龙认为自己在这一专业领域内的工作经验也会对应聘有所帮助。叶成龙曾在一家证券经纪公司做过两年的业余簿记工作，随后被提升到社会投资部任财务投资主管。2022 年 8 月还为证券公司分析和选择了一种特殊而有效的税收保护计划，得到公司经理的赏识，特意增加了叶成龙的工资。此外，他还具有较强的领导和组织能力，曾是学校金融协会副主席和市慈善活动团体的筹资部部长。叶成龙随后呈上个人简历、论文及获奖证书复印件等材料，敬请会计师事务所参考。

请你代叶成龙撰写一份求职信。

■ **任务 2——根据工作情境撰写一份求职信**

王曼丽是西川职业技术学院外语系英语教育专业 202× 届毕业生。当她看到人才招聘网上公布了浩谦英语学校招收员工的信息后，就打算到浩谦英语学校应聘。王曼丽出生于教育世家，从小就受到了良好的家庭教育，而且对于教师事业始终充满着极大的热情。她诚实正直、勤劳务实，有着独特的思维方式、和谐的人际关系。她在大学期间不断强化自己的文化知识修养，并塑造了良好的心理素质，具备了脚踏实地的作风和规范自我的做人原则。同时她具备扎实的专业基础知识，掌握多项技能，在每学期的各项考试中都取得了优异的成绩，并于 202× 年 4 月一次性通过英语专业八级考试。她能自如运用计算机软件，熟悉 Word、Excel、PowerPoint、Photoshop 等办公软件。此外，她还积极参加学校、院系组织的各项活动，在校运动会上多次取得佳绩。

请你代王曼丽撰写一份求职信。

项目七　演讲词的制作

【工作情境】

202× 年国庆节来临之际，石门市公安系统和武警系统联合举办了庆祝祖国华诞演讲比赛。在市公安局办公室工作的楚密经过层层选拔进入了全市的演讲总决赛。楚密既激动，又紧张，激动的是自己进入了决赛，有了为市公安局争光的机会；紧张的是高手林立，自己的演讲稿还有欠缺。楚密马上打电话召集大学的同窗好友，请他们帮助完成演讲稿的完善、雕琢和润色。同学们出谋划策，都强调一次演讲的成功必须有充分的准备：一要明确演讲中心，清楚自己要讲什么；二要确定演讲题目，题目要确切、形象、新奇；三要选择演讲材料，材料要典型、生动、有时代感；四要安排演讲结构，做到“响”开头、“曲”主体、“蓄”结尾。楚密听了大家的意见，谈了自己的想法，认为既然自己是一名人民警察，就要围绕着警察这个职业展开演讲，材料尽量选择自己接触到的工作，结构安排上打算步步推进、层层深入。同学们认同楚密的想法，决定一边改一边试讲。

【项目分解】

为了在撰写演讲词的过程中避免脱离主线，大家把撰写演讲词的要素列成提纲。

演讲词又叫演讲稿，是在较为隆重的集会和某些公共场所发表讲话的文稿，是一种直接面对听众，凭借口头表达，进行宣传、教育、鼓动或是思想交流的论说性文章。

演讲词具有针对性、鲜明性、条理性、通俗性和互动性的特点。

演讲词中作者提出的问题是听众所关心的问题，它的评论和论辩要有雄辩的逻辑力量，要能为听众所接受并心悦诚服。演讲的内容不能只是客观地叙述事情，还必须表明自己的主张，阐明自己的见解。演讲要想使讲话易被听众听清、听懂，就要条理清楚、层次分明。演讲的语言要明白晓畅，好的演讲稿要能激发听众的情绪，形成互动，赢得好感。

演讲词的种类很多。

按照演讲的要求和性质，演讲词可分为即席演讲词、专题演讲词和报告演讲词三种。即席演讲词是到某些会议、集会或某些活动场所发表演说的文稿；专题演讲词是在专门召开的专题演讲会或演讲比赛上所作演讲的文稿；报告演讲词是在专门召开的事迹报告会或学术报告会上所作演讲的文稿。

【任务下达】

楚密和同学们根据演讲词具有的针对性、鲜明性、条理性、通俗性和互动性的特点，进一步明晰了撰写任务。

◇ 以楚密的名义撰写一份参加演讲比赛的演讲词。

◇ 演讲词的文本格式可以按照习惯用法，无须特意设计。

◇ 演讲词的写作要注意开头精彩，抓住听众；构思精巧，巧妙切入；内容丰富，跌宕起伏；结尾精彩，留有余香；标新立异，见解独到。

◇ 演讲词的语言要短小精悍，妙语连珠，含蓄幽默，风趣智慧。

◇ 演讲词的撰写要切合具体演讲的场合和对象。

本项任务属于专题演讲稿。

【制作要诀】

演讲词的制作

演讲词包括标题、称谓、正文三个部分。下面主要介绍称谓与正文各组成部分。

■ 称谓

演讲的对象不同、场合不同，称谓也就不同。常见的有“各位领导”“各位来宾”“女士们、先生们”“同志们”“朋友们”等，通常在称谓前加上“尊敬的”“敬爱的”等词，以示尊重和友好。

■ 开头

演讲词的开头具有导入演讲的重要作用，对于演讲的成败至关重要。开头要写得简短、精彩，达到很快与听众沟通、引人入胜、调动听众情绪的目的，演讲词的开头还具有渲染气氛、沟通情感、提出问题、启发思考、交代背景、说明情况等作用。常用的开头方式有以下几种。

◆ 开门见山，点明主题

开头就直截了当地提出演讲的中心论题，说明演讲的意图，言简意赅，单刀直入。尤其是一些有时间限制的时间较短的演讲，更适合这种开头方式。

◆ 善于提问，制造悬念

这是最常用的开头方法。通过提问制造悬念，从而引起听众的注意，发人深省。

◆ 巧用实物，引人入胜

可以借用工具吸引听众，从而达到沟通的效果。

◆ 巧用名言，借题发挥

开头引用名人名言、故事、成语、格言、诗词等现成的语言材料作为演讲的开头，运用得好，可以使演讲的论题深入浅出，收到出其不意的效果，也能激起听众的兴趣。

◆ 幽默风趣，轻松开场

演讲者适当地渲染环境气氛，可以使听众受到情绪感染，很快进入演讲主题。

■ 主体

这是演讲词的核心部分。它不仅要求合情合理、条理清楚、逻辑性强，而且要求波澜起伏、扣人心弦、出神入化、法度不乱。它既决定演讲词的质量，也决定演讲的成败。

主体部分的撰写尤其要注意以下几点：一是在层次上，要根据演讲的时空特点，对演讲内容加以选取、剪辑和组合，形成一个顺理成章的结构层次；要以有声语言为标志诉诸听众的听觉，显示结构层次，获得层次清晰、条理分明的艺术效果。二是在节奏上，要根据听众的心理特点，确定节奏频率，既要鲜明，又要适度，做到张弛有度，一波三折，始终维持听众的注意力。三是在衔接上，由于演讲节奏要求适时变换具体内容，容易造成结构松散，而衔接技巧正是对结构松散的一种修正，使内容层次变换更为巧妙自然，使演讲词具有浑然一体的整体感。

主体部分常采用的写法有递进式、并列式和正反式三种。

◆ 递进式

围绕所要说明或论述的问题，先说明“为什么”，继而谈“怎么样”，层层深入。

◆ 并列式

首先将总题分解成若干个分题，然后各分题既独立又互相连贯，共同阐明同一主题。这种材料的组合方式可使演讲条理井然，而且极有力量和气势。

◆ 正反式

围绕演说的题目要求，一方面从正面说明，另一方面从反面说明。正反对比，效果明显突出，引人深思。

■ 结尾

演讲词的结尾要言简意深，余音绕梁。好的结尾可以起到突出重点、深化主题、收拢全篇、首尾呼应、申明立场、表明态度、发人深省、给人启迪等多方面的作用。常用的结尾形式有以下几种。

◆ **豪情鼓舞式**

这种方法常能激发听众的浓厚兴趣，使演讲达到高潮。这种形式的结尾常以生动形象、饱含激情的语言结束，使整个结尾热情洋溢，令人振奋，具有极大的鼓舞力量。

◆ **含蓄幽默式**

这种结尾方法常常是以幽默的语言巧妙照应严肃的主题，含蓄地道出演讲的意义所在，给人以启迪。

◆ **哲理名言式**

这种结尾为了强化演讲的效果，以名人名言、哲理名句作为演讲的收束，既发人深省，又留有余韵。

◆ **概括总结式**

在演讲词的最后总结归纳自己的见解、主张，强化演讲的中心内容，将气氛推向高潮，给听众留下深刻印象。

【范例与模板】

［范例］	［模板要素］
我骄傲，我是一名人民警察	
各位评委老师、各位领导：	**称谓：** 演讲场合不同，称谓也不同
大家好！我叫楚密，来自石门市公安局办公室。今天，我演讲的题目是《我骄傲，我是一名人民警察》。 我骄傲——我是一名人民警察。	**开头：** 开门见山，点明主题
曾几何时，“民生”这个词语几乎就在一夜之间流行起来。“知民情、顺民意、保民安、化民怨、解民忧、让民知”，这一个个饱含深情的词组，如同空旷山野中突然吹响的号角，刹那间响遍了每一个角落……从那以后，我看到的是我的战友们风里来雨里去的忙碌身影，是他们面	**主体：** 演讲词的核心部分

对重重危险却毅然挺起的胸膛，是他们为了一桩桩案子连熬数夜而布满血丝的双眼，是他们双手把办好的证件递给群众时的一张张笑脸，是他们因为数天不归而向家人道歉的一条条短信…… 此时，我想说：我骄傲，我是一名人民警察！ 前不久的一个深夜，我随战友们一起去山林里抓捕一名犯罪嫌疑人。我们打着手电筒在荆棘丛生的山林里搜索了3个多小时，战友们衣服被荆棘划破了，手脚被划伤了，但是没有一个民警停下、没有一个民警退却。搜索到凌晨，终于在一株灌木丛后发现了疑犯。狡猾的疑犯假装投降，就在民警要靠拢他时，疑犯突然跳起来，抱着一位民警一起滚下20多米高的山崖。当我们赶到崖下时，眼前的一幕让所有的人惊呆了：我的战友被打得遍体鳞伤，右手拇指的指甲都没有了，可他血淋淋的双手还紧紧抓着疑犯。 此刻我真想大声喊出来：我骄傲，我是一名人民警察！ 我们局法制办的老张，父母刚刚过世，妻子瘫痪在床10多年，儿子又在外地读书，家里十分拮据，仅靠着老张微薄的工资度日。今年春节，老张和同事们一起去走访、慰问贫困户，看到走访对象因为孩子外出读书的费用发愁时，他从准备给自己儿子交学费的钱中抽出300元塞给了走访对象，而他已经一个多月没有吃过正常的早餐！ 此时我的心在颤抖，我不由得放声高歌：我骄傲，我是一名人民警察！ 今年4月林场发生大面积山火，国家数千亩林产危在旦夕，吴养浩局长带领200多名公安民警和武警战士赶赴火灾现场抢险扑救。他们沿着陡峭的山崖，穿过密集的灌木丛和荆棘，在漫山遍野的杉木林里砍扫隔离带，想办法扑救大火。经过四个多小时的战斗终于将火情控制住了，大家的喉咙在冒火，但没有一个人主动退出战斗。直到深夜火险彻底消除，1 000多亩林产保住了，可所有公安民警和武警战士的身上都伤痕累累。 面对此景，不能不让我自豪地大声宣告：我骄傲，我是一名人民警察！	一串排比句渲染扣人心弦 多次用“我骄傲，我是一名人民警察！”点明主题，增强气势

也就是在这些时刻，我才真正感受到“知民情、顺民意、保民安、化民怨、解民忧、让民知”这18个字的分量。是啊，随着社会的不断进步和发展，警察这个职业越来越重要，也越来越辛苦。在和平环境里，可以说再也没有哪个职业比警察更紧张、更危险；在治安形势严峻的今天，再也没有哪个职业比警察更疲乏、更艰辛；在复杂的市场经济社会里，再也没有哪个职业比警察更让人感到不可缺少。和平时期，面对凶残和暴戾，人民警察义无反顾，用鲜血和生命谱写了一曲曲壮丽的乐章。然而，当我们在为英雄们高唱赞歌的同时，面对一宗宗壮烈激昂的案卷、面对英烈名册上不断增加的数字，面对英雄的家人留下的一声声撕心裂肺的哀号，我们的心为之颤抖了。他们是人民的骄子，是祖国永远压不弯的脊梁！ 也正是在这个时候，我才真正明白，选择了从警之路，就等于选择了一种与众不同的生活方式：那将是属于形形色色没完没了的现场，那将是属于厚厚薄薄短短长长的案卷，那将是属于呼啸而来呼啸而去的警笛，那将是属于长城和橄榄枝构成的神圣的警徽。千言万语汇成一句：因为忠于党、忠于人民，那么你注定要用生命去填写一份血与火的人生答卷。可留下的将是对家人深深的愧疚和永远无法弥补的遗憾！ 正因为如此，我更要引吭高歌：我骄傲，我是一名警察！我骄傲，我是新时代的一名人民警察！	结尾： 最后再次点明主题，充满豪情，演讲达到高潮

【实践训练】

■ 任务1——根据工作情境撰写一份演讲词

钟纪和司稳都在办公室从事文员工作，深知其中的辛苦，他们决定撰写一篇有关办公室工作的演讲词，以备不时之需。于是，二人整理了有关的资料。

一是办公室工作是辛苦的。白天有成堆的文字材料，深夜还在赶印文件和领导讲话，就在放假期间，别人已经休息了，办公室的同事们还要工作。可曾记得，有多少次，在加了一夜班以后，第二天一早又接受了新的任务；又可曾记得，有多少次在睡梦中被急促的电话铃声叫醒，值班的同志说，又要加班了。辛苦是一种磨炼。在辛苦中，我们体验到了人生的真趣；在辛苦中，我们锻炼了自己的能力；在辛苦中，我们充实了奉献的人生。

二是办公室工作是默默无闻的。当某项工作顺利完成时，人们何曾想到，办公室的同志在其中付出了什么；当某个会议胜利召开后，人们又何曾想到，小到参会人员的座椅，都需要办公室的同志一一摆放好；当人们拿到精美的文件和领导讲话稿时，人们又何曾想到，这花费了办公室同志们多少个日夜！办公室的工作就像一支蜡烛，当人们看到耀眼的烛光时，总是忘记了燃烧自己躯体的蜡烛。正是在这种奉献中，我们的工作才得以完成，我们的事业才得以进步。

办公室的工作日常

三是办公室工作是光荣的。光荣的根源在于时时刻刻都在为人民服务，做每一件事情，都直接或间接地在为全公司的员工服务。每一个热线电话，每一次呼吸，每一个语气，都联系客户的心。我们代表着企业的形象，代表着办公室的形象，我们为此而感到无限的光荣。正是基于这种光荣，我们百倍地努力，忘我地工作；正是基于这种光荣，我们的同志带病坚持工作；正是基于这种光荣，我们的同志把名利抛在脑后。

四是办公室工作需要牺牲精神。深夜回家，看见没人照顾的孩子已躺在沙发上熟睡的时候；当为了一篇文稿，陪伴着星星和月亮，大脑进行高速思考的时候；当由于值班不能按时吃饭而被饥饿煎熬的时候，不能不想很多很多。工作本来也是一种生活，如果一种工作让人失去太多，那么，拥有这种工作的人就需要一种精神来支撑，这种精神就是：牺牲自己，全心为人。正是本着这种精神，办公室培育了一批又一批好干部；正是本着这种精神，办公室的工作才无往不胜。

五是办公室工作需要学习。办公室工作是一座山，我们便是那登山的人，而学习就是那登山杖；办公室工作是一条船，我们就是那划船的人，而学习就是那划船的桨。只有学习才能解决工作中的难题。正是在办公室这种环境的磨砺中，我们学会了计算机，掌握了法律、金融、管理、经贸等知识；正是因为学习，我们懂得了做事的原则和方法；正是因为学习，我们的精神更加富有，对未来更加充满信心。

六是办公室工作需要理解。深夜，当根据通知的时间要求，必须把电话打到领导家里的时候，我们需要理解；当付出百倍的努力把文稿完成，又需要根据新的思想、新的观念重写时，我们需要理解；当因为工作被人误解时，我们更需要理解。理解就像一味独特的调料，可使原本无味的生活变得生动起来；理解就像一缕缕春风，可使疲倦满脸的同事变得轻松起来；理解就像一位高级美容师，可使略显苍老的同志变得年轻起来。

请你根据上述的六点内容代钟纪和司稳撰写一份演讲词。

■ 任务 2——阅读评析习近平总书记《让开放的春风温暖世界》的演讲词

尊敬的各位国家元首、政府首脑，尊敬的各位国际组织负责人，尊敬的各代表团团长，各位来宾，女士们，先生们，朋友们：

大家好！很高兴在第四届中国国际进口博览会开幕之际，同大家“云端”相聚。首先，我谨代表中国政府和中国人民，并以我个人的名义，向各位嘉宾表示热烈的欢迎！向各位新老朋友表示诚挚的问候和美好的祝愿！

中国历来言必信、行必果。我在第三届进博会上宣布的扩大开放举措已经基本落实。海南自由贸易港跨境服务贸易负面清单已经出台，自由贸易试验区改革创新不断推进，外资准入持续放宽，营商环境继续改善，中欧投资协定谈判业已完成，区域全面经济伙伴关系协定国内核准率先完成。中国克服新冠肺炎疫情影响，推动对外贸易创新发展，是去年全球唯一实现货物贸易正增长的主要经济体，为保障全球产业链供应链稳定、推动世界经济复苏做出了重要贡献。

女士们、先生们、朋友们！

当前，世界百年变局和世纪疫情交织，单边主义、保护主义抬头，经济全球化遭遇逆流。有关研究表明，10年来"世界开放指数"不断下滑，全球开放共识弱化，这值得高度关注。逆水行舟，不进则退。我们要把握经济全球化发展大势，支持世界各国扩大开放，反对单边主义、保护主义，推动人类走向更加美好的未来。

开放是当代中国的鲜明标识。今年是中国加入世界贸易组织20周年。20年来，中国全面履行入世承诺，中国关税总水平由15.3%降至7.4%，低于9.8%的入世承诺；中国中央政府清理法律法规2 300多件，地方政府清理19万多件，激发了市场和社会活力。新冠肺炎疫情发生以来，中国向国际社会提供了约3 500亿只口罩、超过40亿件防护服、超过60亿人份检测试剂、超过16亿剂疫苗，积极推动国际抗疫合作，支持向发展中国家豁免疫苗知识产权，用实际行动践行承诺、展现担当。

20年来，中国经济总量从世界第六位上升到第二位，货物贸易从世界第六位上升到第一位，服务贸易从世界第十一位上升到第二位，利用外资稳居发展中国家首位，对外直接投资从世界第二十六位上升到第一位。这20年，是中国深化改革、全面开放的20年，是中国把握机遇、迎接挑战的20年，是中国主动担责、造福世界的20年。

加入世界贸易组织以来，中国不断扩大开放，激活了中国发展的澎湃春潮，也激活了世界经济的一池春水。

加入世界贸易组织20年来中国的发展进步，是中国人民在中国共产党坚强领导下埋头苦干、顽强奋斗取得的，也是中国主动加强国际合作、践行互利共赢的结果。

在此，我愿对所有参与和见证这一历史进程、支持中国开放发展的海内外各界人士，表示衷心的感谢！

女士们、先生们、朋友们！

"见出以知入，观往以知来。"一个国家、一个民族要振兴，就必须在历史前进的逻辑中前进、在时代发展的潮流中发展。中国扩大高水平开放的决心不会变，同世界分享发展机遇的决心不会变，推动经济全球化朝着更加开放、包容、普惠、平衡、共赢方向发展的决心不会变。

第一，中国将坚定不移维护真正的多边主义。以世界贸易组织为核心的多边贸易体制，是国际贸易的基石。当前，多边贸易体制面临诸多挑战。中国支持世界贸易组织改革朝着正确方向发展，支持多边贸易体制包容性发展，支持发展中成员合法权益。中国将以积极开放的态度参与数字经济、贸易和环境、产业补贴、国有企业等议题谈判，维护多边贸易体制国际规则制定的主渠道地位，维护全球产业链、供应链稳定。

第二，中国将坚定不移同世界共享市场机遇。中国有14亿多人口和4亿以上中等收入群体，每年进口商品和服务约2.5万亿美元，市场规模巨大。中国将更加注重扩大进口，促进贸易平衡发展。中国将增设进口贸易促进创新示范区，优化跨境电商零售进口商品清单，推进边民互市贸易进口商品落地加工，增加自周边国家进口。中国将推进内外贸一体化，加快建设国际消费中心城市，发展"丝路电商"，构建现代物流体系，提升跨境物流能力。

第三，中国将坚定不移推动高水平开放。中国将进一步缩减外资准入负面清单，有序扩大电信、医疗等服务业领域开放。中国将修订扩大《鼓励外商投资产业目录》，引导更多外资投向先进制造业、现代服务业、高新技术、节能环保等领域，投向中国中西部和东北地区。中国将在自由贸易试验区和海南自由贸易港做好高水平开放压力测试，出台自由贸易试验区跨境服务贸易负面清单。中国将深度参与绿色低碳、数字经济等国际合作，积极推进加入《全面与进步跨太平洋伙伴关系协定》《数字经济伙伴关系协定》。

第四，中国将坚定不移维护世界共同利益。中国将积极参与联合国、世界贸易组织、二十国集团、亚太经合组织、上海合作组织等机制合作，推动加强贸易和投资、数字经济、绿色低碳等领域议题探讨。中国将支持疫苗等关键医疗物资在全球范围内公平分配和贸易畅通。中国将推动高质量共建"一带一路"，使更多国家和人民获得发展机遇和实惠。中国将积极参与应对气候变化、维护全球粮食安全和能源安全，在南南合作框架内继续向其他发展中国家提供更多援助。

女士们、先生们、朋友们！

"孤举者难起，众行者易趋。"新冠肺炎疫情阴霾未散，世界经济复苏前路坎坷，各国人民更需要同舟共济、共克时艰。中国愿同各国一道，共建开放型世界经济，让开放的春风温暖世界！

谢谢大家。

■ 模块十　新媒体工作文书

知识目标

- 了解新媒体文书的内涵
- 熟悉新媒体文书的写作特点
- 掌握新媒体工作涉及的文书

能力目标

- 具备撰写新媒体工作文书的能力
- 能够正确制作新媒体工作文书

素质目标

- 增强政治意识，把握政治大局
- 遵守网络法规和管理办法

项目一　电子邮件的制作

【工作情境】

2022年，我国对“一带一路”沿线国家进出口总额达138 339亿元，比上年增长19.4%。2022年，中欧班列开行超过1.6万列，同比增长9%。截至2022年7月底，中欧班列通达欧洲24个国家196个城市。我国与“一带一路”沿线国家投资合作不断深化。截至2023年1月6日，我国与151个国家和32个国际组织签署了200余份共建“一带一路”合作文件。长海万达进出口贸易有限公司随着“一带一路”建设的推进，与“一带一路”沿线国家互通有无、贸易合作愈加频繁。长海万达进出口贸易有限公司总经理王建明赴土耳其洽谈玉米淀粉和辣椒销售代理事宜。总经理到达土耳其的第二天，总公司就接到希腊戴姆考有限公司的电话。电话中希腊方表达了愿与长海万达进出口贸易有限公司合作的意愿，并表示10天后将到达石门市，商洽食品、纺织品、橄榄油等商品进口事宜。办公室主任韩德强紧急电话联系在土耳其进行商贸洽谈的总经理王建明，王建明接电话后对迎接希腊戴姆考有限公司事宜做了简短安排。韩德强按照总经理的要求对工作进行了布置，并将此项工作交办给商务秘书钱用和，并要求以最快的速度将工作进展报告给总经理王建明。

【项目分解】

钱用和接到工作任务后，根据自己的工作经验，对将要开展的工作进行了梳理，对有关工作进行了周密安排。考虑到领导布置的工作：一是具体细致，二是国内与土耳其距离遥远，电话汇报难以详尽，决定使用电子邮件的方式。

电子邮件属于新媒体文书。

新媒体文书是随着卫星通信、数字化、多媒体计算机网络等技术发展而出现的新型传播媒介文书。新媒体文书是新媒体时代发展的结果，是最能体现时代前沿风潮的文体种类。常用的新媒体文书包括电子邮件、微博、手机短信、BBS帖子、微信、微信公众号等。电子邮件（E-mail）又称电子函件或电子信函，是指各种社会组织和个人在沟通信息、联系业务、商洽事项等活动中借助于电子邮件传输系统形成的信息记录。

电子邮件具有不同的分类标准。

电子邮件的类型可以按照其内容来分，也可以按照其形式来分：按电子邮件的内容来分，可以分为商务电子邮件、公务电子邮件和私人电子邮件三类；按电子邮件的形式来分，可以分为普通文本邮件、电子贺卡、电子明信片、音频视频邮件四类。

电子邮件综合了电话通信和邮政信件的特点。

电子邮件传送信息的速度和电话一样快，又能像信件一样使收信者在接收端收到文字记录。电子邮件具有传播速度快、非常便捷、成本低廉、广泛的交流对象、信息多样化、比较安全等诸多特点。

公务和商务电子邮件是电子公文的重要组成部分，它直接关涉社会组织的业务活动，具有鲜明的记录性与凭证性，直接影响着组织的管理绩效，所以，电子邮件文本要切实体现和保障电子邮件的文件价值。

【任务下达】

钱用和根据新媒体文书写作具有的技术性、交互性、即时性、超文本性、多形态性的特点，确定了此次需要完成的任务。

◇ 通过公司邮箱发送给总经理王建明一份函件。

◇ 电子邮件写作表述要清晰准确。一是对邮件中需收件人特别注意的内容，可采用星号、大写字母、斜体字、粗体字或改变颜色等形式加以强调；二是为适宜电子阅读，邮件内容要尽量简短，一般以不超过一屏为宜；三是提供必要的背景介绍或语境内容。

◇ 在写作中注意礼仪。一是发信前仔细检查邮件文本是否有错别字和文法错误；二是避免邮件的语气不得体或使用不恰当的网络俚语；三是邮件署名必不可少。

◇ 确保电子邮件信息安全。电子邮件具有私密性和信息性，一旦泄密，就可能因损失重要的信息而使组织或个人面临各种潜在风险与危机，因为是与总经理关于商业的事宜，所以也要注意保密。一是对于机密邮件可以采用邮件加密功能；二是使用邮箱要公私分明；三是发送邮件之前要认真核对邮件内容，核实收件人信箱地址，以免出现误投；四是谨慎使用电子邮件的转发、抄送和群发功能。

【制作要诀】

钱用和起草了电子邮件，并按照文件形式制作了电子邮件的附件。电子邮件一般包括三大部分：信头、邮件正文和附件。

■ 信头

电子邮件的信头包括：发件人、收件人、抄送和主题四部分。

◆ 发件人

发件人就是自己的电子邮箱地址，一般由电子信箱自动生成。钱用和使用的是公司的公务邮箱，例如 changhaiwanda@163.com。

◆ 收件人

收件人不是对方的名字，而是对方的电子邮箱地址。其书写方式应包括三个部分：

用户名、连接符号“@”、域名，例如总经理王建明的电子邮箱是 zongjingliWJM@163.com。在这个电子邮箱地址中，zongjingliWJM 是用户名，@是连接符号，163.com 是提供邮件服务的主机域名。

◆ 抄送

抄送是指邮件的发送范围，一般分为抄送、密送和群发单显三种形式。

◆ 主题

主题用于揭示邮件的主要内容。制作主题时应注意以下三点：一是一封电子邮件尽可能只表明一个主题，不要在一个邮件内谈及多件事情，以便收件人日后整理信息；二是邮件主题不能过于简单或笼统，如果概括不明会影响收件人处理邮件的效率；三是不要使用一些有可能会被电子邮箱系统当作垃圾邮件过滤掉的主题，例如抵押和银行等主题容易被系统认定是垃圾邮件。

■ 邮件正文

邮件正文一般分为称谓、开头、正文、结尾、署名、日期六个部分。这部分要交代发件人的主要意图，深入阐释主题涉及的具体内容，是主题信息的深化。基本格式和传统信件大致相同。

◆ 称谓

收件人的称谓在邮件正文第一行顶格写，后面加冒号。

◆ 开头

邮件开头部分可以是问候语，也可以是一般的寒暄语，要起引入话题的作用。

◆ 正文

正文是邮件的主体内容，企事业单位的电子邮件可用于日常工作交流、传递公司的产品与服务信息、获取外界信息、展示企业形象，因此表达要明确清晰、简洁得体。可以采用一段式的方式，如果事情比较复杂，也可以分条分项来写。

◆ 结尾

结尾是正文结束之后的致敬语或者祝颂语，与传统书信的写法和格式相同，也可以根据季节、天气、工作事务组织结束用语。

◆ 署名

署名可以写上自己的名字或单位名称，位置在正文右下角，与正文之间可以空一行。

◆ 日期

标明写信时的年月日显得比较正式庄重，在公务电子邮件中，此项不可或缺。

■ 附件

正式公文的附件与正式文件的作用是一样的，对于许多转发的文件而言，公文的正文内容往往在附件中体现。电子邮件的附件同正式公文的附件一样，不是电子邮件的必备内容，只在需要时采用。一旦使用了附件，就意味着附件是电子邮件的重要组成部分。附件可以是文本文件、图片，也可以是音频、视频文件甚至其他形式的文件。

◇ 附件的名称应简明扼要、直截了当地揭示其内容与成分，避免引起收件人误会。

◇ 添加附件前要对附件文件进行检查，以保证文件信息内容的完整、真实、可读，以免出现空白附件、无法打开或打开之后无法读取信息等情况。

◇ 在发送电子邮件时，电子邮件编辑页面下端还有紧急、已读、回执、邮件存证、纯文本、定时发送、邮件加密、保存到云端存储等选项供发件人视情况选用。

【范例与模板】

[范例]	[模板要素]
发送 预览 存草稿 抄送 密送 群发单显	
收件人：zongjingliWJM@163.com	收件人： 对方的电子邮箱地址
主题：关于迎接希腊戴姆考有限公司商贸代表团的工作安排	主题： 揭示邮件的主要内容
添加附件（最大 3G） 迎接希腊戴姆考有限公司商贸代表团.. 13.22K 上传完成 删除 商贸合作意向书.docx 12.63K 上传完成 删除	

关于迎接希腊戴姆考有限公司商贸代表团的工作安排 尊敬的王建明总经理： 您好！远赴土耳其谋求公司长足发展辛苦了！ 5 月 20 日，总公司接到希腊戴姆考有限公司的电话，希腊方称了解公司在与“一带一路”国家的商贸活动中高效率、守诚信，秉承共建双赢原则，成果颇丰，故慕名而来愿与我公司加强合作。同时表示希腊戴姆考有限公司一行 8 人组成的商贸团将于 5 月 30 日到达中国，希望用两天的时间考察我公司和洽谈合作事宜。	称谓： 使用敬辞＋姓名＋职务/职称，顶格书写 开头： 问候语，寒暄语 正文： 邮件的主体内容

韩德强主任说已就此项工作向您电话报告，并将此项工作的具体任务交给我落实。目前各项工作基本就绪，大致工作安排如下。 一、明确了希腊戴姆考有限公司商贸团一行8人的身份构成——1名团长、1名秘书、1名翻译、5名其他成员，其中3名女性,5名男性，并根据各自信息妥善安排了食宿，详见附件《迎接安排》。 二、针对希腊方要洽谈的食品、纺织品、橄榄油等商品做了国际价格和国内价格的调研，并由此初步拟定了《商贸合作意向书》，就合作的方式、供货方式、付款方式等作了约定，详见附件《商贸合作意向书》。 三、有关希腊方考察我公司的路线，以及洽谈的具体时间和会议地点、会议议程、会场布置等具体事项也已准备就绪。 请总经理审核上述工作安排是否妥善，我们将随时跟进改善。 祝：总经理在土耳其的商贸工作顺利！归程一路平安！ 秘书科　钱用和 202× 年 5 月 21 日	分条列项逐一汇报工作安排，条理清晰 **结尾：** 祝颂语 **署名：** 单位名称+姓名+日期
发件人：changhai wanda@163.com 发送　取消	

【实践训练】

■ 任务——请根据工作情境制作一份电子邮件

全国核心能力认证培训中心为提高职业人士的就业能力和职业竞争力，决定于202× 年3月26日至28日在上海举办仪态训练指导师培训班，培训的主要内容为女性气质提升、体态强化精练、优雅形体仪态塑造、形体仪态教练培训的教学方法与操作技巧培训。培训结束后还要进行小组展示与考核，考核专家为国内知名形体仪态训练专家梁惠、高级形体仪态培训导师吴亚、高级礼仪培训师陈邕、奥运会形体仪态礼仪培训师周玥。培训费用为4 000元（包含3天学习费用、证书、资料），食宿统一安排，费用自理。

请你代全国核心能力认证培训中心撰写一份电子邮件，并发送到石门市各高校教务处。

项目二　微博的制作

【工作情境】

202×年春节前夕，为保证广大市民过一个干净、整洁、祥和的春节，石门交警大队组织500名警员深入辖区各主要干道和小区，对外观残破、轮胎干瘪、逾期未年检、保险过期等长期停放无人认领的“僵尸车”开展全面排查，并通知车主限期驶离。限期过后，对于仍然无人进行处理的“僵尸车”，交警进行了强行拖离处理。整顿过后，整个石门辖区外部环境焕然一新，引来市民赞声一片。石门交警大队认为这样的工作十分有意义，既加强了城市市容管理，又促进了警民团结，更展示了为民办实事、办好事的行动能力，故决定以最快的速度把此信息发布出去。石门交警大队政委孙耀元将此项工作交给了交警大队宣传科干事赵函。

【项目分解】

赵函接到工作任务后，认为作为官方信息的发布应当言简意赅，从发布的实效性上应采取即时发布的形式，赵函决定马上制作一篇微博。

微博即微博客。

微博即微博客（Micro-blog）的简称，是一种允许用户及时更新文本并可以公开发布博客的形式，用户可以通过WEB、WAP及各种客户端实现即时分享。微博是媒介技术融合的产物，实现了多种信息格式的大融合。随着互联网技术的发展，微博通过手机进行信息传播已成为主流。

微博类别广泛。

微博作为一种新兴的交流工具，已广泛应用于各行各业的信息传播，弥补了传统媒体的许多不足。微博涉及的领域非常广泛，主要包括新闻时评、商务营销、政务公关、名人明星、大众人物等。

微博写作的特点。

微博带来了传播形式的新变革，微博写作具有碎片性、快捷性、互动性的特点。微博发布的内容常呈现一种碎片化的特征，符合现代人的生活节奏和思维习惯。微博的写作也不受时间地点的限制，可以随时通过手机记录现场发生的一切。微博采取的是点对点或者点对多点的交流，是随机性和固定性的结合，所以写作还要充分考虑关注度的问题。

但需要注意的是，微博账号既可以代表个人、企业，也可以代表政府、学校，在这些主体中比较特殊的是政府机构设立的官方微博，我们习惯把政府官方机构设立的微博称为政务微博。政务微博指政府机构因公共事务而设的微博，是党和政府联系群众、服务群众、凝聚群众的重要渠道，是转变政府职能、建设服务型政府的重要手段，是引导网上舆论、构建网络清朗环境的重要阵地。因此政务微博的语体主要分为三类：一是告知类信息语体，是政府和行政部门当前最新的政策、法规、官员动态、突发事件、热点追踪等信息的公开，便于接受大众的监督；二是互动性信息语体，是政府利用微博这一平台实现与广大民众的互动交流，可以广泛听取民意，急民众所需，解民众所困，使决策更加科学化、民主化；三是反馈性信息语体，即通过微博公开征求民众意见，得到民众的反馈。

【任务下达】

赵函考虑到微博是新媒体文书，政务微博是“网络问政”的产物，可以用来公告决策部署、展示发展成就、报道政务活动、说明突发事件、公布权威消息、告知服务事项、问候节日祝福、征询意见建议和解释法规政策，而清理“僵尸车”的举措属于政务活动报道。因此要完成好这项写作任务，就必须注意以下几点。

◇ 通过微博对外发布整顿石门环境的有关信息。

◇ 此篇微博写作：一要注意政治导向性，要注意网络意识形态的引导，要坚持以习近平新时代中国特色社会主义思想为指导，坚持以人民为中心的新发展理念；二要注意实用性，民众能通过微博获得某种服务，例如，民众通过微博了解到石门环境焕然一新；三是微博要有亲和力，微博上人人平等，不可让民众感觉政府高人一等；四是沟通方式要平实化，尽量少用专业术语，但又要注意政务微博语言表达的明确性和规范性，不可庸俗低下、违规违法。

◇ 微博在写作技巧上要以叙述为主，文字精练、言简意赅，直接指向事件中最具价值的要素，便于人们快速准确判定信息是否为自己所需要，是否有必要进一步关注。

◇ 微博写作在表现手段上呈现出多样化的特点，将文字、图片、视频、音频等手段融为一体，突破传统媒体只依靠一种或几种手段的局限性，使读者获得更具深度和广度的信息。

【制作要诀】

赵函按照微博的基本构成，构思了标题、正文、图片三部分。

微博的制作

■ 标题

微博的标题应当具有广告的效应，通常访问者在微博页面上只能做大概的浏览，阅读一些关键的词汇或者标题。如果标题鲜明独特，访问者才可能有兴趣点击浏览整篇内容。标题要出新，不是说故意将标题弄得很花哨。常用的微博标题有以下四种形式。

◆ 概括主旨式（谁 + 干什么 + 结果）

这种标题形式直接给人明晰的答复，谁干什么得到什么样的结果，标题具有很强的吸引力，容易增加访问者的阅读兴趣。例如，"碰瓷党同伙落网，男子跑刑警队打听消息被捕""新疆丁达尔奇观似金光万缕"。

◆ 数据直观式（谁 + 数字 + 产生结果）

数字能让人瞬间就对一件事有直观的概念。每个人心里都有关于自己的"数据"，你只要在标题里说出数字，访问者马上就可以用这个数据和自己的数据进行对比，于是马上可以判断这个微博是不是值得一读。例如，"中国 7.7 亿农村贫困人口脱贫！改革开放以来中国减贫人口占同期全球减贫人口 70% 以上"。

◆ 场景再现式（谁 + 目标访问者痛点）

每个人高频的生活场景是什么，细分到不同职业的人，就有不同的痛点。微博的作者越了解访问者生活的真实场景，标题就越容易击中访问者，这样微博点击率自然就高很多。例如，"欢迎回家！美国向中国归还 361 件流失文物""MU5735 事故现场全场鸣笛致哀，搜救人员向遇难飞机方向默哀 3 分钟"。

◆ 符号借代式（事件 + 符号）

有些形象符号天生就能让人产生信任感和好感。地标、名人、常见的事物，都能让人有熟悉的感觉，微博标题里融入这些元素，不仅更容易得到访问者的好感，而且在传播的时候也更容易脱口而出。例如，"固安新城，天安门正南 50 里"。

赵函构思此篇微博的标题采取了概括主旨式："交警出动，僵尸车逍遁。"

■ 正文

写作微博文案的时候，不要堆砌文字，最好做到短小精悍，内容要通俗易懂，让读者快速接受文章的思想，以达到引发思考、快速传播的目的。

◆ 确定主题

不管是什么样的微博文案，确定主题是第一步。明确主题要求，在微博写作之前就做好定位，包括微博的读者群体、写作目的，是要宣传国策方针，还是提升企业或者品牌的知名度，还是关注民生等。针对不同目的，文案的编写也不一样。只要能够达到目标，这则文案就成功了。

◆ 切入话题

不是每个人都是成功的段子手，都能写出有吸引力的文案，这种情况下就要求我们最好能从热门话题入手。热门话题可以是生活话题，也可以是热门事件，还可以是敏感问题，能够获得微博用户的关注的人或事都可以作为微博正文的引入点。通常我们把开头的部分称为“微导语”，话题引入必须节奏明快，短促有力，以激发访问者的阅读兴趣。要减少阅读障碍，就要少用长句子、少用被动语态。否则稍有歧义或者艰涩的成分，就会让人失去阅读欲望。

◆ 措辞得当

微博正文的语言表达要生动有趣，可以在文案写作中设置悬念，不把信息说尽；或者设置参与性内容，引起访问者兴趣；政务微博还要注意语言的准确友善。总体而言，语言表达以能够呈现一种画面感为最佳。

◆ 末句点睛

令人回味或忍俊不禁的微博结尾也是非常重要的。如果想要激发访问者的转发和评论兴趣，可以在结尾之处使用“惊人之语”，造成意境转折或突兀；也可以激发评论，唤起读者参与讨论的热情。

■ 图片

多媒体技术的运用为微博增强了感染力，在微博写作时可以充分利用多媒体技术，让文字、图片、视频、超链接等有效地配合，增强信息传播的趣味性和表现力。本篇微博只需采用微博常态表现方式，辅以配合正文文字的图片即可。

【范例与模板】

[范例]	[模板要素]
有什么新鲜事想告诉大家？　　热门微博	
【交警出动，僵尸车逍遁】石门交警大队500名警员齐出动，无人维护、满身灰尘、破烂不堪、无人问津的“僵尸车”被清理，城市主次干道、建筑工地和居民小区周边道路焕然一新。清理“僵尸车”，我们责无旁贷！	标题： 微博的标题应具有广告效应。概括主旨式标题可交代主要内容，引起访问者的浏览兴趣

正文：

内容短小精悍，“僵尸车”和“道路焕然一新”对比鲜明，最后末句点睛

图片：

增强内容的表现力

【实践训练】

■ 任务1——请根据工作情境制作一篇微博

石门东海幼儿园一名4岁的儿童乐乐疑似被老鼠咬伤，右手无名指有咬痕。事发后，幼儿园除了紧急将乐乐送医治疗，还将同教室其他30多名孩子转移出房间。根据医生的推断，乐乐可能是被老鼠咬伤的。医生给孩子们打了干扰素和狂犬疫苗，乐乐回家后出现发烧症状。记者了解到，事情发生后，幼儿园的负责人和几位老师于当晚到乐乐的家中看望孩子，并和乐乐的家人进行沟通，同时也在关注乐乐接受治疗后出现的发烧反应等情况。园长称，事发后园方一直在积极进行解决，并承诺会承担孩子的相关治疗费用。

请你代石门晚报编辑一条配图的微博。

■ 任务2——请根据工作情境制作一篇微博

春暖花开时，不少游人走出家门踏青赏花，享受春光烂漫。东湖多地樱花盛开，面对美景，拍照留念本无可厚非，然而部分不文明行为却有些煞风景：个别游客为了制造“樱花雨”脚踹樱花树、爬树拍照……对于这些游客的行为，也许我们可以理解，他们无非是想欣赏浪漫的花雨，留下最美的纪念，但这些看似很美的“樱花雨”却折射出他们的丑陋行为。一花一草皆生命，大自然中的一花一叶都需要我们爱护，赏花赏的是心情，而不是陋习。用脚踹出来的“樱花雨”，我们又怎知不是“樱花泪”呢？近年来，赏花过程中的不文明行为屡屡发生，无论是折枝、刻字还是爬树、脚踹，这些不仅是自私行为，更是与文明背道而驰。脚踹樱花树虽属个人行为，但其他游客不免效仿，虽说赏了樱花雨，却也伤了自然美，这样的赏花真的美吗？“樱花雨”洒落的是文明的“伤心泪”。

请你代东湖风景区编辑一条配视频的微博。

项目三　微信公众号的制作

【工作情境】

202× 年 3 月 20 日，石门市政法委“新时代政法大讲堂”讲座开讲。政法委书记黄勇作了题为《守正与担当》的专题讲座，鼓励全体政法人不惧艰难险阻、守正前行，勇于自我革新、敢于担当作为，力争取得不负时代的非常之功。

在授课过程中，黄勇引经据典、博采古今，运用大量翔实的数据、生动有趣的案例，讲授政法人的守正与担当，既全面阐述“守正”与“担当”的深刻内涵，又深刻揭示政法人“守正”与“担当”的意义。空谈误国，实干兴邦。“只有恪守正道和敢于担当，法律才不会偏向，法治才不会弱化”。

尚法笃行，守正担当。黄勇在授课时说：“我们有幸生活在中国特色社会主义的伟大新时代，有幸沐浴新时代的阳光雨露，仍需在时代舞台上随潮流前进。为共圆中国梦，全体政法人必须始终做到守正与担当，坚决防止在依法治国的长征路上迷失方向，丧失意志，丢失阵地。”黄勇指出，政法人既是普通人，又是特殊人，这是由于政法人的双重特性所决定的。作为普通公民，我们与所有人一样没有任何的个人特权，法律面前人人平等；作为特殊职业者，我们又是特殊人，肩负特殊使命，手握特殊职权，履行职责时务必做到守正于心、立正于行。黄勇在诠释“担当”时说，担当是所有政法人的天赋责任，是成就政法事业的必由之路，是创造人生价值的坚实阶梯，全体政法人要牢固树立“担当为要、实干为本、发展为重、奋斗为荣”的从政理念，切实增强政治担当、历史担当、责任担当，把担当作为硬性要求，敢于旗帜鲜明，敢于较真碰硬，对工作任劳任怨、尽心尽责、善始善终、善作善成，在推进政法事业发展进步的伟大征程中实现自我人生价值。

黄勇两个多小时的讲座深入浅出、旁征博引，一段段论述精辟深刻、一串串数字信手拈来，讲座始终坚持理论与实践相结合、历史与现实相结合，既有理论深度，又有现实针对性。大家专注地聆听、用心地思考、认真地记录。会场内，一股坚守纪律底线，做忠诚、干净、担当好干部的浪潮正席卷而来。通过大讲堂，大家加深了对守正与担当的理解。大家纷纷表示，作为新时代的党员干部，要深刻领会新时代、新思想、新矛盾、新目标提出的新要求，以时不我待、只争朝夕、勇立潮头的历史担当，努力改革创新、攻坚克难、锐意进取，为建设美丽石门贡献政法力量。

讲座结束后，政法委办公室要求秘书杨旭尽快报道此活动，以促进全体政法人肩负起守正与担当的责任。

【项目分解】

杨旭接到工作任务后立刻进行项目分解，石门市政法委举办“新时代政法大讲堂”讲座，涉及的内容非常多，采取微博发送的形式远远不能满足工作需要，在互联网时代，快捷、内容量大且发布范围广的方式就是微信公众号。

微信公众号是一种全方位沟通与互动的平台。

微信公众号也称微信公众平台，简称公众号。微信公众平台是在微信的基础上新增的功能模块，个人和单位都可以建立微信公众号，可以群发文字、图片、语音、视频、图文消息五个类别的内容。目前微信公众平台支持PC端、移动互联网网页登录，并可以绑定私人账号进行群发信息。

微信公众号的分类。

微信公众号按性质分为服务号、订阅号和企业号三类。微信服务号的运营主体为政府、企业和组织；微信订阅号的运营主体为媒体和个人；微信企业号的运营主体为企业或组织。微信公众号按照运营主体的行业分为政务类、媒体类和商业类三类。其中媒体类微信公众号又可以分为官方媒体和自媒体。

微信公众号的作用。

微信公众号在各行各业发挥着重要的作用。一是开阔传播渠道、传递权威声音；二是树立政府形象、扩大区域影响；三是建立微信集群、提高工作效率；四是倾听群众声音、了解群众需求；五是引导网络舆情、化解社会矛盾；六是解决诉求途径、提升服务质量；七是管理客户关系、形成数据系统；八是提供有效信息、促进营销成交；九是多向沟通群发、降低服务成本；十是阅读方便简单、传递信息快捷。

微信公众号的写作原则。

一是语言表达简洁精练、通俗易懂；二是内容组织灵活可信、注重时效；三是结构安排巧妙、风格独特、吸引关注；四是数据精准、用户信任；五是互动沟通渠道畅通、回复及时。

【任务下达】

杨旭将微信公众号的要素分解清楚之后，决定编辑一篇政务类微信公众号文案，写好这篇文案要完成以下具体任务。

◇ 通过石门政法委微信公众号推送“新时代政法大讲堂”讲座活动。

◇ 关注要抓热点。微信公众号的文案是否有影响力，不在于文本长短，而在于观点足够清晰和鲜明，有些较短的文章也能够传播很广。公众号上转发和分享的文章常是阅读者关注的社会问题或感兴趣的问题，抓住热点无形中就提高了可阅读性。

◇ 标题要醒目。标题要夺人眼球，标题决定 50% 的点击率。起标题的视角要与众不同，还要有既视感，见题如见文，一目了然知道文案的内容。

◇ 内容要有“料”。分享的文章有“干货”，增量信息足够大。要有引人入胜的头图（封面图片），它可以决定 25% 的打开率。做好内容提要，高度概括的提要也决定 25% 的打开率，提要未必是全文的总结，但一定是最能吸引受众的部分。

◇ 结构要巧妙。公众号重点前置，开门见山。把最重要的或是最有趣的内容放在最前面，千万不要从盘古开天辟地开始写起。注意使用好小标题，每个小标题就如同丝线串起的珍珠。一般每 300 字左右就应该有个小标题，起到强调的作用。正文中也可以搭配多图，需要强调的内容可以用图注的形式来呈现。注重搜索引擎优化，尽量把关键词嵌进去。在结构上可使用最简单的并列结构。

◇ 文字要情浓。情浓的文字才能打动人，动人才会转发。语言表达要生动有趣，避免干巴巴，少打官腔；句式多分行，多用短句，少用长句。

◇ 排版要适读。公众号的排版要适应屏幕阅读的特点，尽量简洁排版，不要用复杂的版式和字体。段与段之间空一行，段首不需要空两格。正文字号建议采用 18 号以上，微软雅黑，行间距 1.5 以上，深灰色，每段 5 行以内，效果视觉比较好。标题字号采用 20 号以上效果比较好。每篇文章字数不超过 2 000 字为宜，能用图片展现的就配图片，能少用文字的地方不多写。

【制作要诀】

公众号的制作

杨旭按照微信公众号文案写作的基本格式，将文案分成了头图、摘要、标题、正文、二维码五个部分。

■ 头图

微信公众号的头图也叫封面图片，就是显示在微信公众号文章开头或标题前的那张图。信息发布成功，这张图可显示在文章开头。在微信公众平台上发出的信息，一定要让用户第一眼就看到头图，这样才能吸引用户点击，浏览正文内容。

◇ 头图与文案主题保持一致。头图要与文章主题有所关联，这样才会让读者有望图生义之感，并且会促使读者进一步思考，进而产生读下去的兴趣。例如，一篇关于汉字的文章，就可以使用一张正在写字的书法家的图片；一篇关于旅游的文章，带有人物的风景图就比单纯的风景图表意更丰富。本篇微信公众号文案是石门政法人守正与担当的主题，就可以配上公安干警执法的图片。

◇ 头图与文案视觉效果匹配。头图在视觉效果上要与文章相匹配，例如，图片的颜色、对比度、亮度及视觉冲击性等，都要考虑能否为读者制造想要的效果，这些细节会影响微信公众号文案的整体感觉。

◇ 头图的微信公众号系统推荐尺寸是 900 mm × 500 mm，但在实际应用过程中，不同的机型会有区别，尤其是 Android 和 iOS 对头图的显示区别很大。

■ 摘要

◇ 单图文可以选择添加摘要，多图文没有摘要。摘要是首图下面的那一段引导性文字。如果没有选择添加摘要，公众号会默认将你正文的前面几句文字作为摘要显示。

◇ 默认的摘要针对性不强，这样对于公众号的推广是极大的浪费。要自己提前编辑好摘要的内容，目前比较受欢迎的摘要的写法有：选择文章里有哲理的两句话，例如“为了避免结束，你拒绝了所有的开始”；引用文章中某个很有冲击力的观点，例如“不敢走太远，因为爸妈只有你”；用疑问句来引起大家兴趣，例如“中国观众为什么不爱看好莱坞大片了”。

■ 标题

微信公众号推送文案的窗口是折叠的，因此标题的作用非常重要，能否吸引读者眼球、赢得点击量与之密切相关。微信公众号常用的标题形式有六种。

◆ 唯美型

用唯美的标题构造美的意境，吸引读者眼球。可以借用古典诗词中与文章内容相符的词句，显得古风古韵；或者引用现代诗词里的句子，美的感觉溢于言表。例如“春风十里不如你，不负春光不负己”“真正的成熟，是做自己悄无声息的摆渡人”“林清玄：人生幸好有离别”。

◆ 悬念型

用不合常理、违反常识，或者反问、疑问的标题引起读者兴趣。但是不可过分夸张，或者题文不符，或者弄虚作假。例如，“中国人过年为什么要贴福？福文化的前世今生”“厉害的人是怎么分析问题的？”“国家给 800 万，他竟一周就花完了！”，这些标题都容易引起读者的兴趣，进而点开链接阅读下去。

◆ **数据型**

凸显比较重要的数据或者用不可思议的数据来吸引读者的关注，例如“7 条路导致你从中产到破产”“30 岁之后，这 10 道坎儿决定你的层次”“对不起，这是我第 500 次想屏蔽你”。

◆ **新奇型**

努力寻找，挖掘奇特的人或者事件，引起读者的好奇进而点击看内容，例如“云南这个村庄住着上百个小矮人”“哈耶克的思河与一首普莱斯的短歌”“火腿培根致癌？以后还能愉快地吃饭吗”。

◆ **借势型**

借助名人、网络流行语、新闻流行语、广告流行语、典型的人事物等引起读者的关注，例如“周恩来 & 邓颖超：爱情最好的模样”“中国还有比‘扬州炒饭’更奇葩的吉尼斯纪录吗？”“新时代的《许三观卖血记》”。

◆ **概括型**

把事件的主要特点归结在一起加以简明地叙述或扼要重述，通常就是一句话总结核心的内容，例如“落实生态环境保护，推进美丽中国建设”“检察机关依法纠正赵宇案处理决定：属正当防卫不负刑事责任”。

■ 正文

微信公众号正文内容是评价文章是否具有价值的主要依据，对于读者而言，能够引发某种思想共鸣或者能从中受到一定的思想启发的文章内容就是有价值的内容。如果一篇文章读者看完就忘，也就不具有任何价值了，甚至有可能不再关注这个公众号。正文部分是整个公众号写作的重点，要认真推敲开头、主体、结尾三个部分的关联与呼应，才能写作好的文案。

◆ **开头部分**

好的开头就如同一个人的脸面，初见时的感觉很重要，“凤头赢得百媚生”就是这个道理。公众号正文的开头方式有很多，但常用的有四种写法。

一是开门见山法。在开头部分直接点出文章的中心，让人一目了然。例如《湖北发现古人类头骨化石　实证百万年人类演化史》的开头写道：“位于湖北十堰市郧阳区的学堂梁子遗址第三次发现保存完整的人类头骨化石，这是迄今欧亚内陆发现的同时代最为完好的古人类头骨化石，为实证中华大地百万年人类演化史提供重要依据。”直接以叙事的方式开门见山道出了重大发现。

二是引人注意法。问句开头法可以是设问，也可以是疑问，引导读者在文章中寻找答案。例如《是什么限制了你的能力和成就？父母？上司？》的开头就采用了问句开头的方法：“有的人能力不如你，人生阅历不如你，技巧不如你，亲和力不如你，形象不如你，但成绩比你好、收入比你高！究竟是什么限制了你的能力和成就？”这种开头马上就可以引起读者的思考，有了追踪下文的意愿。

三是排比修辞法。在写议论文的时候，这个方法是屡试不爽的。例如《汶川地震10周年，曾经的瞬间依旧会让人泪流满面！》开头的排比句直击人心，让人泪流满面："有的故事，往往在回望中会更加清晰；有些精神，往往经过时间沉淀而愈显珍贵；有些信念，往往在生死考验中愈发坚定。"

四是分享结论法。在开头部分将结论和论据融合为一体，直接和读者分享结论。这种方法同开门见山法有相似之处，但写作的难度更大，需要有更丰富的专业知识做基础，否则这种开头方法就会流于枯燥。例如《雇员关系可能正在消失》一文就很好地运用了这种开头方法："一百多年以来，所有发达国家都逐步进入以雇员为主的社会。稳定的结构、有效的分工，伴随着流水线的大工业生产所带来的高效率和低成本，让早期的工业社会创造力大幅提升起来，并创造了巨大的财富。但是，这种情况的确在发生着不可思议的变化，而且变化随着技术的深入越来越剧烈，也越来越让人惊讶……人们不会再轻易地把自己固化在一个组织里，或者一种角色里，越来越多的人期待自由、自主和非雇佣关系。"

◆ **主体部分**

要想写好微信公众号文章的主体部分，就要坚持长期的文本写作训练和素材积累。但也可以通过一些技巧较快地得到进步。

一是从新闻的角度撰写主体部分。站在新闻媒体的角度，以第三方的身份来报道某件事情、介绍某个产品。从写作的形式上看，让人感觉它是站在客观的角度来写的，只是做一些叙述和评论，这样容易让人产生信任感，不自觉地就把某件事的定性和某个产品形象印在了脑海中。这种写作方法不仅能减少读者的排斥感，而且避免了广告之嫌，可谓一举两得。

二是从情感的角度撰写主体部分。世界上最容易被触动的是人的情感，最容易引起共鸣的也是人的情感，感情是最容易改变用户行为决定的因素。所以围绕情感来撰写主体部分，往往能收到意想不到的效果。例如《"D&G辱华"引众怒！》就是从中国人的爱国情感的角度叙述意大利品牌杜嘉班纳辱华言行，引起国人的愤怒，直接导致该品牌在上海的品牌大秀停办，在中国主流电商平台下架，民众也纷纷做出回应："中国，才是我们最珍视的奢侈品。"这就是公众号文章中情感的力量，所以撰写公众号文章时，抓住用户情感需求，动之以情，必然会取得情感共鸣的效果。

三是从话题的角度撰写主体部分。在信息爆炸的时代，网络用户的注意力高度聚焦在新近的热点信息上，所以撰写公众号文章也可以采取"关注热点"的方式。网络用户关注的热点一般都是与日常生活紧密相关的热点事件，或者是某些行业内的重大事件，或者是有争议的话题，或者是经典不衰的人事物。所以各种热门话题都可以作为公众号文章的主体内容，甚至可以对有些热点话题事件进行二次挖掘。例如，中美贸易、转基因食品、环境污染、教育资源公平、户籍制与楼市关系等都是人们关注的热点问题。

四是从权威的角度撰写主体部分。对于网络用户而言，权威数据、权威专家、权威机构等有着天然的吸引力和信赖感，此时不妨可以用某某权威专家、某某权威报告来代替，这不仅可以增加权威性，更可以让消费者产生信任感。但是在使用数据和权威专家或机构时，不可有虚假的成分，不可模糊处理，更不可有意欺骗。

五是从用户的角度撰写主体部分。由于微信公众号文章写作具有很强的互动性，网络用户往往需要在互联网世界里寻找群体归属感和身份认同，也就是说虚拟世界中的一切“与我有关”。因此，在公众号写作过程中可以多使用“第一人称”或“第二人称”，仿佛你我之间面对面的对话，提高文章在读者心中的相关性和可信度。所以，我们在撰写公众号文章主体部分时，不妨置身于用户的角度，通过用户的口吻谈感受、谈思想、谈体验、谈评价，达到我们撰文的目的。

六是从视觉的角度撰写主体部分。好的公众号文章一定是内容与形式的有机结合，上述五种写作方法都是从内容的角度提供的技巧，但形式的部分不可或缺。多数情况下，文字给人的记忆力远不及一张简单的插图和唯美的版面设计。因此，文章的主体部分还要考虑插入与正文相适应的图片、表格、图解等，同时也要考虑版面的大小、色泽、清晰度等设计，使人在阅读过程中不会产生视觉疲劳。不要把版面排成豆腐块一样，避免所有颜色都用上、所有角落都填满样式，缺乏美感的结果就是让阅读者产生厌恶感。

◆ **结尾部分**

一篇高质量的公众号文案结尾部分的写作也不能忽视，结尾部分常常与开头部分遥相呼应、相辅相成，常用的结尾写法有以下几种。

一是总结全文法。在结尾的部分进行完整的总结，进一步加深主体部分对阅读者的观念的影响，使他们对文章有更强烈的印象。例如《世间所有的美好，都是因为坚持》的结尾进一步总结点题：“他们和大多数人一样，在成长的道路上，也曾面临困难、挫折、伤痛、失败，甚至是死亡。但即便梦想被‘退稿’，真心被‘退货’，他们也从不放弃，因为他们始终坚信：这个世界上，一定有另一个你，正在坚持你曾放弃的梦想，正在做着你不敢做的事，正在过着你想要的生活。世间所有的美好，都是因为坚持！”

二是启发互动法。在结尾部分抛出问题引起大家思考，希望得到大家的意见；或者结尾加上引导，让消费者评论、点赞或购买产品。例如《如何成为 300 位科学家的一员？》的结尾风趣幽默的启发互动法令人忍俊不禁：“不用请客破费了，按照人均餐标 50 元（大概是两瓶普通啤酒，1/2 盘肉菜的标准），把你打算请客的经费打到我们的账户上，你就成为我们团队的编外科学家了。如果按照人均 100 元餐标打钱，直接算你是编内人员怎么样？”

三是扩散分享法。对传播进一步强调，希望更多的阅读者分享。《犯错时别轻易原谅自己》在结尾处这样写道：“不转嫁自己的错误，也不惧于别人的责难，悲伤了就抱抱自己，犯错了也别轻易原谅自己，愿我们身边的每个人善者得乐。如果你也认可这个观点，请转发给身边的朋友和家人。”

■ 二维码

微信公众号的二维码是一种便于添加、关注账号的方式，同时具有显示出公众账号的功能。二维码名片是系统自动生成，目前不支持修改。

如果想修改微信公众平台二维码中间的照片，可直接更换公众账号的头像，修改二维码中间的照片不影响原二维码的正常使用。

微信公众号的二维码尺寸都是 430×430 像素，如需放大或缩小，可点击更多尺寸，选择相应尺寸下载即可。

【范例与模板】

<table>
<tr><th>[范例]</th><th>[模板要素]</th></tr>
<tr><td>

“守正与担当” ‖ “新时代政法大讲堂”开讲！

这是一场履职的培训，也是一次思想认识的提升之旅、理性思维的拓展之旅，更是一次精神的洗礼。

202× 年 3 月 20 日石门市政法委“新时代政法大讲堂”讲座开讲。政法委书记黄勇作了题为《守正与担当》的专题讲座，鼓励全体政法人不惧艰难险阻、守正前行，勇于自我革新、敢于担当作为，力争取得不负时代的非常之功。

</td><td>

标题：

“守正与担当”是文案的主题，“‘新时代政法大讲堂’开讲！”则是活动的名称

开头：

对“新时代政法大讲堂”讲座给予概括性评价，点明讲座的时间、主讲人、讲座名称等内容

</td></tr>
</table>

① 思维的拓展之旅 空谈误国，实干兴邦。家国情怀从来不是纸上才有的雕琢和呼唤。 “只有恪守正道和敢于担当，法律才不会偏向，法治才不会弱化。”在授课中，黄勇引经据典、博采古今，运用大量翔实的数据、生动有趣的案例，讲授政法人的守正与担当，既全面阐述“守正”与“担当”的深刻内涵，又深刻揭示政法人“守正”与“担当”的意义。 回顾中华人民共和国70余年社会主义政法史，尽管有过风风雨雨，但政法人对“守正”与“担当”的追求和坚守始终没有改变，崇尚“守正”与“担当”的社会主流价值观始终没有改变。 黄勇在授课时说：“我们有幸生活在中国特色社会主义的伟大新时代，有幸沐浴新时代的阳光雨露，仍需在时代舞台上随潮流前进。为共圆中国梦，全体政法人必须始终做到‘守正’与‘担当’，坚决防止在依法治国的长征路上迷失方向，丧失意志，丢失阵地。” **② 实干立身坚守正道** “守正方可立身守业。”黄勇指出，政法人既是普通人，又是特殊人，这是由于政法人的双重特性所决定的。作为普通公民，我们与所有人一样没有任何的个人特权，法律面前人人平等；作为特殊职业者，我们又是特殊人，肩负特殊使命，手握特殊职权，履行职责时务必做到守正于心、立正于行。 每个政法人都要坚守道德良心，自觉把道德良心作为一把尺子、一面镜子、一个闹钟，经常量一量自己的所作所为，照一照自己的内心深处，醒一醒自己的灵魂世界，从内心深处建立起牢固的公平正义、执法为民、司法为民的思想基础，始终做讲正义、有正气、严法纪、守道德的政法人。	主体： 用分列小标题的形式从新闻的角度对讲座内容进行叙述和评论

深入浅出、旁征博引，一段段论述精辟深刻、一串串数字信手拈来。两个多小时的时间里，讲座始终坚持理论与实践相结合、历史与现实相结合，既有理论深度，又有现实针对性。

③ 担当方能彰显价值

尚法笃行，守正担当。黄勇在诠释“担当”时说，担当是所有政法人的天赋责任，是成就政法事业的必由之路，是创造人生价值的坚实阶梯，全体政法人要牢固树立“担当为要、实干为本、发展为重、奋斗为荣”的从政理念，切实增强“政治担当、历史担当、责任担当”意识，把担当作为硬性要求，敢于旗帜鲜明，敢于较真碰硬，对工作任劳任怨、尽心尽责、善始善终、善作善成，在推进政法事业发展进步的伟大征程中实现自我人生价值。

通过大讲堂，大家加深了对守正与担当的理解。大家纷纷表示，作为新时代的党员干部，要深刻领会新时代、新思想、新矛盾、新目标提出的新要求，以时不我待、只争朝夕、勇立潮头的历史担当，努力改革创新、攻坚克难，锐意进取，为建设美丽石风贡献政法力量。

结尾：

总结全文，与开篇遥相呼应

‖ 文 字：陈文峰

‖ 图 片：林　艺

	二维码： 系统自动生成，便于添加、显示账号

【实践训练】

■ 任务1——请根据工作情境编辑一篇微信公众号文章

石门市卫生健康委员会官方注册认证了微信公众号“健康石门”，作为石门市互联网医疗的统一入口，1月1日起正式上线。目前，该公众号已经开通石门市人民医院、市中心医院、市中医院的预约挂号、门诊缴费、住院预交金缴纳等功能，市民可以关注“健康石门”微信公众号注册个人的电子健康卡后进行线上预约挂号、在线问诊等。下一步，将根据“互联网+健康石门”的实施方案分步实施，逐渐实现全覆盖。

线上预约可解决偏远地区病患挂号难的问题。石门市中医院信息科科长王健介绍，目前开通的这三项功能中，市民体会最深的应该是预约挂号。“以前，患者如果想要挂号，特别是居住地离医院远，又希望挂到专家号的，可谓是‘一号难求’，即便是提前进行电话沟通，等到医院挂号时还是难免碰到排队的情况，只能返回或者在医院附近留宿一晚。”王健说，线上预约挂号的功能解决了患者和医院信息不对称的问题。如今，病患通过线上预约挂号，可以根据自己的实际情况来确定时间。随着“健康石门”微信公众号门诊缴费功能的实现和普及，排队现象逐渐减少。患者可通过微信直接缴费，缴费信息就是凭证。

市卫健委强调此举拉动了石门大健康产业的发展，到2022年年底，全省“互联网+医疗健康”发展政策体系基本建立，基础设施支撑体系逐步完善，医疗健康服务业有较大发展，为群众提供更加优化可及、更加智慧精准的医疗健康服务，“互联网+医疗健康”进入全国先进行列。“互联网+健康石门”以平台建设为基点，以电子健康卡为主索引，以石门市人口健康信息平台、基层卫生信息系统、统一预约平台、统一结算支付平台为基础载体，与石门市各级医疗机构进行就医服务、健康宣教等资源对接，以各医疗机构专家或全科医师为主体，为居民提供基于互联网和移动通信端的预约挂号、在线问诊、缴费充值、报告单查询、在线健康咨询、处方外延等医疗健康服务，缓解居民就医痛点，提升就医便捷性；通过居民人群特殊关切，实现个性化的健康宣教知识精准推送，满足居民获取疾病防治知识、提升自我健康素养的需求；开发高血压风险评估、中医体质测评等多种健康评估工具，结合智能健康设备数据自动传输，定制个性化预防保健计划，实现居民健康指标自我管理。通过平台提供的医疗健康综合服务，增强居民的健康意识和自我保健能力，满足群众日益增长的健康需求。同时，提升医院和社区的服务能力，助力政府实现医保控费和分级诊疗，拉动石门大健康产业的发展。

“健康石门”微信公众号通过石门市卫健委官方注册认证，每天约有 200 人预约挂号，随着功能的普及，使用人数将不断增加。

请你代石门市卫健委编辑一篇微信公众号文章。

■ **任务 2——请根据你身边发生的生活趣事、关注的热点、心灵感悟、大型活动、课堂动态等编辑一篇或图片或视频的微信公众号文案。**

参考文献

[1] 朱立. 应用写作与实训 [M]. 武汉：武汉大学出版社，2018.

[2] 岳文强，崔雨峰. 实用应用写作 [M]. 北京：北京理工大学出版社，2015.

[3] 何宝梅. 应用写作实训教程 [M]. 2 版 . 杭州：浙江大学出版社，2018.

[4] 张庆儒，王红升. 秘书应用写作 [M]. 北京：北京师范大学出版社，2017.

[5] 岳海翔. 最新应用文写作一点通 [M]. 北京：中国文史出版社，2017.

[6] 桂维民，岳海翔. 新编公文写作 [M]. 西安：陕西人民出版社，2017.

[7] 张建. 应用写作 [M]. 4 版 . 北京：高等教育出版社，2019.

[8] 邱飞廉. 应用文体写作 [M]. 北京：清华大学出版社，2013.

[9] 陈征. 手把手教你公文写作 [M]. 北京：人民邮电出版社，2018.

[10] 叶黔达. 办公室工作实务规范手册 [M]. 成都：四川人民出版社，2015.

[11] 张永忠. 办公自动化实训教程 [M]. 上海：复旦大学出版社，2019.

[12] 余老诗. 自媒体写作，从基本功到实战方法 [M]. 北京：清华大学出版社，2018.

[13] 岳海翔 . 公文写作指南与范例 [M]. 北京：中共中央党校出版社，2022.

[14] 魏成春 . 应用写作实用教程 [M]. 北京：北京大学出版社，2022.

[15] 张茂叶 . 国家现代法定通用公文写作与处理 [M]. 保定：河北大学出版社，2021.

[16] 张芹玲 . 应用文写作教程 [M]. 3 版 . 北京：高等教育出版社，2021.

附录一　党政机关公文处理工作条例

党政机关公文处理工作条例

中办发〔2012〕14号

（2012年4月16日由中共中央办公厅和国务院办公厅联合印发）

■ 第一章　总　　则

第一条　为了适应中国共产党机关和国家行政机关（以下简称党政机关）工作需要，推进党政机关公文处理工作科学化、制度化、规范化，制定本条例。

第二条　本条例适用于各级党政机关公文处理工作。

第三条　党政机关公文是党政机关实施领导、履行职能、处理公务的具有特定效力和规范体式的文书，是传达贯彻党和国家的方针政策，公布法规和规章，指导、布置和商洽工作，请示和答复问题，通报、报告和交流情况等的重要工具。

第四条　公文处理工作是指公文拟制、办理、管理等一系列相互关联、衔接有序的工作。

第五条　公文处理工作应当坚持实事求是、准确规范、精简高效、安全保密的原则。

第六条　各级党政机关应当高度重视公文处理工作，加强组织领导，强化队伍建设，设立文秘部门或者由专人负责公文处理工作。

第七条　各级党政机关办公厅（室）主管本机关的公文处理工作，对下级机关的公文处理工作进行业务指导和督促检查。

■ 第二章　公文种类

第八条　公文种类主要有：

（一）决议。适用于会议讨论通过的重大决策事项。

（二）决定。适用于对重要事项作出决策和部署、奖惩有关单位和人员、变更或者撤销下级机关不适当的决定事项。

（三）命令（令）。适用于公布行政法规和规章、宣布施行重大强制性措施、批准授予和晋升衔级、嘉奖有关单位和人员。

（四）公报。适用于公布重要决定或者重大事项。

(五)公告。适用于向国内外宣布重要事项或者法定事项。

(六)通告。适用于在一定范围内公布应当遵守或者周知的事项。

(七)意见。适用于对重要问题提出见解和处理办法。

(八)通知。适用于发布、传达要求下级机关执行和有关单位周知或者执行的事项，批转、转发公文。

(九)通报。适用于表彰先进、批评错误、传达重要精神和告知重要情况。

(十)报告。适用于向上级机关汇报工作、反映情况，回复上级机关的询问。

(十一)请示。适用于向上级机关请求指示、批准。

(十二)批复。适用于答复下级机关请示事项。

(十三)议案。适用于各级人民政府按照法律程序向同级人民代表大会或者人民代表大会常务委员会提请审议事项。

(十四)函。适用于不相隶属机关之间商洽工作、询问和答复问题、请求批准和答复审批事项。

(十五)纪要。适用于记载会议主要情况和议定事项。

■ 第三章　公文格式

第九条　公文一般由份号、密级和保密期限、紧急程度、发文机关标志、发文字号、签发人、标题、主送机关、正文、附件说明、发文机关署名、成文日期、印章、附注、附件、抄送机关、印发机关和印发日期、页码等组成。

(一)份号。公文印制份数的顺序号。涉密公文应当标注份号。

(二)密级和保密期限。公文的秘密等级和保密的期限。涉密公文应当根据涉密程度分别标注“绝密”“机密”“秘密”和保密期限。

(三)紧急程度。公文送达和办理的时限要求。根据紧急程度，紧急公文应当分别标注“特急”“加急”，电报应当分别标注“特提”“特急”“加急”“平急”。

(四)发文机关标志。由发文机关全称或者规范化简称加“文件”二字组成，也可以使用发文机关全称或者规范化简称。联合行文时，发文机关标志可以并用联合发文机关名称，也可以单独用主办机关名称。

(五)发文字号。由发文机关代字、年份、发文顺序号组成。联合行文时，使用主办机关的发文字号。

(六)签发人。上行文应当标注签发人姓名。

(七)标题。由发文机关名称、事由和文种组成。

(八)主送机关。公文的主要受理机关，应当使用机关全称、规范化简称或者同类型机关统称。

（九）正文。公文的主体，用来表述公文的内容。

（十）附件说明。公文附件的顺序号和名称。

（十一）发文机关署名。署发文机关全称或者规范化简称。

（十二）成文日期。署会议通过或者发文机关负责人签发的日期。联合行文时，署最后签发机关负责人签发的日期。

（十三）印章。公文中有发文机关署名的，应当加盖发文机关印章，并与署名机关相符。有特定发文机关标志的普发性公文和电报可以不加盖印章。

（十四）附注。公文印发传达范围等需要说明的事项。

（十五）附件。公文正文的说明、补充或者参考资料。

（十六）抄送机关。除主送机关外需要执行或者知晓公文内容的其他机关，应当使用机关全称、规范化简称或者同类型机关统称。

（十七）印发机关和印发日期。公文的送印机关和送印日期。

（十八）页码。公文页数顺序号。

第十条　公文的版式按照《党政机关公文格式》国家标准执行。

第十一条　公文使用的汉字、数字、外文字符、计量单位和标点符号，按照有关国家标准和规定执行。民族自治地方的公文，可以并用汉字和当地通用的少数民族文字。

第十二条　公文用纸幅面采用国际标准 A4 型。特殊形式的公文用纸幅面，根据实际需要确定。

■ 第四章　行文规则

第十三条　行文应当确有必要，讲求实效，注重针对性和可操作性。

第十四条　行文关系根据隶属关系和职权范围确定。一般不得越级行文，特殊情况需要越级行文的，应当同时抄送被越过的机关。

第十五条　向上级机关行文，应当遵循以下规则：

（一）原则上主送一个上级机关，根据需要同时抄送其他相关上级机关和同级机关，不抄送下级机关。

（二）党委、政府的部门向上级主管部门请示、报告重大事项，应当经本级党委、政府同意或者授权；属于部门职权范围内的事项应直接报送上级主管部门。

（三）下级机关的请示事项，如需以本机关名义向上级机关请示，应当提出倾向性意见后上报，不得原文转报上级机关。

（四）请示应当一文一事。不得在报告等非请示性公文中夹带请示事项。

（五）除上级机关负责人直接交办事项外，不得以本机关名义向上级机关负责人报送公文，不得以本机关负责人名义向上级机关报送公文。

（六）受双重领导的机关向一个上级机关行文，必要时应当抄送另一个上级机关。

第十六条　向下级机关行文，应当遵循以下规则：

（一）主送受理机关，根据需要抄送相关机关。重要行文应当同时抄送发文机关的直接上级机关。

（二）党委、政府的办公厅（室）根据本级党委、政府授权，可以向下级党委、政府行文，其他部门和单位不得向下级党委、政府发布指令性公文或者在公文中向下级党委、政府提出指令性要求。需经政府审批的具体事项，经政府同意可由政府职能部门行文，文中需注明已经政府同意。

（三）党委、政府的部门在各自职权范围内可以向下级党委、政府的相关部门行文。

（四）涉及多个部门职权范围内的事务，部门之间未协商一致的，不得向下行文；擅自行文的，上级机关应当责令其纠正或者撤销。

（五）上级机关向受双重领导的下级机关行文，必要时抄送该下级机关的另一个上级机关。

第十七条　同级党政机关、党政机关与其他同级机关必要时可以联合行文。属于党委、政府各自职权范围内的工作，不得联合行文。

党委、政府的部门依据职权可以相互行文。

部门内设机构除办公厅（室）外不得对外正式行文。

■ 第五章　公文拟制

第十八条　公文拟制包括公文的起草、审核、签发等程序。

第十九条　公文起草应当做到：

（一）符合党的路线方针政策和国家的法律法规，完整准确体现发文机关意图，并同现行有关公文相衔接。

（二）一切从实际出发，分析问题实事求是，所提政策措施和办法切实可行。

（三）内容简洁，主题突出，观点鲜明，结构严谨，表述准确，文字精练。

（四）文种正确，格式规范。

（五）深入调查研究，充分进行论证，广泛听取意见。

（六）公文涉及其他部门职权范围事项的，起草单位必须征求相关部门意见，力求达成一致。

（七）机关负责人应当主持、指导重要公文起草工作。

第二十条　公文文稿签发前，应当由发文机关办公厅（室）进行审核。审核的重点是：

（一）行文理由是否充分，行文依据是否准确。

（二）内容是否符合国家法律法规和党的路线方针政策；是否完整准确体现发文机关意图；是否同现行有关公文相衔接；所提政策措施和办法是否切实可行。

（三）涉及有关地区或者部门职权范围的事项是否经过充分协商并达成一致意见。

（四）文种是否正确，格式是否规范；人名、地名、时间、数字、段落顺序、引文等是否准确；文字、数字、计量单位和标点符号等用法是否规范。

（五）其他内容是否符合公文起草的有关要求。

需要发文机关审议的重要公文文稿，审议前由发文机关办公厅（室）进行初核。

第二十一条　经审核不宜发文的公文文稿，应当退回起草单位并说明理由；符合发文条件但内容需作进一步研究和修改的，由起草单位修改后重新报送。

第二十二条　公文应当经本机关负责人审批签发。重要公文和上行文由机关主要负责人签发。党委、政府的办公厅（室）根据党委、政府授权制发的公文，由授权机关主要负责人签发或者按照有关规定签发。签发人签发公文，应当签署意见、姓名和完整日期；圈阅或者签名的，视为同意。联合行文由所有联署机关的负责人会签。

■ 第六章　公文办理

第二十三条　公文办理包括收文办理、发文办理和整理归档。

第二十四条　收文办理主要程序是：

（一）签收。对收到的公文应当逐件清点，核对无误后签字或者盖章，并注明签收时间。

（二）登记。对公文的主要信息和办理情况应当详细记载。

（三）初审。对收到的公文应当进行初审。初审的重点是：是否应当由本机关办理，是否符合行文规则，文种、格式是否符合要求，涉及其他地区或者部门职权范围的事项是否已经协商、会签，是否符合公文起草的其他要求。经初审不符合规定的公文，应当及时退回来文单位并说明理由。

（四）承办。阅知性公文应当根据公文内容、要求和工作需要确定范围后分送。批办性公文应当提出拟办意见报本机关负责人批示或者转有关部门办理；需要两个以上部门办理的，应当明确主办部门。紧急公文应当明确办理时限。承办部门对交办的公文应当及时办理，有明确办理时限要求的应当在规定时限内办理完毕。

（五）传阅。根据领导批示和工作需要将公文及时送传阅对象阅知或者批示。办理公文传阅应当随时掌握公文去向，不得漏传、误传、延误。

（六）催办。及时了解掌握公文的办理进展情况，督促承办部门按期办结。紧急公文或者重要公文应当由专人负责催办。

(七)答复。公文的办理结果应当及时答复来文单位，并根据需要告知相关单位。

第二十五条 发文办理主要程序是:

(一)复核。已经发文机关负责人签批的公文，印发前应当对公文的审批手续、内容、文种、格式等进行复核;需作实质性修改的，应当报原签批人复审。

(二)登记。对复核后的公文，应当确定发文字号、分送范围和印制份数并详细记载。

(三)印制。公文印制必须确保质量和时效。涉密公文应当在符合保密要求的场所印制。

(四)核发。公文印制完毕，应当对公文的文字、格式和印刷质量进行检查后分发。

第二十六条 涉密公文应当通过机要交通、邮政机要通信、城市机要文件交换站或者收发件机关机要收发人员进行传递，通过密码电报或者符合国家保密规定的计算机信息系统进行传输。

第二十七条 需要归档的公文及有关材料，应当根据有关档案法律法规及机关档案管理规定，及时收集齐全、整理归档。两个以上机关联合办理的公文，原件由主办机关归档，相关机关保存复制件。机关负责人兼任其他机关职务的，在履行所兼职务过程中形成的公文，由其兼职机关归档。

■ 第七章 公文管理

第二十八条 各级党政机关应当建立健全本机关公文管理制度，确保管理严格规范，充分发挥公文效用。

第二十九条 党政机关公文由文秘部门或者专人统一管理。设立党委(党组)的县级以上单位应建立机要保密室和机要阅文室，并按照有关保密规定配备工作人员和必要的安全保密设施。

第三十条 公文确定密级前，应当按照拟定的密级先行采取保密措施。确定密级后，应当按照所定密级严格管理。绝密级公文应当由专人管理。

公文的密级需要变更或者解除的，由原确定密级的机关或者其上级机关决定。

第三十一条 公文的印发传达范围应当按照发文机关的要求执行;需要变更的，应当经发文机关批准。

涉密公文公开发布前应当履行解密程序。公开发布的时间、形式和渠道，由发文机关确定。

经批准公开发布的公文，同发文机关正式制发的公文具有同等效力。

第三十二条 复制、汇编机密级、秘密级公文，应当符合有关规定并经本机关负责人批准。绝密级公文一般不得复制、汇编，确有工作需要的，应当经发文机关或者其上级机关批准。复制、汇编的公文视同原件管理。

复制件应当加盖复制机关戳记。翻印件应当注明翻印的机关名称、日期。汇编本的密级按照编入公文的最高密级标注。

第三十三条　公文的撤销和废止，由发文机关、上级机关或者权力机关根据职权范围和有关法律法规决定。公文被撤销的，视为自始无效；公文被废止的，视为自废止之日起失效。

第三十四条　涉密公文应当按照发文机关的要求和有关规定进行清退或者销毁。

第三十五条　不具备归档和保存价值的公文，经批准后可以销毁。销毁涉密公文必须严格按照有关规定履行审批登记手续，确保不丢失、不漏销。个人不得私自销毁、留存涉密公文。

第三十六条　机关合并时，全部公文应当随之合并管理；机关撤销时，需要归档的公文整理后按照有关规定移交档案管理部门。

工作人员调离岗位时，所在机关应当督促其将暂存、借用的公文按照有关规定移交、清退。

第三十七条　新设立的机关应当向党委、政府的办公厅（室）提出发文立户申请。经审查符合条件的，列为发文单位，机关合并或者撤销时，相应进行调整。

■ 第八章　附　　则

第三十八条　党政机关公文含电子公文。电子公文处理工作的具体办法另行制定。

第三十九条　法规、规章方面的公文，依照有关规定处理。外事方面的公文，依照外事主管部门的有关规定处理。

第四十条　其他机关和单位的公文处理工作，可以参照本条例执行。

第四十一条　本条例由中共中央办公厅、国务院办公厅负责解释。

第四十二条　本条例自 2012 年 7 月 1 日起施行。1996 年 5 月 3 日中共中央办公厅印发的《中国共产党机关公文处理条例》和 2000 年 8 月 24 日国务院发布的《国家行政机关公文处理办法》停止执行。

附录二　党政机关公文格式

党政机关公文格式

（GB/T 9704—2012）

（2012 年 6 月 29 日由国家质量监督检验检疫总局和
国家标准化管理委员会联合发布）

1　范围

本标准规定了党政机关公文通用的纸张要求、排版和印制装订要求、公文格式各要素的编排规则，并给出了公文的式样。

本标准适用于各级党政机关制发的公文。其他机关和单位的公文可以参照执行。

使用少数民族文字印制的公文，其用纸、幅面尺寸及版面、印制等要求按照本标准执行，其余可以参照本标准并按照有关规定执行。

2　规范性引用文件

下列文件对于本标准的应用是必不可少的。凡是注日期的引用文件，仅所注日期的版本适用于本标准。凡是不注日期的引用文件，其最新版本（包括所有的修改单）适用于本标准。

GB/T148　印刷、书写和绘图纸幅面尺寸

GB3100　国际单位制及其应用

GB3101　有关量、单位和符号的一般原则

GB3102（所有部分）　量和单位

GB/T15834　标点符号用法

GB/T15835　出版物上数字用法

3　术语和定义

下列术语和定义适用于本标准。

3.1　字　word

标示公文中横向距离的长度单位。在本标准中，一字指一个汉字宽度的距离。

3.2　行　line

标示公文中纵向距离的长度单位。在本标准中，一行指一个汉字的高度加 3 号汉字高度的 7/8 的距离。

4　公文用纸主要技术指标

公文用纸一般使用纸张定量为 60 g/m^2~80 g/m^2 的胶版印刷纸或复印纸。纸张白度 80%~90%，横向耐折度≥ 15 次，不透明度≥ 85%，pH 值为 7.5~9.5。

5　公文用纸幅面尺寸及版面要求

5.1　幅面尺寸

公文用纸采用 GB/T148 中规定的 A4 型纸，其成品幅面尺寸为：210 mm×297 mm。

5.2　版面

5.2.1　页边与版心尺寸

公文用纸天头（上白边）为 37 mm±1 mm，公文用纸订口（左白边）为 28 mm±1 mm，版心尺寸为 156 mm×225 mm。

5.2.2　字体和字号

如无特殊说明，公文格式各要素一般用 3 号仿宋体字。特定情况可以作适当调整。

5.2.3　行数和字数

一般每面排 22 行，每行排 28 个字，并撑满版心。特定情况可以作适当调整。

5.2.4　文字的颜色

如无特殊说明，公文中文字的颜色均为黑色。

6　印制装订要求

6.1　制版要求

版面干净无底灰，字迹清楚无断划，尺寸标准，版心不斜，误差不超过 1 mm。

6.2　印刷要求

双面印刷；页码套正，两面误差不超过 2 mm。黑色油墨应当达到色谱所标 BL100%，红色油墨应当达到色谱所标 Y80%、M80%。印品着墨实、均匀；字面不花、不白、无断划。

6.3　装订要求

公文应当左侧装订，不掉页，两页页码之间误差不超过 4 mm，裁切后的成品尺寸允许误差 ±2 mm，四角成 90°，无毛茬或缺损。

骑马订或平订的公文应当：

a）订位为两钉外订眼距版面上下边缘各 70 mm 处，允许误差 ±4 mm；

b）无坏钉、漏钉、重钉，钉脚平伏牢固；

c)骑马订钉锯均订在折缝线上，平订钉锯与书脊间的距离为 3 mm~5 mm。

包本装订公文的封皮(封面、书脊、封底)与书芯应吻合、包紧、包平、不脱落。

7 公文格式各要素编排规则

7.1 公文格式各要素的划分

本标准将版心内的公文格式各要素划分为版头、主体、版记三部分。公文首页红色分隔线以上的部分称为版头；公文首页红色分隔线(不含)以下、公文末页首条分隔线(不含)以上的部分称为主体；公文末页首条分隔线以下、末条分隔线以上的部分称为版记。

页码位于版心外。

7.2 版头

7.2.1 份号

如需标注份号，一般用 6 位 3 号阿拉伯数字，顶格编排在版心左上角第一行。

7.2.2 密级和保密期限

如需标注密级和保密期限，一般用 3 号黑体字，顶格编排在版心左上角第二行；保密期限中的数字用阿拉伯数字标注。

7.2.3 紧急程度

如需标注紧急程度，一般用 3 号黑体字，顶格编排在版心左上角；如需同时标注份号、密级和保密期限、紧急程度，按照份号、密级和保密期限、紧急程度的顺序自上而下分行排列。

7.2.4 发文机关标志

由发文机关全称或者规范化简称加“文件”二字组成，也可以使用发文机关全称或者规范化简称。

发文机关标志居中排布，上边缘至版心上边缘为 35 mm，推荐使用小标宋体字，颜色为红色，以醒目、美观、庄重为原则。

联合行文时，如需同时标注联署发文机关名称，一般应当将主办机关名称排列在前；如有“文件”二字，应当置于发文机关名称右侧，以联署发文机关名称为准上下居中排布。

7.2.5 发文字号

编排在发文机关标志下空二行位置，居中排布。年份、发文顺序号用阿拉伯数字标注；年份应标全称，用六角括号“〔 〕”括入；发文顺序号不加“第”字，不编虚位(即 1 不编为 01)，在阿拉伯数字后加“号”字。

上行文的发文字号居左空一字编排，与最后一个签发人姓名处在同一行。

7.2.6 签发人

由“签发人”三字加全角冒号和签发人姓名组成，居右空一字，编排在发文机关标志下空二行位置。“签发人”三字用 3 号仿宋体字，签发人姓名用 3 号楷体字。

如有多个签发人，签发人姓名按照发文机关的排列顺序从左到右、自上而下依次均匀编排，一般每行排两个姓名，回行时与上一行第一个签发人姓名对齐。

7.2.7　版头中的分隔线

发文字号之下 4 mm 处居中印一条与版心等宽的红色分隔线。

7.3　主体

7.3.1　标题

一般用 2 号小标宋体字，编排于红色分隔线下空二行位置，分一行或多行居中排布；回行时，要做到词意完整，排列对称，长短适宜，间距恰当，标题排列应当使用梯形或菱形。

7.3.2　主送机关

编排于标题下空一行位置，居左顶格，回行时仍顶格，最后一个机关名称后标全角冒号。如主送机关名称过多导致公文首页不能显示正文时，应当将主送机关名称移至版记，标注方法见 7.4.2。

7.3.3　正文

公文首页必须显示正文。一般用 3 号仿宋体字，编排于主送机关名称下一行，每个自然段左空二字，回行顶格。文中结构层次序数依次可以用“一、”“（一）”“1.”“（1）”标注；一般第一层用黑体字、第二层用楷体字、第三层和第四层用仿宋体字标注。

7.3.4　附件说明

如有附件，在正文下空一行左空二字编排“附件”二字，后标全角冒号和附件名称。如有多个附件，使用阿拉伯数字标注附件顺序号（如“附件：1. ×××××”）；附件名称后不加标点符号。附件名称较长需回行时，应当与上一行附件名称的首字对齐。

7.3.5　发文机关署名、成文日期和印章

7.3.5.1　加盖印章的公文

成文日期一般右空四字编排，印章用红色，不得出现空白印章。

单一机关行文时，一般在成文日期之上、以成文日期为准居中编排发文机关署名，印章端正、居中下压发文机关署名和成文日期，使发文机关署名和成文日期居印章中心偏下位置，印章顶端应当上距正文（或附件说明）一行之内。

联合行文时，一般将各发文机关署名按照发文机关顺序整齐排列在相应位置，并将印章一一对应、端正、居中下压发文机关署名，最后一个印章端正、居中下压发文机关署名和成文日期，印章之间排列整齐、互不相交或相切，每排印章两端不得超出版心，首排印章顶端应当上距正文（或附件说明）一行之内。

7.3.5.2　不加盖印章的公文

单一机关行文时，在正文（或附件说明）下空一行右空二字编排发文机关署名，在发文机关署名下一行编排成文日期，首字比发文机关署名首字右移二字，如成文日期长于发文机关署名，应当使成文日期右空二字编排，并相应增加发文机关署名右空字数。

联合行文时，应当先编排主办机关署名，其余发文机关署名依次向下编排。

7.3.5.3　加盖签发人签名章的公文

单一机关制发的公文加盖签发人签名章时，在正文（或附件说明）下空二行右空四字加盖签发人签名章，签名章左空二字标注签发人职务，以签名章为准上下居中排布。在签发人签名章下空一行右空四字编排成文日期。

联合行文时，应当先编排主办机关签发人职务、签名章，其余机关签发人职务、签名章依次向下编排，与主办机关签发人职务、签名章上下对齐；每行只编排一个机关的签发人职务、签名章；签发人职务应当标注全称。

签名章一般用红色。

7.3.5.4　成文日期中的数字

用阿拉伯数字将年、月、日标全，年份应标全称，月、日不编虚位（即 1 不编为 01）。

7.3.5.5　特殊情况说明

当公文排版后所剩空白处不能容下印章或签发人签名章、成文日期时，可以采取调整行距、字距的措施解决。

7.3.6　附注

如有附注，居左空二字加圆括号编排在成文日期下一行。

7.3.7　附件

附件应当另面编排，并在版记之前，与公文正文一起装订。“附件”二字及附件顺序号用 3 号黑体字顶格编排在版心左上角第一行。附件标题居中编排在版心第三行。附件顺序号和附件标题应当与附件说明的表述一致。附件格式要求同正文。

如附件与正文不能一起装订，应当在附件左上角第一行顶格编排公文的发文字号并在其后标注“附件”二字及附件顺序号。

7.4　版记

7.4.1　版记中的分隔线

版记中的分隔线与版心等宽，首条分隔线和末条分隔线用粗线（推荐高度为 0.35 mm），中间的分隔线用细线（推荐高度为 0.25 mm）。首条分隔线位于版记中第一个要素之上，末条分隔线与公文最后一面的版心下边缘重合。

7.4.2　抄送机关

如有抄送机关，一般用 4 号仿宋体字，在印发机关和印发日期之上一行、左右各空一字编排。“抄送”二字后加全角冒号和抄送机关名称，回行时与冒号后的首字对齐，最后一个抄送机关名称后标句号。

如需把主送机关移至版记，除将“抄送”二字改为“主送”外，编排方法同抄送机关。既有主送机关又有抄送机关时，应当将主送机关置于抄送机关之上一行，之间不加分隔线。

7.4.3　印发机关和印发日期

印发机关和印发日期一般用4号仿宋体字，编排在末条分隔线之上，印发机关左空一字，印发日期右空一字，用阿拉伯数字将年、月、日标全，年份应标全称，月、日不编虚位（即1不编为01），后加“印发”二字。

版记中如有其他要素，应当将其与印发机关和印发日期用一条细分隔线隔开。

7.5　页码

一般用4号半角宋体阿拉伯数字，编排在公文版心下边缘之下，数字左右各放一条一字线；一字线上距版心下边缘7 mm。单页码居右空一字，双页码居左空一字。公文的版记页前有空白页的，空白页和版记页均不编排页码。公文的附件与正文一起装订时，页码应当连续编排。

8　公文中的横排表格

A4纸型的表格横排时，页码位置与公文其他页码保持一致，单页码表头在订口一边，双页码表头在切口一边。

9　公文中计量单位、标点符号和数字的用法

公文中计量单位的用法应当符合GB 3100、GB 3101和GB 3102（所有部分），标点符号的用法应当符合GB/T 15834，数字用法应当符合GB/T 15835。

10　公文的特定格式

10.1　信函格式

发文机关标志使用发文机关全称或者规范化简称，居中排布，上边缘至上页边为30 mm，推荐使用红色小标宋体字。联合行文时，使用主办机关标志。

发文机关标志下4 mm处印一条红色双线（上粗下细），距下页边20 mm处印一条红色双线（上细下粗），线长均为170 mm，居中排布。

如需标注份号、密级和保密期限、紧急程度，应当顶格居版心左边缘编排在第一条红色双线下，按照份号、密级和保密期限、紧急程度的顺序自上而下分行排列，第一个要素与该线的距离为3号汉字高度的7/8。

发文字号顶格居版心右边缘编排在第一条红色双线下，与该线的距离为3号汉字

高度的 7/8。

标题居中编排，与其上最后一个要素相距二行。

第二条红色双线上一行如有文字，与该线的距离为 3 号汉字高度的 7/8。

首页不显示页码。

版记不加印发机关和印发日期、分隔线，位于公文最后一面版心内最下方。

10.2　命令（令）格式

发文机关标志由发文机关全称加“命令”或“令”字组成，居中排布，上边缘至版心上边缘为 20 mm，推荐使用红色小标宋体字。

发文机关标志下空二行居中编排令号，令号下空二行编排正文。

签发人职务、签名章和成文日期的编排见 7.3.5.3。

10.3　纪要格式

纪要标志由“×××××纪要”组成，居中排布，上边缘至版心上边缘为 35 mm，推荐使用红色小标宋体字。

标注出席人员名单，一般用 3 号黑体字，在正文或附件说明下空一行左空二字编排“出席”二字，后标全角冒号，冒号后用 3 号仿宋体字标注出席人单位、姓名，回行时与冒号后的首字对齐。

标注请假和列席人员名单，除依次另起一行并将“出席”二字改为“请假”或“列席”外，编排方法同出席人员名单。

纪要格式可以根据实际制定。

11　式样（略）

附录三　本书微课资源索引

序号	所在模块	微课资源标题	所在页码
1	模块一　应用写作工作准备	应用文的划分	3
2		国家社会组织形式和职能	5
3		行文根据原则	6
4		部门互文规则	6
5		联合行文规则	6
6		行文抄送规则	7
7		逐级请示规则	7
8		应用文规范格式的版面要求	14
9		应用文规范格式之版头安排	15
10		应用文规范格式之主体安排	16
11		应用文规范格式之版记安排	18
12		信函格式安排	25
13		纪要格式安排	26
14	模块二　报请工作文书	报请工作的基本流程	31
15		情况报告的制作	32
16		问题报告的制作	36
17		请求指示的请示的制作	40
18		请求批准的请示的制作	43
19		批复的制作	46
20	模块三　会务工作文书	会务工作的基本流程	52
21		会议方案的制作	53
22		会议议程表的制作	56
23		会议会务分工表的制作	56
24		会议经费预算表的制作	56
25		会场布置图的制作	56
26		会议通知的制作	59
27		指示类通知的制作	61
28		讲话稿的制作	67
29		纪要的制作	73
30		简报的制作	79

续表

序号	所在模块	微课资源标题	所在页码
31	模块四　告知工作文书	告知工作的基本流程	86
32		公告的制作	88
33		行止性通告的制作	94
34		知照性通告的制作	96
35		表彰性通报的制作	99
36		批评性通报的制作	100
37	模块五　商洽工作文书	商洽工作的基本流程	108
38		商洽函的制作	110
39		问答函的制作	112
40		批请函的制作	112
41		倡议书的制作	115
42	模块六　事务工作文书	计划的制作	124
43		总结的制作	132
44		经验性调查报告的制作	143
45		揭露性调查报告的制作	144
46	模块七　经贸工作文书	招标书的制作	148
47		投标书的制作	162
48		协议书的制作	169
49	模块八　法律工作文书	民事起诉状的制作	178
50		行政起诉状的制作	181
51		刑事自诉状的制作	182
52		答辩状的制作	184
53		调解书的制作	190
54	模块九　公关工作文书	欢迎词的制作	197
55		答谢词的制作	201
56		邀请函的制作	205
57		聘请书的制作	210
58		祝贺信的制作	213
59		求职信的制作	216
60		演讲词的制作	222
61	模块十　新媒体工作文书	微博的制作	239
62		公众号的制作	244